地势坤，君子以厚德载物。

高天流云 著

如果这是宋史

3 变革时代

浙江人民出版社

图书在版编目（CIP）数据

如果这是宋史. 3，变革时代 / 高天流云著. — 杭州：浙江人民出版社，2017.12（2018.7重印）
ISBN 978-7-213-08490-4

Ⅰ. ①如… Ⅱ. ①高… Ⅲ. ①中国历史—北宋—通俗读物 Ⅳ. ①K244.09

中国版本图书馆CIP数据核字（2017）第306528号

如果这是宋史3 变革时代

高天流云 著

出版发行 浙江人民出版社（杭州市体育场路347号 邮编310006）
责任编辑 钱 丛
责任校对 朱 妍 张志疆
封面设计 宋晓亮
电脑制版 顾小固
印 刷 北京嘉业印刷厂
开 本 710毫米×1000毫米 1/16
印 张 20
字 数 300千字
版 次 2018年3月第1版
印 次 2018年7月第2次印刷
书 号 ISBN 978-7-213-08490-4
定 价 39.80元

目录

第一章　西线铁幕

三国并立，两国征战，剩下的一国肯定要从中渔利。1042 年，宋庆历二年，辽重熙十一年，时年 26 岁的耶律宗真就决定这么办。

时机选得刚刚好。

这时，宋夏战争已经打了快 4 年，如果早两年，宋朝还没被打疼，根本不怕，再晚些就要打出结果了，时机一去不复返。

耶律宗真要求宋朝归还后周世宗皇帝柴荣北征时得到的 3 关 16 县。还有就是李元昊，耶律宗真想，他是我辽国的女婿，是我的家臣，就算犯了再大的罪，要杀要剐得我说了算，你连告诉一声都没有就大打出手，当我是主人还是狗？！

综上所述，委屈加愤怒，亏吃得太大了，我要求亲兄弟明算账，瓦桥关以南 10 县土地必须还给我。还了是好兄弟，不还……你自己看着办吧。

和印象里的宋辽关系不大一样。

史书里都说，宋辽两国自澶渊之盟后百年和平，直到灭亡都没有红过脸。不对，国与国之间永远没有“信义”二字，只要稍有机会，就惦记着从对方身上撕下一块肉。

辽国如此，宋朝亦如此。

几十年之后，宋朝就搞了个海上之盟。

谈判的过程是艰难的。

整整 9 个月的时间，不仅宋朝如临大敌，派出顶级大臣富弼做谈判代表，辽国也被折腾得“血压上升”，连耶律宗真本人都赤膊上阵，谈判的价码从土地到金钱到公主再到两个敏感字，两国像小商贩一样锱铢必较。

最后定下来的盟约里写的是“……宋别纳金帛之仪，用代赋税之物，每年增绢 10 万匹，银 10 万两”。也就是说，在澶渊之盟的基础上，每年加价 20 万两白银，实际交出的钱，是 50 万两白银！

宋朝保住了土地、公主，以及两个字——“献”“纳”。

誓书中，宋朝不必使用下属国的专用名词。

历代史书中都强调，从此以后辽国再没有给宋朝添麻烦，宋朝的北方边境一劳永逸，从此平安了。言外之意，这个钱花得值。但有个细节一直被忽略了。

加了 20 万两白银，辽国要尽的义务呢？是要约束西夏投降的！但是这一条，在实际操作中只写进了宋、辽两国的国书里，那一式三份的誓书，也就是宋、辽、西夏三方面共同遵守的和平条约里，根本就没有这回事。

在谈判的 9 个月里，富弼是主角，但最重的戏份却不在他身上。远在西北边疆的几个人，才真正左右了帝国的命运。他们是范仲淹、狄青、种世衡。他们分别做了一些事，效果嘛……很难说：一方面，他们让李元昊剧烈头疼，在西夏境内不敢动弹，连带着富弼也能在耶律宗真面前挺直了腰板说话；另一方面，他们惹祸了，把李元昊逼到了墙角。他没有退路，只好狗急跳墙，拼个你死我活。

提到范仲淹，人们会很疑惑，宋朝 300 多年间最了不起的人之一，在西北工作了四五年，没见他打过什么胜仗啊，甚至根本没打过仗啊，他那么大的名声是怎么来的？

一个欺世盗名的骗子？！

这涉及一个宏观和微观相结合的问题。一个个体的人，要为当时的社会做出有益的贡献，要有怎样的约束？

注意，是约束，而不是努力。

范仲淹是宋朝的臣子，不是唐朝的，针对已经成熟定型的宋朝国防方针，不能要求他像唐朝的顶尖级将军那样，去千里奔袭，境外作战，把异族敌人绑回长安。

如果一定要强求，那很好，就会变得像韩琦——心比天高，命比纸薄。主战本身没有错，可在赵匡胤定下的国防政策里，任何人都别想以军功冒升。哪怕是后来的岳飞、韩世忠等人，也只能在北宋与南宋历史衔接过渡的夹缝里短暂地闪亮过。

相信韩琦也明白了，好水川之战后，他的性格仍然强硬好胜，但在军事上，已再没有之前的“斗志”了。

范仲淹的高明，就在于他从开始就理解了宋朝军政事务的精髓。所谓“攻中有防，防中带攻”，具体来说就是修寨。这个方式，以前基本上是用在国内，是纯用来防御的，只要推广向前，就变成了移动的长城。

一步步向西夏的境内扩建，每建一处，就形成了攻防一体的战斗体系，一点点地蚕食掉西夏的国土。在这 9 个月的时间里，他修建了大顺城，这是宋朝庆历年间最大胆的一次修寨行动。其中最重要的一点，就是它的位置。

大顺城的前身是庆州西北方的马铺寨，再向西北方前进一点点，就是历史名胜地——后桥川。宋、西夏三川口之战前，李元昊之所以紧急退兵，就是因为他的后路——后桥寨被宋军洗劫了。

这就是大顺城之所以险要的原因，它深深地侵入了西夏国境之内，说是建了一处寨子，其实是越过国境，抢了一大片领土，并且时刻把刀子顶在党项人的脖子上，哪天高兴，就直接捅了出去。

早春二月时，范仲淹召集庆州府众将悄悄出城，15 天之内，一座新城建起。争分夺秒，新城盖成之后，立即就迎来了敌人。

党项人急火攻心，集结了 3 万骑兵来攻城，一场混战之后，骑兵们在新城墙面前撞得满头大包往回跑，这个场面真是激动人心啊。宋朝的军人们立即就要去追，范仲淹却拦住了他们。

筑城的目的达到了，额外的好处半点都不要。

看着多小心，甚至是懦弱。但稍微分析一下就会发现，宋朝从赵光义的幽燕之役开始，直到在李元昊的手下吃大亏，军事上的白痴行为简直一以贯之，从来没有例外，那就是开始得利，然后猛追，突然中伏，大败而回。

所以范仲淹才高明，你有千条妙计，我有一定之规。城盖好了，就等着我步步为营，稳步前进吧，终有一天，会把你们的生存空间压扁。到那时，你们想反攻的话会超级艰难，得把这一路上无数个城堡都拔掉！

历史证明了这种战略的正确性，在这时，更证明了范仲淹眼光的锐利。3 万名党项骑兵果然在半路上给宋朝人设下了一个大陷阱，只是他们在早春的寒风里傻等了很久、很久、很久，仍然半个人影也没有……

范仲淹已经回庆州了。

大顺城建起，打破了西北边疆的格局，西夏方面的白豹城、金汤城等据点变得岌岌可危，尤其重要的是范仲淹的不上当理念，让党项人无处发力，根本就找不出砍人的办法。历史的解读是要在很复杂的层面上进行的，在这种局面下才有了那句流传千古，但又被人耻笑千年的歌谣：

——“军中有一韩，西贼闻之心胆寒；军中有一范，西贼闻之惊破胆。”

这半点都不好笑，而且也没有夸张。我个人觉得，这两句歌谣的文字水平很高，因为用词非常准确。

“军中有一韩，西贼闻之心胆寒。”说的是韩琦，他的好水川之战是失败了，但作战过程中，党项人也有损失，无论是输赢两方面都疼到了骨头里。面对这样的对手，谁不胆寒？

“军中有一范，西贼闻之惊破胆。”说的是范仲淹不战而屈人之兵，自从范仲淹到任，他的辖区就一直平静，是李元昊跟他有交情，还是西夏人读懂了范夫子的本来面目，跟这人没法打架？

多准确，假如西夏人没有惊破胆，怎会没有战争呢？

以上是 9 个月中宋朝方面发生的前两件事，后面两件，分别与狄青和种世衡有关。

狄青的浮光掠影——

狄青有点像岳飞，不是说他们的忠勇风格和悲剧人生很相似，而是说他们的资料相似。岳飞死后，仅二三十年间，他的资料就变成了传说。在赵构和秦桧的通力合作下，他的人生被删除了，再也没有充足的官方史料能证明他辉煌璀璨的一生。所以历代史书谈到岳飞时，总有各种各样的争议、怀疑，甚至很多别有用心的人，要把他歪曲成一个莽夫、屠夫，或者蠢人……

而狄青，他的西北岁月同样很模糊，在民间，他是鬼面战神，无往不胜。而在官方，欧阳修等人都承认，西北征战五六年，军中只得到两位常胜将军。

那就是狄青和种世衡。

可狄青是怎样打仗的，却只有含糊其词的寥寥数语：

前后大小二十五战，中流矢者八，破金汤城，略宥州，屠岁香、毛罗、尚罗、庆七等族，燔积聚数万，收其帐两千三百，生口五千七百，又城桥子谷，筑招安、丰林、新寨、大郎等堡，皆扼贼要害。尝战安远，被创甚，闻敌至，即挺起驰赴，众争为前用。临敌披发，戴铜面具，出入贼中，皆披靡莫敢当。

这就是对他在西北光辉岁月的全部官方记录。如果要分析，平心静气些，就会发现他比前面所记述的三川口众将、好水川将军们强不到哪儿去，何况还有麟府大捷时的张岊在。那么，他的战神名誉是怎么来的呢？还有，为什么这样的成绩单，还能在仁宗朝的下一个危机到来时，被任命为南征主帅呢？

狄青是一个很复杂的人，并不完全是以军功冒升的。

在一般史书里，狄青的一生，成在武功，败在文臣。他的悲剧是宋朝猜忌武将、重视文臣的“祖宗之法”造成的。

这话没错。只是很微妙的一点是，与文臣的恩怨，都是他自找的。

狄青的官做到指挥使时，主动接触了一个人——当时的经略判官尹洙。尹洙的官不算高，但身份很微妙，在西夏战争开打之前，他就是范仲淹、韩琦的好朋友，开战之后，又在范、韩之间做沟通工作。可以说，他是一块绝妙的跳板，与他交往，能迅速跳到西北方面的最高层。

果然，狄青的军事才能打动了尹洙，尹洙把他推荐给范仲淹和韩琦。史书记载：“韩、范一见奇之，待之甚厚。”只是厚的方式却各有不同。

范仲淹拿出了一套《左氏春秋》，对狄青说：“为将者不知古今战例，不通晓兵法，只是一勇之夫。希望你多学多看，成为真正的将才。”

范仲淹的一席话，让宋朝从此拥有了一位智勇双全、独当一面的国之帅才。冥冥中就像有定数，300 多年间第一人在他去世的那一年，在宋朝面临又一次危机时，为它留下了解救的人物。

从此，狄青精研史书兵法，再不是那个只知披发冲阵的勇将了。

这是和范仲淹交往的结果，与韩琦就截然相反了。说来这也是命运，之所以会有反差，最重要的一点，首先在年龄的差异上。

范仲淹这时年逾花甲，狄青只是个 30 岁出头的青壮年，两者年龄如父子，再加上范仲淹的博大胸怀，自然而然地就把他当后辈学生看待，既教导又爱护，一片温柔的心肠。但韩琦呢？他俩可真是有缘。

居然同岁，都出生在 1008 年。

1027 年，两人都是翩翩少年，第一次相遇时，是在国都。

那一天，御街上张灯结彩，新科开考，状元、榜眼、探花从东华门唱名而出，举国轰动，人们都来看当时最幸福的人。人群摩肩接踵，其中就包括最不幸的人——狄青和他的伙伴们。

一群刚刚黥面的贼配军。

那一天，都是19岁的少年，一个锦衣高马，夸耀人间；一个黯然人群，落寞失意。当时有个伙伴喃喃自语："看人家，天上的人，我们一生都别想靠近。"

大兵们一片叹息，却突然有人说："也不见得，还得看各人能力。"大家吃惊地转头，狄青正高昂着他黥过面的头颅。

时光流转，多年后，这两个人都到了西北战场。韩琦高开高走，当年的榜眼，已经是方面大员。而狄青，也因为战功逐步提升，能让对方知道自己叫什么了。历史在这里变得有趣，它交代了韩琦和范仲淹一样很看重狄青，并且优待他。可具体内容是什么呢？

韩琦请狄青喝酒。

真是很大的面子，能让一介武夫出席他的酒会。这个酒会在历史上相当有名，狄青受辱了。当时无酒不欢，无妓不乐，韩公请吃，妓女们的身份也相当高。有位名叫白牡丹的妓女挨桌劝酒，到狄青身边时，突然笑了："也敬斑儿一盏。"

笑语盈盈，轻佻妖冶，"斑儿"，脸上有黥文的小朋友，你也喝一杯吧。大庭广众，奇耻大辱！狄青当时已经是副总管的职位了，居然被一个妓女这样嘲弄！

狄青不动声色，他就算气疯了，也得给韩大人面子。第二天，他把白牡丹打了一顿板子。

韩公很生气，后果超严重。隔了些日子，狄青有个叫焦用的旧部下来看他。才坐下喝了几杯，焦用就突然被韩琦派人抓走了。罪名不太大，处罚是斩首！

狄青急忙赶去求情，他实在不敢就事论事说什么，只能站在阶下说："焦用有军功，是好男儿。"

台阶上的韩琦一阵冷笑，说出了他心中，也是宋朝300多年间所有文臣的宣言："东华门外以状元名唱出者，才是好男儿，这算什么好男儿？"

就在狄青的面前，韩琦把焦用杀了。

狄青默默无言，呆立了好一会儿，才慢慢走开。这真是文臣的一大胜利，尤其是后来，宋朝仁宗年间，几乎任何一个文官都敢在狄青面前叫嚣，至于理由，不为什么，我、是、文、官。

真是了不起，文臣们在五代十国的几十年里受尽了委屈，他们终于翻身做主了，而且一直快乐了 300 多年。只是善恶到头终有报，宋朝灭亡之后，元朝把天下人按职业分了十等，最后一等是乞丐，第八等是娼妓，第九等就是文人。

比要饭的强点儿，比娼妓还低贱，这就是文人猖狂的下场！

回头说狄青的战功。这又是让人郁闷的事，和岳飞还是很像。80 余年之后，岳飞威名震慑天下，但南宋钦定的“中兴十三战功”中，没有任何一项是他的。

北伐之胜，郾城大捷，等等等等，大家全都选择性失明。

狄青也是这样，“破金汤城，略宥州，屠岁香、毛罗、尚罗、庆七等族，燔积聚数万，收其帐两千三百，生口五千七百”，发生在什么时段，哪次战役，是他单独出战，还是与谁配合，都查不到。历代写史的人，都只能按原样复制上面的文字，然后就直接跳到 10 年之后的侬智高造反。

但是每一个人都活在历史进程中，只要细心些，还是能稍微推算出这些事发生在什么时段的。比如破金汤城，范仲淹在当年的三月筑好了大顺城，史书中提到西夏方面的白豹、金汤两城岌岌可危，那就是说，在三月时，金汤城还没有被狄青攻破。

再往后翻史书，到九月时，宋夏战争就开始了第三次战役。此战之后，宋朝的军事行动就告一段落了。狄青的攻击，只能在这一年的三月至九月。想想这些重要据点被一一击破，对西夏方面是怎样的压迫力度？对向四面八方开战，一直胜利，神经也一直绷得紧紧的李元昊来说，是怎样的忧虑？

再说说种世衡的小动作——

种家军的创始人很有趣，西北开战之后，青涧城被他练成了一个超级庞大、格外扎人的大刺猬，再加上他还有那么多、那么铁的羌族好朋友，就造成了一个事实：方圆百里之内谁都躲着他走。他穷极无聊，就做了一些非常小非常小的小动作。

他把一个和尚像神仙一样地供着，吃喝嫖赌，美女成群，一切随便。但是突然间翻脸，又将和尚胖揍了一顿，远远地将和尚赶出了国境，同时还为他向朝廷请功，要求封官。

看着乱七八糟，但是结果却是把西夏人的兴旺之梦彻底打碎，不仅西夏之后百年历史变得萎靡不振，就连李元昊本人也深受其害。

事情还得从头说起。这个和尚法名叫光信，出身怎样是没法知道了，性格和形象嘛，就是个典型的“平生不修善果，只爱杀人放火”的角儿。

这位和尚大哥在被种世衡发现之前，一直游荡在宋朝、西夏之间的广大西北草原上，活动范围很广，不论是宋朝的各大城池，还是羌、党项、契丹等异族帐篷，所有场合，所有道路，他无所不到，一清二楚。至于他是怎么做到的，就半点都不阿弥陀佛了。

他骑着马、挎着刀、射着箭，来来回回，打家劫舍……

这样的业务，这样的等级，一下子就把种世衡迷住了。他需要的就是这样的人才！他用青涧城独立经商多劳多得的额外收入，把该和尚收罗进城，好酒好肉地养着。其放纵的程度，达到了“召置门下，恣其所欲，供亿无算”的程度。而和尚呢，也算对得起他，“酗酒，靡所不为”，没有什么是他不干的。

种世衡一点都不介意，反而待他越来越好。时间就这样一天天过去了，光信和尚的生活除了糜烂式的享受之外，就是偶尔跟种世衡出城一两趟，为他指个道，告诉他怎么才能悄悄地绕到几个不听话的羌族营地，或者靠得太近的党项人地盘，杀他个出其不意。

直到这一年的二月，范仲淹立马就要盖大顺城的日子之前，种世衡突然很认真地召见了光信和尚。

地点非常隐秘，人员只有他们两个，说了什么话，我们现在只能泄露后半段，前面的，要在后面的历史进程之中告知大家。

“……这样你会被抓住。”种世衡说。

“是，肯定。”光信说。

“你会被揍得很惨。”

“是，肯定。”

“你会熬不住的。”

“不会，肯定。”

“嗯，空口无凭。”

……

下一瞬间，种世衡突然暴怒，把光信抓了起来，一顿毒打，接着再打，打完再打，N 次之后，光信毫不在乎。据说，某天晚上两人又见了一面，然后光信就失踪了。很长的时间，青涧城，乃至整个宋朝西北边疆，都再也见不着他。

他叛逃去了西夏。

考虑到光信的工作是非常要求技术含量的，所以得给他时间，这位久经考验的和尚，真的会带给我们惊喜！大半年之后，他会再次出现。

回头说辽国人。耶律宗真名利双收，开始向姐夫叫嚣。

第一，他的姐姐兴平公主已经证实是死了。死后才报的丧，得病时为什么不讲？我姐姐过得快活吗？是不是你又找了别的女人，气着她了？

第二，你是我的家臣，宋朝没有通过我就打你，是他们不对，我已经替你找回面子了。现在，你打别人，也没问过我，当我是什么？！你是不是忘了，从你爷爷的爷爷开始，就是我们辽国的奴才？

据说李元昊接到信的那天，向北边凝视了很长时间，脸部表情很淡漠，手上的动作却不少，他一次又一次地用手去摸自己的鼻子。

不是说他和后来清朝的平西王吴三桂先生有一个毛病，一摸鼻子就要杀人，而是他实在想给内弟上上传统课。辽国人与党项人作对，小心个个都变成大饼脸回家。

命是不要的，把鼻子留下来！

只是形势逼人，李元昊拿出了大批珍宝，派人给耶律宗真送去。一切尽在不言中，我对不起你姐姐，还有你，原谅我一次成不？

成，耶律宗真要的就是这个。只要你拿出了钱，再服了软，和宋朝那边一样，我就满足了。

然后，李元昊悄悄地向东南方集结兵力，形势要求他必须得有一次重大的、决定性的胜利。只有这样，他才能继续压制宋朝，甚至向辽国示威，他和西夏才有生存的权利。

李元昊到了临界点了，必须要胜利。这一点我个人打赌，宋朝是知道的。因为它在西北泾原路的人员配备变了。

其他的三路，还是范仲淹、韩琦、庞籍。唯独最危险的泾原路从上到下全都换人，其主导思想前所未有，来的是中央直属特攻队。

经略安抚招讨使王沿、副都部署葛怀敏，这两人非同凡响，尤其是后者，是西北战役打响之后，宋朝第一次由中央部门派下来的禁军嫡系将领。

葛怀敏的父亲是真宗年间的名将葛霸。出身名门，娶的是王超的女儿，超级名将王德用的妹妹。

这样的关系，让葛怀敏在军中如鱼得水，什么样的领导他都零距离接触过，包括皇帝赵祯。而这也正是他的能力所在。注意，从古至今，人们说起各行各业的二世祖，尤其是军队里的少爷们时都很不屑，认为都是一群渣滓，什么能耐都没有，还傲慢成性，成天把父亲的军功，以及各种战伤什么的当成自己的闪光点。

一句话，废物！

但要小心，这群废物在另一方面都是超人。就是在父亲的长辈们面前，他们有另一张脸，他们可爱、天真、礼貌周到，还追求上进，绝对都是可塑造的新一代接班人。葛怀敏就是这样，宋史记载他“通时事，善候人情，故多以才荐之”。

每个人都推荐他，最后连皇帝都对他另眼相看，不仅把他派上战场，而且在临走前给了他一件军中圣物。那是从来没有人得到过的荣耀，是西北战场上战无不胜，号称党项、吐蕃两族克星的名将曹玮留下的铠甲。

愿你能像曹武穆一样威震西北，震慑西夏，击败李元昊！

王沿是地道的文官，主要的业绩是治水。他在这方面很有成果，把相、卫、邢、赵等水系引进了天平、景祐等水渠，灌溉了数万顷良田。

西北四路，此时泾原路驻军最多，达到了 7 万人。

7 万，这个数字很恐怖，从真宗朝的超级战役“澶渊之战”之后，宋朝就再没有任何人拥有过这样庞大的军力，包括名将曹玮。曹玮的“三都谷”之战才 3 万人，已经打败李立遵，使河湟部吐蕃的权力层剧烈动荡，之后才出现了一代赞普唃厮啰。

如果再和李元昊动辄十几万的兵团对抗，就不会有当初两战时以一敌十的难堪了。时间，在向宋庆历二年 1042 年的闰九月靠近，决定国运的时刻又要到来了。

定川寨之战爆发。

宋朝的西北军团里一直都有蕃落骑兵，他们由本地的羌、党项、吐蕃等内附民族组成，战斗力强悍，是宋军中的头等战士。一般来说，这样的精锐力量只会使用在最关键的时刻，那绝不是开战之初，而是互相消耗之后的相持阶段。

用来决战决胜，一锤定音。

葛大将军比较另类，定川寨之战最开始的时候，他就把5000蕃落骑兵派了出去。面对的是李元昊的10万人……

开战之初，宋军不仅损失了部队里的精英，还严重打击了自己的士气。这时，葛怀敏才传令全军出寨，列阵迎敌！

寨门东方，葛怀敏率领中军列阵，他的身边，东北方向是镇戎军的主将曹英。两阵战队严密，兵源众多，至少有6万人。

西夏人第一时间找上了葛怀敏，他们直接冲击宋军的中军，连冲好几次，宋军阵容不乱。李元昊换了个方向，开始攻击曹英。这时妖异的事情发生了，请问，这个世界上真的有鬼神吗？或者说，真的有人是鬼神托世转生的吗？要不然怎么会一而再、再而三地用妖异的办法取胜呢？

突然间，"黑风自东北起"，剧烈的大风居然是黑色的，直向宋军阵地刮去。西夏军队顺风出击，转眼之间宋军就崩溃了！

读史读到这里，真让人无语。提前预告一下，在以后，另一次党项人生死存亡的关头时，还是妖异的大风帮了李元昊的大忙。那时亚洲东部的军事实力对比，都会因为那一战而发生变化。

宋军从上到下，所有的将军、士兵都无所适从。军队争先恐后地向定川寨里撤退，党项人乘机乱箭齐发，宋军的主将曹英被射中面门，倒在壕沟里。

东北方的宋军彻底乱了，同时波及葛怀敏的中军。士兵抢着往寨门里跑，溃逃的场面惨不忍睹。

这一天是1042年闰九月十七日。从这一天的晚上起，共有10天，宋军完全缩在定川寨里防守。第11天的卯时，也就是早晨5—7点，葛怀敏突然选择突围，带出来的军队，连他在内统军大将14员，士兵9400名，马400余匹。

7万人，之前战死不超过5000人，这时再带出近1万人，定川寨里还剩下近6万人。这是多么庞大的数字，对围困敌军达10天的李元昊来说，是一个无法拒绝的大成果，怎样都要吃掉它！

而逃出来的这 1 万人嘛，自古以来放头击尾，把前面冲得最快的放出去，拦腰截断后面的大部队，是战争中最常用的制胜招数。1 万对 6 万，并且还是追击、拦截和继续围困，水到渠成的选择，哪个更好得利呢？

毫无疑问，西夏人肯定会放过他葛怀敏，吃掉定川寨。

这样他就能带着全部大将和近万士兵安全地回国了。同样是失败，他比刘平、任福强了太多，至少将军们很完整，士兵也没有死绝，哪一点都可以免掉他的死罪。

小人之智，匪夷所思。但人算不如天算，那个天，就是当时的国际形势，还有周边形势，以及这些所造成的李元昊的心理欲望。

他是想干什么来的？难道真的是打穿泾原路杀进宋朝腹地吗？不，他只是需要一个胜利、一场大胜，来摆脱恶劣的国际形势，并且一定要保住自己的军事实力，有太多的敌人，都在对他虎视眈眈哪。

于是，葛怀敏正好撞中铁板，李元昊没力气吃 6 万，对吃掉 1 万倒是蛮有兴趣！很高兴你们能分批逃出来……葛怀敏率军冲出寨门，西夏人没怎么拦他，他轻松愉快地继续往前跑，路不算太远，只是 1 公里，大约 1000 米吧。长期训练的士兵们就算徒步跑路，也只是刚刚活动开筋骨，但突然全都停了下来。

前面没路了，到了长城壕边，桥板道路都已被毁掉，背后党项人的骑兵铺天盖地地压了过来！

这一战，所谓的定川寨之战，实际上就发生在长城壕边。宋军自葛怀敏以下 14 员大将阵亡，士兵们全军覆没。据官方记载，没有人能生还。

司马光有不同说法，据他的笔记说，赵珣被西夏抓去了，近万人的突围部队，前方极少数人也越过了长城壕，逃回宋朝州县，他们活了。后面的，定川寨一直在等着鼓响的 6 万人都没事。他们先是发觉被骗，接着就惊奇地发现，敌人和主帅一起不见了。

西夏人竟然再也没理他们，一直向南方冲了下去。

稍有军事常识的人都知道，事闹大了，宋朝的边境已经被打穿，李元昊长驱直入去打渭州城了。没有比这更糟的了，泾原路 7 万人马都在这儿，周边州县，还有州府渭州都成了不设防的纯民区，敌人可以为所欲为，宋朝没有半点的还手之力。

李元昊大队人马毫无阻碍地冲到了渭州城下，这是他梦寐以求的地方——首府，有钱、有粮、有美女、有壮丁，一句话，为了它，李元昊对沿途的州县根本就不屑一顾，抢的就是这里。

到了门口，他反而不敢进去了。

只见城头上旌旗招展，人员调动频繁，他绕了一大圈，左看右看，这是一座杀气腾腾的大宅门，根本不是挺直了等着被砍的居民区。怎么回事？宋朝泾原路的兵这么多，渭州城里还留了一大批？

李元昊犹豫了很久，最后决定离开。还是那个总原则，要记得这次出兵的目的是什么。

泾原路其他的地方就遭了殃。李元昊向南纵掠 700 余里，把能见着的东西都洗劫了，并且沿途发表演说。

——朕欲亲临渭水，直驱长安。

宋朝的中书省、枢密院，所有的宰执大佬们束手无策。尤其是国境线以内战无不胜、所向无敌近 20 年的首相吕夷简，这位老兄吓得惊呼起来，历史记载了他 9 个字的惊呼原文，可以永垂不朽。

——一战不如一战，可骇也！

李元昊的目的达到，他真的把宋朝能拍板的人吓着了，但接着就撞中了一枚硬钉子——宋将景泰。

宋史浩如烟海，景泰的名字只出现过这么一次。他在李元昊最志得意满的时候，迎头一棒把对方砸醒。

景泰只带了 5000 兵马过来，李元昊很重视，用上了经典的老招数——伏击。

景泰却不上当，先是不追，然后悄悄派人搜索，待摸清了对方的虚实之后，景泰突然出击，杀了西夏 1000 多人。这对李元昊真是算不了什么，可这位党项人有史以来最伟大的领袖，竟然就此退兵了。因为有确切消息，从来都不出战的范仲淹，已经率军向他逼近。

范仲淹出战了！

还是那句老话，永远记住自己的目标是什么。李元昊退了，不是说他觉得没法战胜范仲淹，或者说他天生就不是完颜阿骨打、孛儿只斤·铁木真那样的霸王级人物，而是他计算精确。生平沉稳、老谋深算的人要来拼命了，绝对是一场恶仗，就算打赢了，也会得不偿失。

见好就收。李元昊就此收兵，直接撤出了界壕，回到党项境内。宋夏战争的第三战，定川寨之战至此全面结束。

李元昊得胜回国，庆祝的快乐时光过得很快，一转眼半年多的时间就到了，光信和尚开工。

李元昊手下的一号军事人物是野利旺荣。

野利旺荣，又叫野利刚浪凌，他的职务有些像辽国的耶律休哥，据说在打仗、政治上都相当有一套，尤其是和耶律休哥一样，直接面对宋朝。不同之处嘛，就是他的地位更高、更稳固，他是李元昊现任皇后的叔叔。还有，就是他具备了耶律休哥最厌恶的特性——奸诈卑鄙。

前面说过，西夏人打仗从来都不会勇往直前，对他们来说是欺诈"值钱"。作为大领导，野利旺荣的欺诈行为更是居高不下，但是千不该万不该，他骗到了种世衡的头上。定川寨之战打响之前，他派了3个人去青涧城，分别是浪埋、赏乞、媚娘，有男有女，都是野利族的显贵，说得很诱人：我们来投降。

注意，是代表野利旺荣向宋朝投降。

种世衡想了想，接受了。光信在边境接到了种世衡亲笔写的信，他以密使的身份走进野利旺荣的办公室，来传达宋朝的回复：非常欣赏你弃暗投明，只要肯投降，官封夏州节度使，月薪一万贯。现在官印都给你刻好了，只等你的行动。

野利旺荣全身发抖，不是激动，而是吓的。宋朝居然当真了。这么大个活人，顶着个超亮的大光头进了他的衙门，还有这些头衔，一万贯的月薪，李元昊转眼就能知道！要想活命，办法只有一个，立马带着人和信去坦白，希望领袖能从宽处理。

李元昊很平静地听完了整个过程，他没有发怒，让野利旺荣下去休息，告诉他不要有心理负担，但你别离开我的视线。然后李元昊单独和光信聊天，青涧城里的一幕重演，光信被百般盘问，N顿毒打。临别特训的成绩出来了，和尚哥咬紧牙关，打死也不说。

李元昊没有打死他，而是将他关了起来，另派了叫李文贵的人冒充野利旺荣的亲信去见种世衡。

种世衡暴怒，大骂李元昊……（此处省略5000字），之后热情洋溢，盛赞野利旺荣弃暗投明，转眼就是中兴党项的真正圣人。

种世衡扣下了李文贵，消息却飞回了西夏境内。

消息是怎样传过去的？别忘了浪埋、赏乞、媚娘，还有李元昊的多年经营，而青涧城又是一个可以随意通商、百无禁忌的新城。

野利旺荣卒。

第二章　庆历守望者

宋庆历三年，1043 年的九月三日，宋仁宗把朝廷里的两府大臣，以及知杂御史以上的官员都召进皇宫，一直把他们带到了天章阁。天章阁，这座以前用来安放皇家御制文集，以及追忆本朝故去皇帝的宫殿，从此在历史上声名显赫，意义非凡。

那一天，登阁的人除了四人年龄稍大之外，都非常年轻。四位老人，是晏殊 52 岁，范仲淹 54 岁；章得象、杜衍，各 65 岁。他们是两府的首脑。其余的三司使王尧臣 40 岁，富弼 39 岁，欧阳修、王素 36 岁，韩琦 35 岁，王拱辰、蔡襄 31 岁，都是年富力强、心系天下的年纪。尤其是韩琦和富弼，他们与异族在不同的战场上肉搏厮杀，堪称青年才俊，国之栋梁。

登阁之后，先由皇帝率领着参拜了太祖、太宗、真宗三位皇帝的御像，然后来到书桌前，上面已经准备好了笔墨纸砚：大家对国家的现状都有所了解，现在就把你们看到的问题和解决问题的办法都写出来，以振兴国家！

因为国家快完蛋了。

近 10 年来，宋朝外有西夏，内生叛乱，老天爷也趁火打劫，半年多不下一滴雨，直到近六月时的一个夜晚，天空中终于传来了隐隐的雷声。

仁宗当时已经睡了，空阔皇宫里的他突然爬了起来，来不及穿鞋，赤脚跑到宫殿外面。他向茫茫的夜色跪倒，对苍天叩拜 100 次。雨，终于下了，瓢泼大雨倾盆而下，仁宗就在雨中伫立。这时，皇宫里所有的人都走了出来，陪着他一直站到大雨停了，才慢慢走回宫里。

旱情终于缓解了一点，这一年的收成似乎还可以盼望。但这只是冰山一角，根本没法高兴。宋朝的钱、粮，这里专指皇帝可以动用的政府钱粮，在赵光义耗尽赵匡胤毕生所积，赵恒自力更生又自生自灭，经刘娥稍微恢复，被李元昊、耶律宗真轮番消耗打劫之后，又所剩无几。维持基本运转，只能依靠皇家的最后一根救命稻草——内库了！

如此局面下，历史迎来了上面这一经典时刻。

那一天，范仲淹、韩琦、富弼、王尧臣等人心潮澎湃，或在当天，或在回家深思之后，都写出了自己的见解。历史中，根据各自的名声，以及后来在改革中起到的作用，把范仲淹的意见列在首位。他写了《答手诏条陈十事》，把问题所在以及改革的办法，具体细化在 10 个方面：明黜陟、抑侥幸、精贡举、择长官、均公田、厚农桑、修武备、减徭役、覃恩信、重命令。

这 10 个方面、30 个字，看着很枯燥，但稍微想一下，就会不寒而栗。这样想——一个国家，难道可以赏罚不明、胡乱恩典，拿官职当赏钱，科考乱七八糟，随便谁都可以当上司吗？不种田、不织布、乱派徭役，外加没有信用、毫无纪律吗？！

这还是一个国家吗？

这时的宋朝就是这个样子。我们逐条细分一下，真正明白范仲淹讲的是些什么事。

第一，“明黜陟”。这条讲的是改变宋朝当时做官最重要的升迁制度，即“磨勘”。

宋朝的官员，只要不犯错，文官每三年一次，武官每五年一次，把政绩呈交京城考课院审查，就可以官升一级。

毛病显而易见，考的不是谁有多优秀，而是谁犯了什么错误。如果想升官，就别犯错。可做事难免会出错，于是就别去做好了……宋朝的官场就变成了佛教《金刚经》里的神妙境地——“使人坐荆棘丛中，动即被刺，不动即不刺，所以动不如静也”。

官员们都这么静，国家的事谁去办？

所以，范仲淹第一条就要改这个。从官员的办事精神上去革新，从奖惩条例上调动官员的工作积极性。具体的做法是：把太祖、太宗时期的保荐制度和真宗的磨勘结合起来，看一个官员的优劣，不仅要看他是否出错，更要看他的成绩。这个成绩就由上级部门，宰相、枢密们来确定。

同时规定，做官要分京、外两种。京官，经保荐的 3 年一次磨勘，自己申请的，要达到 5 年才准磨勘。这一规定针对的是富家子弟，这些人有门路，就是要压制他们。

还有就是完善惩罚条例，无能即是错，考课院以后会专门评定官员们的才能等级，凡是无能的……别怕，不是罢官，是另外安排。

第二，“抑侥幸”。

说侥幸，只这两个字，范仲淹就得罪人了。不仅是官员，还有皇帝。因为那本是皇帝的恩典，是从伟大慷慨的真宗皇帝赵恒开始的。

从他开始，宋朝官员们每年都热切地盼望着年关附近的南郊大礼，还有皇帝的生日。那两天，宋朝从两府大臣到各路的提点刑狱官以上，都可以向朝廷申请，请恩荫我的儿子侄子们吧——从此，这些官崽们就正式当官了。

恩荫制度还有严格的等级观念在里边。比如翰林学士以上的官员们，每做一年，就可以恩荫一人。请想象年少中举、30 岁以前就进入两制的高才生们，只升不降的官场生涯，做个 20 多年有什么难处？那就是有 20 多个不经科考就进官场的二世祖！

再凭着老关系往上爬，长此以往，宋朝的官场会是个什么样的呢？

所以要改。范仲淹提议，以后转运使和边防上的文官，到任满两年才可以提请恩荫；两府以及两制高官，每次大礼时只许申请恩荫一人，并且必须是亲生儿子，连侄子都不行，阁馆要职，也不许两府、两制高官的子弟们轻易进入，不仅要考，还要经过保荐才可以。

第三，“精贡举”。

范仲淹作为过来人，发现在文、武两途，宋朝现在人才都断档了。人才，来自科考；科考，取决于考题。而考题，就决定了人才平时都学什么。

全国各路，无数的学子们都还在背诵四书五经，学作诗词歌赋。这样的“人才”对治理国家，都能说得头头是道，无非都是以仁治国、与民休息、勤政爱民之类的老生常谈，说白了，就是在背孔夫子孟夫子当年的语录。对于抵御新生的契丹，还有奸诈狡猾的党项，半点儿实用价值都没有。更别提怎样为国家创造财富，让民有钱、国有钱，大家都过好日子这样的终极大问题了。

要改，就得从底层教育模式上改。

不过，具体起来，就采取了模糊观念。“教以经济之业，取以经济之才”，“先取策论次考诗赋，少一些虚夸词饰之臣”。这让人看着迷糊，这是方针而不是细节，具体怎样实施，根本找不到依据。

如果非要说细节，倒真是有一个，堪称魄力非凡。

把弥封卷制度删除，以后的考卷都要露出考生的实名。理由嘛，是看不见名字，就失去了乡里举荐选才的本意了，以后谁还会为朝廷选才，怎样鼓励民生士气呢？

至于作弊，你们考官是干什么的？监察院、开封府是干什么的？只要仔细查，狠处理，就一定能刹住歪风邪气！

为了节省篇幅，更为了清晰内涵，下面的七项新政，分为两大类："择长官、均公田、厚农桑、减徭役、覃恩信、重命令"等六项为一类，余下的一项自成一体。"修武备"，把它放到最后再说。

那六项之所以能归纳到一类里，是因为它们有一个共同点——择人，选什么人来当官。这件事在中国古代，不仅是宋朝的梦魇，一直到封建社会的晚期——清朝时，都是无解的毒咒。它的官方说法就叫作"吏治"，就是怎样来治理官吏。

这一条基本无解，因为人这种动物天生的本能就是追求生活的完美。而完美的生活，怎能抛开物质的享受呢？不必讳言，就算社会发展到了今天，这也是每时每刻都要注意的地方。在宋朝仁宗年间，它就将具体工作表现在了这六项里。

"择长官"——选出合格的官员。范仲淹的办法是以人治人，从上至下，由两府宰执来选荐转运使、提点刑狱使等路级干部 10 人，大州的知州 10 人；两制官，即由翰林学士、知制诰来选一般州郡的知州 10 人，以此类推，层层推荐，环环相扣，直到官职最小的知县。

这样利害相关，选出来的人应该能靠点谱了吧。

"均公田"——为了让官员清廉，给他们田产。但是也会产生问题，田地有好有坏，你给谁好的？官员的田紧挨着老百姓的田，侵占了几亩、几顷、几十顷的，也很正常吧？于是纠纷出现，官员跟百姓打，官员跟官员打，天圣年间刘娥愤怒了一下，公田就取消了。

范仲淹建议恢复，怎样消除不公呢？参考上一条，吏治好了，大家才会好。

"厚农桑、减徭役"两条，顾名思义是农民的事，可官府的责任更大。要让农民专心种田，国家要有奖励，更要少折腾，给农民干活的时间。

最后的两条"覃恩信、重命令"很让人无语。人无信，不知其可也，这是做人最起码的准则。一个国家呢？居然早上说一套，晚上做一套，根本就是朝令夕改，而且毫无处罚，这不是国家的法令，是孩子们在玩过家家！

怎么办？一个字，罚！见了血的猴子才知道恐惧，才能认真干活。除此以外，别无他法。

综上所述，问题很严重，解决的办法很简单。范仲淹的方案，说白了就是“责任制和处罚制”。用举荐制度把官员层层捆绑着，再设立一些以前没有的处罚制度，让官员们稍微懂点事。

如此而已，管不管用，有没有比原来的制度更不妥的地方，要从以后的实践中才能看出。这时能肯定的就是，处罚不是力度够不够重的问题，而是有没有力度的问题。

连处罚的具体条款都没有，犯事的人怎么会害怕啊？！

现在来说“修武备”。这一条，按说范仲淹是最有发言权，而且肯定言之有物的问题，因为他刚刚从战场归来。宋朝的边防问题严重到不能再严重了，辽国不说，党项人已经变成了西夏人，开始与宋朝分庭抗礼了。这在太祖朝、太宗朝，甚至真宗朝都是难以想象，绝不可能发生的灾难！

该怎样解决？

先要分析问题出在哪儿。范仲淹从实战出发，归纳出两点：第一，禁军都挤在京城里，有事才派往边疆。这在应急速度上就丧失了宝贵的时间；第二，在京城养兵、派兵，那么边疆始终就没有足够的粮饷。不论是抵抗，还是杀进敌方腹地，都得千里运粮。这一点，其实就是幽燕之战、雍熙北伐、五路征党项等外战失利的根本原因。所以要改。

怎样改？

范仲淹建议在京师附近招募 5 万名民兵，派往边疆常驻。每年三季种田，一季练兵，自给自足。这样一举数得，把前面的问题都解决了。

这个办法好不好？看着仍旧简单，似乎还是范仲淹一拍脑袋的想法。但这一条自公布时起，就让宋朝朝野大哗，一片震惊。所有人一致认定，如果真的这么办了，宋朝就会国将不国，很快就会天下大乱。

因为他改变的是宋朝安全设施方面的最基本国策——“募兵制”。这个制度，简单地说，就是在灾年，农民们没法生活时，政府出面把灾民们收编成军人。给他们粮吃，让他们为国家出力，同时也就不会造反了。当年赵匡胤得意地说，这样做，“在造反时，有乱兵而无乱民；在灾年时，有乱民而无乱兵”。他的天下，怎样折腾都出不了大事。

而范仲淹的办法，却是唐朝的“府兵制”。它让唐朝的军队拥有极强的战斗力，可危害性也是致命的。军人们有自己的收入，根本不用政府养，于是藩镇林立，大家都是土皇帝！

新政施行，第一条“择官长”。

范仲淹提议，让转运使和按察使合二为一，把下属各部门、各官吏的工作情况全面向中央汇报，这样看谁敢不服，敢不用心工作？

命令一下，人心振奋。最振奋的是当时开封城里最有名的大才子欧阳修。这时他升官了，是知谏院的院长，掌握了宋朝二分之一的弹劾权。而掌握这份权力的过程，就是他毕生引以为傲的业绩。

给宋朝官场洗澡。

吕夷简死后，他和蔡襄、余靖等君子们同心协力把吕夷简历年来安插进两府、两制、御史台、知谏院的同党们都赶下了台。20多年的污垢一下子洗白了，怎一个爽字了得！

结果，欧阳修爱干净就成了习性。庆历三年九月，仁宗皇帝开天章问策，十月“择官长”开始实行，十一月时他就接连上书两封：

一是弹劾两制官，也就是翰林学士和知制诰，说“今两制之中，奸邪者未能尽去”，还得继续清洗。

二是瞄准了由两制官推荐的御史台，掌管着宋朝另外二分之一弹劾权的同级部门，“近年台官，无一人可称者”。没有一个人是合格的，不是当时，而是很多年！

很多年之后，这两封奏章被认为是庆历年间最伟大的疯子欧阳修的开山之作，是他成为顶级君子，又同时把新政玩死的证据之一。

要真正理解他为什么要这样做，尤其重要的是，他怎么就敢这样做，需要回顾一下宋朝当时的政府组成班子。

宰相：章得象、晏殊；

枢密使：杜衍；

参知政事：贾昌朝、范仲淹；

枢密副使：韩琦、富弼；

权三司使：王尧臣。

在这份名单里，范仲淹、韩琦、富弼、王尧臣都是自己人；晏殊是富弼的老丈人；章得象认为新党很可爱，时刻都笑得跟朵花似的；杜衍，更不用说，此人以后倒霉都是因为与新党结盟。

外人只有贾昌朝一个。

这是好得空前的形势啊。在清洗了吕夷简的余党之后，加上清洗时表现积极的余靖、蔡襄等知谏院同僚，还有什么事是做不到的呢？对此，欧阳修强烈要求抓住形势，把新政里的第一条要旨“择人”上纲上线，达到一个完美的理想程度，即“进贤退不肖”。

把君子们都提上来，把小人们都赶下去，只有这样，宋朝才能焕然一新！

奏章送上去了，欧阳修坐等好消息。他坚信八人内阁必将全票通过他的提议，就算唯一的那一票贾昌朝会反对，也没有什么大不了。一个平级的范仲淹就足以压死他，更何况贾昌朝很可能会选择沉默，毕竟官场大忌就是枪打出头鸟。在这样的形势和实力对比下，除非贾昌朝疯了，不然铁定装死人。

哪怕这两封信骂的就是贾昌朝本人。

很不幸，这成了现实。稍微知道一些内情的人，都明白欧阳修弹劾的这两个部门具体到个人头上会砸到谁——一个是现任御史台长官王拱辰，一个就是前任御史台长官、现任参知政事贾昌朝，尤其是贾大人还负责着两制官员的日常工作。

对号入座，贾大人第一时间看到了这两封奏章。不用深思，欧阳大才子写得清楚明白，“近年台官”，你是前任首脑，说的就是你。

这时要介绍一下贾昌朝这个人。以他的出身和资历来说，欧阳修还真的没法把他放在眼里。此人出生在 998 年，真定获鹿（今河北石家庄鹿泉区）人，时年 45 岁，是一个中青年干部。出身比较矬，只是一个同进士。所谓同，真是让普天下读书人生不如死的一件羞耻事。

同，其实就是不同。科考中一甲为状元、榜眼、探花，这是最荣耀的；二甲大家一样，都是进士了，身份很正规；三甲就是赐“同”进士出身。您和进士很像，但……自己捉摸去吧。但凡有点自尊心的文人，绝不肯忍受这种污辱一样的恩惠。大不了我重考就是了！

但贾昌朝忍了，他的官场生涯起步超级低，是一个小县城的主簿，第二步才做到了知县。他后来之所以能飞黄腾达，是因为机缘巧合下做了崇政殿说书。这是给皇帝讲课的职务，他零距离地接触了仁宗赵祯。领导的印象分大于一切，他开始统领御史台，后进入中书省，成为顶级文官。这样的资历，你让欧阳修拿哪只眼睛能看得上呢?

典型的小人，出身卑贱，学识低微，不走正路，混得越高，危害越大。“退不肖”，贾昌朝就是当时天下最大的不肖，一定要把他搞倒!

就这样，欧阳修犯错了。一个没有出身的人能混到这一步，对官场的理解，对手段的使用，都不是正常思维、普通人所能了解的。贾昌朝的确人单势孤，在朝中没有发言权，可是他很幸运，他的老部下们都被欧阳修踢到了他这一边。

整个御史台，以及从御史台出来高升或者退休的人，都是他的盟友。这些人在搞事、在弹劾别人的时候，欧阳修还在风花雪月、吟诗作对呢。这就决定了此次斗争的主调。

欧阳修的武器只有道义和文字，可这些人能无孔不入地直达要害，从“君子”们立身扬名的最根本处挖出毛病来，他们很容易就让人身败名裂。

搞人是一种艺术，所谓指南打北、指桑骂槐、指鹿为马……反正就是让人摸不透。贾昌朝们出手，先没理会京城里气势汹汹的欧阳修，而是悄悄地派人潜入了陕西四路。

那里是战场，是新政各位君子的发祥地。砍掉这里的荣耀，就能击碎君子们高大形象的泡沫。具体的出手人选是御史台里的监察御史梁坚，这真是一位行家里手，他选中的目标和动手的部位，都是最准确、最尖锐的。

目标：滕宗谅；部位：钱。

滕宗谅是范仲淹的同年，两人一起考中进士，最初的工作地点也在一起，范仲淹的第一份业绩，修建捍海长堤时两人就在一起合作，可以说是真正的老朋友。上了西北战场，两人也一起为国出力。而问题也就出现在了这里。

和最近的这次定川寨之战有关，葛怀敏战败之后，泾原路彻底被打穿了，范仲淹不顾一切地只带了6000人马出战。平心而论，没人敢说他有必胜的把握，如果他再败了的话，宋朝就真的会一败涂地，再没底牌。幸运的是李元昊主动撤退了，他要的不是决战。

滕宗谅当时是泾州城的知州，战火烧到他的城下时，他比泾原路上的王沿还要惨，没有兵，只好征集了几千名农民穿上军装在城墙上站岗。这跟等死差不了多少，连他在内，泾州城里一片惊慌，全体发抖。

幸好来的是范仲淹。滕宗谅的“罪行”就在这里犯下。他大摆酒宴欢迎老朋友，款待增援的部队，还到寺院里为定川寨之战中阵亡的将士们做法事。一系列举动完成之后，宋史官方也承认，当地居民的恐慌情绪大大缓解了。

我军威武，增援迅速，还怕什么？但是问题也出现了，做事是要花钱的，滕宗谅没法点石成金，他动用了官银。

梁坚查得很仔细，前后一共是 16 万贯，他当场就要滕宗谅交出使用明细，把所有的账目都交出来。结果滕宗谅只能列出 10 万贯的去向，其他的实在没法说清了。

梁坚很满意，他要的就是这种结果，交不出来最好。他没有给滕宗谅解释的机会，立即就消失了。不过，他没有回开封，而是跑去找张亢的毛病。

张亢是临危受命、解救宋朝河北整路百姓的人。没有他，宋朝已经丢掉了丰州城一带的广大国土。更不用说他击败了不可一世的李元昊，为宋朝争得了巨大的荣耀。

可是在御史台看来，不管你有多大的功，也要查一下你是不是很“贪”，是不是手脚和滕宗谅一样不干净。

为了节省篇幅，我就不绕弯子了，直接切入这件事的重点。当时几乎所有人都知道，这种“贪污”一查一个准儿，宋朝边关的守将们都有大笔的超巨额款项去向不明。如果再查，还能查到他们有超多的灰色收入。

最早的例子就是青涧城里的种世衡，他在战争期间就被调查过，如果没有庞籍保他，他早就被撤职查办了。当时他非常感动，对庞籍说：“世衡心如铁石，今为相公落泪。”都被逼到了这个份儿上。

他的钱是哪儿来的？青涧城自主经商，不向开封上税，这不是挖宋朝的墙脚是什么？那么钱又哪儿去了？要人上战场卖命，你得给钱！宋朝官方给的那点银子，七折八扣后到士兵手里的，都不够买碗酒喝的，凭什么让人把命交给你？！

所以滕宗谅、张亢手脚都不干净，他们得用各种手段弄到钱，再把钱给部下们发下去，这样才能调动起只认钱、没有太高觉悟的宋朝禁军的士气。实例请参考张亢是怎样成功的，以及刘平是怎样失败的。

战场上的宋军，都能挤到主将身边要赏钱！

话说到了这里，应该知道御史台的人，贾昌朝们是怎样的卑劣了，这完全是瞒心昧己，揣着明白装糊涂，还没卸磨就想杀驴。战争警报还没有完全解除呢，就想着怎样祸害自己人！

梁坚在河北路转了一圈，把张亢的“罪证”也收集好了，这才回到开封。任务圆满完成，欧阳修你这个后生小子，就等着哭吧。先放过你，小帮兵没时间理会，第一步就搞臭你们的党魁，让皇帝陛下看清楚，所谓的君子都做了些什么。

官方记录里仁宗皇帝大怒，范仲淹站了出来，给自己的同年加战友说话。他以身家性命担保，滕宗谅和张亢从来没有贪污过公款，他们花钱时，边关的每一个士兵都看着，都花在阳光底下，没有揣进自己的腰包。

仁宗静听。

另一边，御史台中丞大人王拱辰冷笑：“滕、张二犯证据确凿，国家的钱不知去向，不是贪是什么？长此以往，国家法律何在？人人效仿，我们御史台还怎么工作？陛下，您要是不依法办事，我从今天起就不上班了！”

仁宗还在考虑，钱在宋朝君主眼睛里的地位，一般跟粪土差不多。从赵匡胤开始就随便往外扔，主动往外扔。但是很奇妙，掐得正热闹，只持续了一个月左右，突然间王拱辰率领御史台迅速后退。大家撤，立马闪，小心喷上一身血。

君子党内部突然火并，其凶狠程度，让御史台这边的人自愧不如。看人家，不愧是在边疆混出来的，直接抄家伙上——这次君子党的内讧起源于修一座城，名叫水洛城。

有人要修，是陕西四路都部署郑戬，具体的修城人是刘沪和董士廉。反对的人是泾州知府尹洙。修城是对付西夏最好的办法，尹洙之所以反对，要从内、外两方面来剖析。其中的内，指的是郑戬和范仲淹的关系，尹洙和韩琦的关系，韩琦和范仲淹的关系，一大串的关系里就隐藏着水洛城事件的真正底蕴。

外部原因，要看水洛城的位置。

水洛城在泾原路，与西夏的三战，后两战都在这里发生，这些地名，相信我们都很熟了，比如说笼竿城、瓦亭寨、镇戎军、三川寨、定川寨。请注意，我是按照地图的标准方位，即上北、下南、左西、右东的方向来依次排列这些地名的。

即笼竿城与瓦亭寨平行，在好水川一线。向上是镇戎军、三川寨、定川寨。那么，水洛城在哪儿呢？按上面的资料解读，它应该再向西夏的方向延伸400里，那真的是深入敌后，孤胆作战了。

可让人无语的是，水洛城是今天的庄浪县城，那是在笼竿城的大后方快200里了！这就再清楚不过了，哪有什么危险和困难，或者什么必要性，纯粹是吃饱了撑的！尤其是目前宋朝与西夏议和议得两情相悦的时候。

说到底，为的是“权力”。

时间回拨到定川寨大败之后，宋朝当时决定把西北大权都交给范仲淹。范仲淹决定分出去一半给韩琦。此外，他还新立了一个超级头衔，是陕西四路都部署、经略安抚兼缘边招讨使。这个官，等于这一地区的最高总长官，统一指挥所有事物，用来彻底改变以前四路各自为政的局面。

由范仲淹、韩琦和庞籍共同担任。

水洛城事件时，这个位置是郑戬的。

范仲淹好好的领袖不当，前不久定川寨大败之后，皇帝都让你总领西北了，你非得拉着韩琦一起升官，凭空升出一个平级干部来，你不知道有时谦虚能害死人啊？

韩琦私下提醒皇帝，四路都部署要赶快撤销，不然时间长了就成了惯例，会变成超级节度使。仁宗立即同意。

郑戬走人，决策权到了尹洙手里。

范仲淹立即想办法，请皇帝派人到西北实地考察，看看这座城到底该不该筑。调查人员马不停蹄地往西北跑，还在半路上，水洛城工地现场就出事了。

尹洙派狄青杀到水洛城，把刘沪、董士廉抓住，投进大牢，罪名是违抗军令，选个日子就要斩首示众！

中央调查团到了之后，很幸运，刘、董两人的脑袋还有没掉，但是已经快认不出来了。他们在监狱里上演了宋朝版的《监狱风云》，被黑得一塌糊涂，幸亏勉强还可以写字，由董士廉主笔，给皇帝写了一份奏章。奏章里边不仅把水洛城的修筑过程详细说明一遍，还把尹洙、韩琦的老底揭了出来。

好水川大败，陛下您不知道吧，韩琦一直在强调自己的命令是多么正确，全是任福自作主张不执行，才败得那么惨。其实里边另有文章，我有证据，在开战之前，韩琦和尹洙就派人勘察过好水川，那本就是他们选中的主战场！

尤其是惨败之后，尹洙还写了两篇文章——《悯忠》《辨诬》，都刻成了石碑，立在当地，以一个臣子的身份，为这次失败定性。其实多明显，字面上就显得他心虚。为国而死，本就是尽忠，用得着你来“悯”？自古以来，只有皇帝可以用这个词，如唐太宗李世民征高丽回国之后，建“悯忠寺”纪念东征将士，你一个边境小臣哪来的资格？

“辨诬”……哼，没有心病你辨个什么劲？朝廷都没有申斥你们，分明是你们自己心里有鬼。最后，董士廉让特派员们验伤。他自己身上就不说了，终究他是文官，受虐程度有限。刘沪就惨了，自逮捕时起，就戴上了 40 多斤的重枷，进牢之后惨遭暗算，浑身是伤！

这些尹洙都不承认，他只是强调一切都是依法办事。他作为行政长官，有权决定防区内的所有政令。至于逮捕的事，他两次发出命令，连个人影都没有看见，难道还能听之任之吗？犯罪就是要抓的。但是他保证，绝对没有给这两人上刑，所谓的浑身是伤，纯属谎言。

千年之后，谁对谁错，我们是看不清了，因为当时宋朝的主事人就不想让人看清。只是有一点可以肯定，尹洙在伤情上说了谎，因为刘沪不久之后就死于头部溃疡，那绝对是受伤之后得不到医治的症状。

转年之后，滕宗谅、张亢贪污案结案，滕宗谅被降职，调进内地，到虢州做知府；张亢降职，原地留任。

另一边，水洛城停工。

两件事都以范仲淹的失败结束。御史台再次弹劾，滕宗谅被再次降职，贬到岳州。那是个好地方，濒临洞庭湖，有一座历史名楼在等着他重修。

范仲淹在这段时间里，还要继续为新政工作。那句历史中关于庆历新政的极其有名的对话，就是在这时产生的。

他挥起大笔，刷刷点点，在各路转运使的名单上挥来挥去，抹掉一个个名字。旁边的富弼看不下去了，说：“您可知道，您大笔一挥，抹去一个名字，就有一家人在哭啊。”

那是断送一个人、一个家族的前程。能爬到省长一级的高官，容易吗？

范仲淹头都没抬：“是一家人哭好，还是一路人哭好？”这就是范仲淹和富弼的不同之处。两人一样胆大忠贞，但是出身决定了他们各自的心胸志向。

范仲淹从人生的最低谷处爬起来，只要有口饭吃，就觉得很美好。所以他不怕丢官，也以这个标准去要求别人。而富弼不同，他是标准的士大夫，做人要有尊严和身份，任何时候不能伤了别人的体面。

这两句对话在历史上流传很广，用来美化范仲淹的高大形象。可惜是见小不见大了。经过上面的叙述，我们都知道，他是在一边对抗御史台，一边对抗韩琦，一边与普天下的官员们掐架。三方面硬磕，来给宋朝动手术。

这才是他的难处和成就。但是很可惜，他还是没有抓住重点。这期间，他不是三方面对抗，而是有四个敌人，最重要的那个，不是他摆不平，而是他根本没想到。

这个人，才是决定他一生成败、新政成败的关键。

皇帝。

请问您把皇帝放在了什么位置？这句话实在应该把新政君子们集合起来，排好队，挨个儿问过去。因为从历史进程上看，他们都没有想过这件事。

有一天，仁宗把两府、两制、御史台、知谏院的各路高官召集在一起，说了一句话："各位爱卿，从来都是小人才结党，难道君子也结党吗？"

请注意，正规场合，全体大臣，这句话是什么意思？对谁说的？说时是怎样的心情，它的作用是什么？这一连串的问题，绝不仅仅是普通的问策咨询。它至少说明了两点：

第一，皇帝给结党的人定了性——小人才结党；第二，君子们，在场的"君子们"，你们也结党了。那么，你们算是什么？

这是当众抽了范仲淹、欧阳修、韩琦等人一个耳光，给过你们脸，你们不要，非得等我把话挑明了。

皇帝引用了孔夫子的至高名言——君子不结党！

这个高度，是封建社会里谁也没法逾越的。可是范仲淹等人就不。他们当场就把皇帝掀翻了。由范仲淹亲自出面，回答道："臣在边关时，看到勇敢的人结为一党，懦弱的人也结为一党，在朝廷里也是这样的。一心为善的人结为一党，怎么会对国家有害处呢？"

注意他的开头。"臣在边关时"，文学大家范仲淹完全可以引经据典来说事，可他一切从实际出发。小朋友，我在边关打仗时才认识到的这些，你在深宫里，还真是什么也不知道啊……所以没有发言权。至于君子和小人，先分出来谁是干实事的吧。

甚至这句话里还有些怨愤和威胁。我在前线打仗，你们这帮在后方享清福的帮不上忙，至少先闭嘴。

当天就这样散了，贾昌朝和御史台的人一定很满意，皇帝对新政君子们生气了，这是天大的利好消息。紧接着就有更大的惊喜。能想象吗？皇帝和臣子有了分歧，被教训的居然是皇帝！

知谏院长官欧阳修大人，回到家越想越觉得问题严重，于是就发挥特长，写了一篇名垂千古的好文章，把自己和各位君子兄弟们扔上悬崖，变得万古流芳，永垂不朽，呜呼哀哉。

文章是这样写的——“臣闻朋党之说，自古有之，惟幸人君辨其君子小人而已。大凡君子与君子，以同道为朋；小人与小人，以同利为朋……”余下的不予赘述，这就是那篇大名鼎鼎的《朋党论》。

这篇文章在中国古代文学史上是有一定地位的，尤其是出自君子之手，被历代君子们奉为生活宝典，更是意义非凡。这些我们都不管，要看的是当时起了什么作用。

从本质上看，这是篇翻案的文章，陛下您的中心点是“君子不结党”，但我就是要和你掰掰手腕。旁征博引，证明君子有朋，而且朋党有用。您所需要做的，就是“当退小人之伪朋，用君子之真朋”，除了我们之外都赶走。

那样，天下就太平了。

《朋党论》交上去没几天，欧阳修又接连写了几份奏章，他是当时全宋朝最亢奋的人，一天好几遍地催皇帝，真是忧国忧民。

——范仲淹、富弼给您出的主意，您都照办了吗？得赶快啊，普天下的老百姓都伸着脖子等，非得让他们把脖子伸到您屋里，才能实行吗？还有，您要注意，肯定会有各种各样的小人跳出来刁难挑刺的，您要坚定立场，团结在范、富两位君子身边，千万别动摇，时间长了，自然就会看到成果的。

事无巨细，都为皇帝想到了，您只要照办就可以了。如果您不照办，您想干什么，想与小人为伍，当个昏君庸人吗？

赵祯的情绪进一步低落，“进贤退不肖”，贤人，原来是这样的……同一时间里，宋朝全国臣子都在手捧语录照镜子。按照欧阳大才子的新作《朋党论》来对照，我们都是什么呢？君子？脸皮别太厚，人家不带你玩，别靠得太近！

小人……凭什么说我们是小人，我们每个人，都是凭着十年寒窗考中的进士，再一步步熬资格，从小到大做到的官，你一个后生晚辈，只是笔杆子硬点，就这么糟蹋我们？！

别说是他们，就算同在两府的其他宰执高官，如章得象、杜衍、晏殊、贾昌朝，甚至韩琦也在咬牙，君子里面再细分，他们也没份儿。这样局面就形成了，经过欧阳修充满激情的不懈努力，范仲淹和富弼终于被孤立起来。

而他们两人正是新政的实际推行者。

随着时间一天天地过去，新政的敌人在增加。后来，连皇宫里的太监们也加入了，他们在史书中留下了一句很实惠的话，相信谁听了都会发愁——

陛下，一个人结党，最多不过十几人，五六个人结党，就是七八十人。范仲淹、富弼、韩琦、欧阳修、余靖、蔡襄、尹洙这是多少人了？何况他们新政里关于选官的办法，就是“推荐责任制”，他们可以明目张胆地去选人结党。不出二三年，朝廷内外就全是他们的人了。

局势恶劣，人心险恶……赵祯不禁在心里暗叹，人人都说新政好，唯有皇权忘不了；人人都说君子好，唯有朋党戒不了！怎么办？这伙人快危及江山社稷了，还能由着他们折腾吗？必须立即法办他们。这是再正常不过的反应了。

可赵祯不这样。他仍然沉住了气，他记得自己当初是为什么才选这些人当官的。时间进入了六月，夏天开始了，他向君子们提出了 5 点：

1. 合用何人，镇守西北？
2. 民力困弊，财赋未强，
3. 军马尚多，何得精当？
4. 将臣不和，如何制置？
5. 躁进之徒，宜塞奔竞。

看着这 5 点，我们站在赵祯的立场，想想是什么心情。新政已经实施半年多了，几乎半点作用都不起！请问你们这些君子都是干什么吃的？

两府大臣不敢怠慢，立即着手回答，至于回答了什么嘛，由于篇幅太长，我只节选一条，来看看君子们的能力到底怎样。为了真切感受，我们看原文。

第 2 条，民力困弊，财赋未强，回答：

臣等议之，国家革五代诸侯之暴，夺其威权，以度支财用，自赡天下之兵。

岁月既深，赋敛日重，边事一耸，调率百端，民力愈穷。农功愈削，水旱无备，税赋不登，减放之数，动逾百万。

这说了什么呢？总结，把问题的来龙去脉说清楚。也就是说，皇帝向他们提问题，他们再细化一下，让皇帝再看一遍。

接下来终于到解决办法了，大家屏住呼吸，压住兴奋，小心瞧着：

今访选举良吏，务本安民，修水旱之防，收天地之利。而更严著勉农之令，使天下官吏专于劝课，百姓勤于稼穑，数年之间，大利可见。又山海之货，本无穷竭，但国家轻变其法，深取于人，商贾不通，财用自困，今须朝廷集议，从长改革，使天下之财，通济无滞。又减省兵，量入以出，则富强之期，庶有望矣。

看到什么具体办法了吗？看到“青苗法”“均输法”“农田水利法”“免役法”这样的言之有物的具体法令了吗？“使天下官吏专于劝课，百姓勤于稼穑，数年之间，大利可见。”

其他 4 条，基本和这个一样，让仁宗皇帝进一步地看清楚了新政“君子”的成色。

宋庆历四年的六月下旬，夏竦回京城。

夏竦是宋朝与西夏开战时第一位西北总负责人，三川口败后他被弹劾丢官，到内地生活。这次内阁重新调整，夏竦被提名为枢密使，掌管西府兵权。

夏竦快马加鞭往回赶，进了京城才发现，为了他的升官，御史台和知谏院齐心合力，快把皇帝闹死了。败军之帅，加上各种被深究出来的生活细节，让他的名声臭大街。

夏竦把所有的弹劾材料都拿到手，一一细读，心潮在翻滚，愤怒在升腾，他连夜写了 1 万多字的奏章，反驳这些弹劾。但是交上去之后，得到的是污辱的加倍。新政君子们的回复是——“图功效莫若罄忠勤，弭谤言莫若修实行。”

您少说废话，办点实事才能洗掉骂名！

夏竦被气晕了，他不懂，这就是君子？君子讲的是忠恕之道，这样的凶狠刻薄，拿同朝官员当敌人砍，这是哪门子的君子啊……他有心忍了，但就在这时，另一位宋史里超级著名的学者爆发了，非常非常有才，此人写了一首流传千古的诗，把夏竦彻底钉在了历史的耻辱柱上。

石介，和他的《庆历圣德诗》。

石介，字守道，生于1005年，宋兖州奉符（今山东泰安东南）人。这是一位非同小可的大人物，无论是他的学问，还是他的脾气。

说起学问和文人，在宋朝选代表，相信大家都会第一时间选苏轼（苏东坡）。没办法，坡仙的名气实在是太大了，但是实际怎样，另有说法，等到他走上官场时，自有公论。要强调的是，学问二字，绝不是指诗词歌赋，《念奴娇·赤壁怀古》再好，它只是抒情小调，不是士大夫的本职工作和精神内涵。

学问者，博古通今、定国安邦、包罗万象、教化冥顽。在这方面，石介只在东坡之上，绝不在其下。

看履历，他是天圣年间的进士，之后当过一些不大不小的官，之所以能在历史上留名，尤其是在文化史上有地位，是因为他在山东徂徕山下创办的“徂徕书院”，世称“徂徕先生”。

在孔圣人的故乡讲学，你得有怎样的水平？这水平就让他在庆历四年，新政刚开始实施的三月时，由韩琦推荐，进入开封国子监任直讲。《庆历圣德诗》就是在这时写下的。

这首诗很有古风，四字一句，共954个字，以“于维庆历，三年三月。皇帝龙兴，徐出闱闼”开始，到“皇帝一举，群臣慑焉。诸侯畏焉，四夷服焉”结束，石介以皇帝的口吻对新政时所任命的宰执、谏官，一一称颂表彰。说这真是一个开天辟地以来最好的时候啊，不仅是人类，就连天地人神、昆虫草木都非常兴奋。

因为您把两位大贤人升职，就是范仲淹和富弼，他们俩是“一夔一契”，都是古代的大圣人；同时又把卑劣的小人赶走，就是夏竦。这个局面太好了，诗中说道，是“众贤之进，如茅斯拔；大奸之去，如距斯脱”。

这首诗一问世，达到的效果让石介很郁闷。在他想来，热情讴歌新世界，是一件多么及时又多么合适的事啊。这会大幅度地提高新政普及的势头，让更多的人加入新政君子的行列中来。

可是除了夏竦和众多的“小人”们对他咬牙切齿之外，就连新政君子系统内部，也对他一片茫然。石哥，你在搞什么呢？

第一个对他摇头的是与他齐名的人物，“泰山书院”的先生孙复。孙复和石介的关系是同学，两人都是范仲淹早年守母丧时，管理应天府书院时的学生。他叹了口气，说：“石介，你的噩运就从这首诗开始。”

第二个痛苦的人是范仲淹，范公所担心的不只是石介个人的安危，更是新政的全盘大局。他根本不愿意让石介在这种时候到京城来。

难道还嫌不够乱吗？

夏竦沉思了很久，转身进了内宅。他找到一个使女，拿出了一封信。来，看这上面的笔迹，模仿它，给我改一个字。

只是一个字，就把通篇内容都改变了。

这封信，是石介写给富弼的，虽然是私人信件，可涉及政治。为什么会落在夏竦的手里呢？因为名人效应。比如后来的《曾国藩家书》之类。名人怎样生活、怎样处理生活中的问题，都是凡夫俗子的楷模嘛。在这封信里，石介明显是《庆历圣德诗》没有写过瘾，除了痛骂小人之外，还要再激励一下新政的首脑。他勉励富弼等人，要“行伊、周之事”。

这是个典故，涉及两位历史上的大人物。伊，指伊尹；周，乃周公旦。这两个人都是定国安邦的贤臣。其中，伊尹是辅佐商汤开创商王朝的人，可以说是我们中国历史上出现的第一位宰相和军师的超级人物。周公旦是周武王的弟弟，武王灭商之后死得太早，周公全力辅佐幼小的皇帝，一边饱受谗言，一边东征西讨，把商朝余孽和内部反叛平息。

可以说，周公才是建立周王朝的人。

综上所述，石介的意思很明显，就是要富弼和范仲淹像古代贤人那样为宋朝扭转乾坤，再造天地，大家都过上好日子。愿望很美好，但夏竦经过沉思后，决定给这封信改一个字。就是将周公的周字，改为“霍”字。

“行伊、霍之事”。

一字之差，就变成了可以诛灭九族的大逆不道的言论。霍，指的是西汉时的权臣霍光。他的身份很复杂：一方面，他在西汉麒麟阁十一功臣中排名第一，是汉武帝托孤时的四大重臣之首，辅佐国家安定度过 20 年之久；另一方面，他在汉昭帝死后，把新立的皇帝刘贺废掉，独自把持朝政近半个月。

这样的人物，是宋朝历代君主最大的噩梦、最惧怕的妖孽。

尤其可怕的是，夏竦的历史知识非常到位，他改的这个“霍”字大有学问。伊尹这个人，几乎就是霍光的翻版，一方面像周公那样有功，另一方面同样在商汤死后，把不懂事的太子太甲放逐到桐宫，三年之后才接回来重当皇帝。

知道问题的严重性了吧？改后的信里，石介是要富弼等人效法伊尹、霍光，把现在的宋仁宗赵祯废掉，换一个积极进取、锐意革新的人当皇帝！再加上这封信的广为流传，就造成了一个非常恶劣的局面。

不仅大逆不道，而且是公然谋反。不管成不成功，都把现任皇帝蔑视到了极点。

这封信很快就传遍了天下，在这之前更迅速地传进了皇宫，交到了赵祯的手里。赵祯的反应是一如既往地沉默。他把玩着这封信，像是看出了很多东西，又像是心不在焉，想着别的什么事。

这种态度，把范仲淹、富弼两人逼到了墙角。

要么您下旨查问，哪怕大发雷霆，咱们好回答；要么您直接说不信，我们也好去追查。您这样沉默，要我们怎么办？

您分明就是在怀疑我们。

君子讲的是见利不争，谦退之道。官位本来就是粪土，既然让您这样怀疑，我们辞职好了，这样谣言不攻自破，清者自清。

范仲淹和富弼同时上书请求外放。

范仲淹走时，仍然深深地放不下当时的局势。他想了很久，决定去做一件事。说来真是有些不太光明，但是为了光明的目的，也只能如此了。

当时有一突发事件，在河北方面，突然侦察到辽国有大量的军队在调动，像是有预谋。范仲淹趁机提出由他率领重兵去河北布防。如果实现了，他就会恢复新政前刚离开陕西时的身价。手握重兵，是宋朝边防上的大救星。

这样可以把陷进狂热内讧的宋朝官场拍醒，即使他走后也没人敢动他正在推行中的新政。真是没办法中的办法，既能继续发展，又能撇清谣言。

想得很好，可惜用心良苦命更苦。不怕神一样的对手，就怕猪一样的队友。没等政敌们反对，他的盟友们就跳了出来。军方代表枢密使杜衍打头，富弼迅速跟上，两人继续发扬君子们下殿一家亲，上殿死冤家的良好作风，第一时间毁了他的如意算盘。

你纯粹是臆想，辽国派兵只是路过河东，目的是去平叛，跟入侵风马牛不相及。你又是发兵马，又是拨钱粮，根本就是没事找事，多此一举。

范仲淹气得发愣，正想着怎样沟通，突然间富弼灵光闪动，想起了自己的新职位。俺是去河北的，范公你是去陕西的，为何要抢俺的饭碗？他郑重地对皇帝说了一句话："辽国绝不会入侵，如果我说错了，愿负罔上欺君之罪。"

简直是不遗余力地拆范仲淹的台！

范仲淹大怒，这是他能为新政，为宋朝天下所做的最后努力了，无论如何都不能退让。他在金殿上和杜衍、富弼大吵了起来。

史书上记载，他举出了六大疑点、三种忧虑，证明辽国这次很可能和李元昊联合入侵，不仅会发生野战，连攻城的器械都准备好了。其中就有宋军以前独有的撒手锏——床子弩。在这种危急状况，难道还能视而不见吗？必须得我去应付！

对面的富弼寸步不让，重申自己的观点。现在天下太平，无论是河东、河北、陕西，哪个地段都不可能爆发战争，范仲淹你真是胡言乱语，不知所谓。

他们吵得不可开交，最后却不了了之，只好灰溜溜地下殿走人。因为皇帝一言不发，就当什么也没看见。范仲淹摇头叹息，边走边咬牙，他是真的不甘心！于是边走边聊，他要和富弼等人再沟通一次，说什么也得同志们再上金殿，口径一致，发兵河东。

这次他得到了最干脆的一次打击，一直沉默的韩琦终于说话了——"如果一定要去河东，我去好了，不需朝廷一人一骑。"

范仲淹彻底崩溃，这就是他的同志加战友，有这样亲密的冤家吗？！怒火郁积，他都快爆炸了，实在没忍住，他转身又回了金銮殿，单独和皇帝交涉，并把韩琦刚才的话复述了一遍，这不是国家大臣应该有的工作态度，韩琦小儿，实在过分！

换来的却是皇帝持续的沉默……赵祯当天没有任何语言或者举止的记载流传下来，当范仲淹走出开封，去陕西方面上任时，没能带出一兵一卒。

他走了，不管有过怎样的内幕和经过，都成了既定事实。范仲淹走后，新政君子们被一个个地踢出了京城开封。

第一个是欧阳修，他从知谏院下岗，去当河北路都转运使。

第二个人是宰相晏殊。说来搞笑，这位文学大前辈，成了宋朝版的李商隐。李诗人夹在唐朝的牛、李两党之间，身为牛党的一分子，却娶了李党前辈的女儿，弄得终身潦倒，里外不是人。晏殊也是这样，他是范仲淹、欧阳修的大恩人，富弼的老丈人，却对新政半点都不感兴趣。

于是欧阳修被贬，他很高兴。知谏院方面的孙甫、蔡襄联名挽留，也被他拒绝了。这下子谏官们火冒三丈，把他的老底都揭了出来，当年他给仁宗生母写的墓志铭上没注明母子关系，最近还调禁军修私宅。就这两点，晏殊丢官罢职，去颍州当知州，官还没有欧阳修的大。

第三个人是枢密使杜衍，接着是知谏院里的精英孙甫和蔡襄。

第六位大人物——韩琦在第二年，庆历五年的三月时，终于也丢官了。或许直到这时，他才清醒，没有范仲淹，他韩琦不算什么。

最好笑的是尹洙。这位特别喜欢和范仲淹死掐的人，面对事实，不禁悲从中来，是后悔还是痛苦，说不清，他给皇帝写了封信，哀叹说："昔日见用，今之见疏，都是您一句话的事啊。"

可让皇帝这么做的原因是什么呢？有没有你尹洙的努力啊？尹洙很伤心，过了两年，到1047年时他病死了。比他死得更早的是狂热的诗人石介。

伟大的文学天才都是这么脆弱……

如此这般，事儿还没完。大人物们都搞倒，下面的群众也不能放过。悄悄地说，号称中国五千年历史里最文明、最开明的宋仁宗时代，曾经发生过一起微型的文字狱。

与号称宋朝人才储备银行的馆阁重地有关。

前面说过，馆，指的是宋朝的皇家图书馆，如崇文馆、集贤院；阁，指龙图阁、天章阁等皇宫大内御书房。这些地方都有学士、直学士、侍从等官员，一般来说，有了这种职称，就等于半只脚踏进了两府、两制，就算不能终身富贵，也肯定可以名满天下。

这时的馆、阁人才非常年轻，名字和头衔都很多，不必一一列举，说的是这个事的经过。盛夏过去，秋季来临，话说宋朝的官员是中国所有朝代里最幸福的，每年有法定节假日77天，注意，这是常设的。还有新增的65天，同时还有一些约定俗成的私人小聚会。

这次的事，就是京师百司库务每年春秋两季举行的赛神会。这一天宋朝每个衙门的官员都可以喝酒聊天，随意享受，直到通宵达旦。事儿出在了进奏院上。进奏院，顾名思义，是地方呈报中央，中央发给地方的文件联络处。这时的负责人叫苏舜钦。

苏舜钦很年轻，36岁左右，是北宋史上举足轻重的大诗人。不夸张地说，如果没有后来的苏东坡，他的名字会成为宋朝诗人的代表符号。当天，他按照惯例，把拆封废纸卖掉之后，自己再掏 10 两白银，准备了一桌丰盛酒席。

物以类聚，他请的都是既年轻、又有才、还狂放的人，就是近期馆阁重地里风头最劲的 10 个。名字还是不列，没有意义，重要的是他们有一个相同的官场符号——范仲淹推荐的人。其特点就是无所畏惧，是那种喜欢把脑袋往狼嘴里伸，再夸耀伤口的人。多刺激，多青春！

不过，这也怪不了他们，他们都没走过正常的官职升迁过程，没被“磨勘”过，是新政里“推荐”制度的受益者。之所以被推荐，不就是因为他们年轻且无畏嘛。

当天晚上，破坏的欲望随着夜色的浓重逐渐升腾，10 个生于盛世、春风得意的年轻书生渐渐地失去节制。他们把唱曲的优伶、守卫的官吏都赶走，把大门都关上。

找来了两个军妓。

放浪形骸，无所不为。他们都喝醉了，最后的余兴节目是做诗。其中殿中丞、集贤校理王益柔成为人群里的太阳、那一晚上大家的偶像。他变得比李白还要疯狂，诗仙最嚣张时，也不过就是喝醉了还去见唐明皇，他可好，竟写出了这样两句诗：

——醉卧北极遣帝扶，周公孔子驱为奴。

皇帝是他的侍从，周公旦孔夫子是他的奴仆！还有没有天理王法？！简直数典忘祖，要知道历代之所以会“罢黜百家，独尊儒术”，就是因为它对皇权的唯一性崇拜，让皇帝得到神仙一样的权力，可是小小的王益柔居然全都收了回去。

这就怪不得别人了，史书上关于这件事，总是会强调一下当时有个小人，叫李定，他想参加宴会，可是被苏舜钦拒绝了，于是就去御史台告密，真是卑鄙无耻。不过你们没有犯事，他能告出什么呢？身为儒生，这样大逆不道，别人不惩罚，醒来都应该去自杀！

御史台长官王拱辰闻讯大喜，他连夜上报给皇帝。赵祯的愤怒可想而知，御用文人居然这样回报皇恩！还等什么，连夜抓人，直接扔进开封府，特案特办，从重从严！

第一次判刑，王益柔处斩，其他所有涉案人员全部罢免，永不录用。第二次时轻了点，王益柔永不录用，这批馆阁人员集体报废，贬到地方官。主持人苏舜钦罪加一等，事发在他的衙门里，罪名是“监守自盗”，被贬为庶民。

苏舜钦的确是应该区别对待的，他是杜衍的女婿，被看成是新政君子里的核心。就这样，以范仲淹为首的，呵呵，名义上为首的新政君子们从上到下，从头到脚，都被“小人”们踢出了朝廷，其手法干净利落，合理合法，其结果一劳永逸，彻底胜利。

与此相对的是君子们集体萎靡不解的脸，我们的失败，是为什么呢？

这个问题很隐私，在此后漫长的岁月里，这几位万古流芳型的名臣、君子，从来没有在任何场合公开讨论过，同时也没有在各自的文字资料里记载过。

就算后来名动八表的《岳阳楼记》，也只是抒发自己的人生理想，追求抱负，没有半点懊丧、自责，或者对谁的埋怨流露出来。

之所以会这样，相信也和“君子”这个中国封建时代最崇高的名词有关。丢官算什么？君子固穷，安之若素。孔夫子在夸奖最得意的弟子颜回时就说过：“一箪食，一瓢饮，在陋巷，人不堪其忧，回也不改其乐。”就是要这个越穷越光荣的劲儿。

理想破灭算什么？苟余心之所善兮，虽九死而不悔。只要我喜欢，死九次都无所谓。这里面有让圣人门徒们千年坚持，直到明朝、清朝时更加发扬光大的自虐型快感。为了一点鸡毛蒜皮的事，请皇帝打我吧，打死我才爽！

何况是新政改革这样的大事情，悲剧才能激动人心嘛，我一点都不疼。

甚至流放都是一种快乐。孔子还曾经说过：“道不行，乘桴浮于海。”皇帝不用我的办法，我划条小船到海上漂，也是高雅纯洁的。

并且最重要，也最浅显的一点，也与高雅纯洁有关。

君子怎么能互相指责谩骂呢？那是沿街商贩的品质，泼妇激动时的表现。素质真是太低了！所以宋朝的官方记录里，才会在范仲淹和杜衍、富弼的金殿争执中，留下了这样的记载——范仲淹平时事杜衍如父，与杜衍争，杜衍不怒。富弼更不用说了。

所以，打掉了门牙往肚子里咽吧，君子在什么时候都得站直了腰，千万别丢脸。

他们永远都不会承认，这种性格在官场政治圈里就是个二等残废。

美国小说《麦田守望者》里有一句话：“一个不成熟男子的标志是他愿意为某种事业英勇地死去，一个成熟男子的标志是他愿意为某种事业卑贱地活着。”

庆历君子们被说中了，他们宁可英勇地去死，也不愿为宋朝的新天地而卑贱地活着。面对夏竦的谎言，除了辞职引退来证明清白，就没有别的办法了吗？至少他们可以赖着不走，就像夏竦那样，无论谁弹劾，我就是不动。

像现实这样，以边关百战之功勋，怀国富民强的愿望，这种程度的追求，居然就毁在了一封伪造的匿名信上，简直就是闹剧！

从这个角度来看，所谓的君子哪有半点的高贵伟岸？

返回出发点，从总体上讲，上面这些都是在新政者内部找原因，这当然也是片面的。新政之所以失败，标准的历史教科书上给出的正解是皇帝的懦弱，外加小人们的陷害。小人们的事就不去说了，他们做了什么，前面已经说得很清楚了。关键在于宋仁宗赵祯。他是皇帝，一言一行都要对国家负责。而这个人在这段时间的确一直在玩沉默，什么都没做，似乎的确很“懦弱”。

那么，他该怎么做呢？

不顾一切地支持范仲淹，无论君子党们做了什么，都是对的，都要无条件地实行？甚至像欧阳修所希望的那样，完全放弃自我，君子们的奏章里把做什么事，怎么做都规划好了，他只管签字照办？这样就全对了？

谁是皇帝？

赵祯是个独特的人，解读他得站在一个相当高的楼顶，长时间地俯视，才能稍微看清楚一些。他的每一步行动，都与当时的国际形势紧密联系，而不是与宋朝的国家形势紧密联系。这是根本上的区别，做不到这一点，是没法在民族之林里生存。

第三章　独立贺兰山

宋庆历四年，1044年，李元昊的日子很闹心，他忙着和宋朝的皇帝讲和，讲来讲去没结果，宋朝边疆的将军们却不买他的账，尤其是青涧城里的种世衡。第一代老种相公对付敌人，从来都是不择手段的。

上一次他用光信和尚把野利旺荣害死，这次他的主意打向了野利旺荣的弟弟野利遇乞。这事难度更大，第一，反间计可一不可二，用过了再用一定失效；第二，野利遇乞比野利旺荣更难下手。他是西夏大本营天都山的统领，李元昊的皇宫就建在这里，对他的亲信程度可想而知。

怎么办呢？种世衡只好花大本钱时刻留意西夏方面的动静，等待野利遇乞自己出错。

这个错真的出现了，就在庆历三年的除夕夜。那天晚上，野利遇乞带着大队人马杀向宋朝边境，工作态度非常认真，他纵兵深入，四五天之后才返回天都山。可是回来之后，迎接他的不是鲜花，而是李元昊怀疑的目光。

小乞，你大过年的跑那么远搞什么？四五天才回来，都遇见谁了？

野利遇乞有点蒙，心说："我就是去打架啊，一直跑，一直找，可宋朝人胆小，没人应战，我就回来了。"那天李元昊盯了他好一会儿，才放他走。事后他打听出来，是李元昊的奶妈告了他一状，说他是企图叛变投敌，才去了这么多天。

野利遇乞很郁闷，但这种事没法解释，甚至会越描越黑，所以就索性扔开手，不去管了。但是要命的是，这事让种世衡知道了。

千里之外，无论是西夏将军的动向，还是天都山里西夏皇宫里的细节，都在种世衡的掌握之中！之后，他做了一些安排。首先，他派人潜入天都山，潜入的深度匪夷所思，让人难以置信，他的人居然偷出了李元昊赐给野利遇乞的宝刀。然后种世衡在边境散布流言，说他亲密的盟友野利遇乞已经被残暴的李元昊害死，他太痛苦了，决定在边境线上为遇乞兄设祭，向亡灵致敬。

那天晚上，种世衡盛装出行，在边境线上燃起了熊熊大火，估计西夏方面只要没有全体失明，就肯定会发现祭奠现场的位置。宋朝官兵把一块木板竖了起来，上面是种世衡写的追悼文，全面回忆他和野利两兄弟对和平的共同期盼和对李元昊共同的厌恶，尤其是对不久之前的除夕夜和遇乞见面时的快乐，来了个具体详细的追忆。多么美好的理想啊，本来约好了里应外合做掉李元昊的，不料天不遂人愿，居然先被李元昊害死……

啰啰唆唆一大堆，念得声情并茂，估计西夏方面的骑兵快到了，他们才把追悼木板、宝刀等物扔到火堆里，接着打马就跑，让西夏人抢救现场。

西夏人很能干，木板和宝刀完好无损地送到了李元昊的面前。接下来的事是个定式，奸诈的人最容不得别人对他的奸诈，犯规者必死，尤其是身边的亲信。

野利遇乞被杀，党项族内最大的野利氏从此一蹶不振，连带着李元昊的后宫都重新洗牌。然而这还不算完，在不久之后人们就会知道，野利两兄弟的死，对西夏百年的国运有怎样的影响。

百无聊赖，李元昊想到了女人，没办法，男人的正常反应。但是要承认，他首先是个好父亲，儿子大了，先为儿子找一个。

党项八大部族，他给儿子，也是太子的宁令哥选的是没哆氏的女孩儿。结婚那天，是西夏历史上第一次太子娶公主的场面，开国第一次！李元昊亲自主持婚礼，结果出大事了。

该死，女孩儿太漂亮也是罪过……没哆氏美到了不讲理的地步，李元昊呼吸困难，思维停顿，重新启动之后对儿子微笑了一下。

亲爱的，你先回避。

他自己找了身新衣裳，和新娘站在了一起。这女人是我的，她是西夏的新皇后！就这样，李元昊焕发了他的第七个春天，不过这还只是开始，人生的意义就在于不断地拥有新鲜刺激。李元昊在天都山大本营重修宫殿，给新天使居住，结果在装修期间，就被另一个春天击中了。

野利遇乞的另一半，没藏氏。

说来这也是宁令哥的妈、野利遇乞的妹妹野利氏多事。

两个哥哥都死了，她非常伤心，跑去向李元昊哭诉。要说李元昊可能比曹操还要迟钝点，但事后也稍微回过点味儿来。人，杀得是有点急了，何况是连续杀了两个。后悔之余，他开始寻找野利兄弟的遗孤，要加倍抚恤，保证安全。

他找到了没藏氏，当时这女人已经逃到附近的三香家尼姑庵里出家了。春天里的李元昊心情正好，接她进宫，让她小姑子陪她吧。

结果将她接进宫之后，李元昊再一次呼吸困难，思维停顿。上天啊，为什么这样害我，她可真漂亮！于是第八春开始。这个春天对党项人的意义无比重大，得仔细说一下。该春天在天都山没待几天，就被野利氏赶出来了，只好继续在寺庙里过日子，地点是兴庆府的戒坛寺。但是距离产生美，李元昊经常跑下山到城里和她幽会。

时间长了，只会出现一种结果。人类在繁衍，生命真美丽。西夏未来的皇帝出世。

1045—1047 年，宋朝国泰民安，风调雨顺，国际关系也很好，没有任何不如意的地方。翻开史书，只有两件事值得说一下，都与皇帝的好心情有关。

第一件，赵祯出宫打猎了，这是破天荒头一次。那时是十一月的深秋，天高云淡，他骑着马在野外奔驰，自由自在，无拘无束。这是他一生中为数不多真正快乐的日子。

第二件，发生在皇宫深处。宁静祥和的日子里，某一天，他突然对曹皇后微笑了一下，说："皇后，十三和滔滔已经长大了，我为十三主婚，你为滔滔做主，让他们成亲，你看好吗？"

皇后的笑容温柔，但微微有些辛酸。"好，这是好事。"她从来没有拒绝过皇帝的任何要求。

要说明一下，十三是一个孩子的小名，他的本名叫赵宗实。这个孩子从小就在皇宫中长大，至于理由，一来他是皇室宗亲，二来因为仁宗始终没有儿子。至于滔滔，她是个女孩儿，姓高，是北宋名将高继勋的孙女。之所以能嫁给宗实，是因为她的妈妈是曹皇后的亲妹妹。

记住这两个孩子，这时他们是仁宗、曹皇后寂寞生活里的快乐，以后是宋帝国的主宰，不论是男孩儿十三，还是女孩儿滔滔，都让整个国家因为他们的意志而发生改变。

这个局面，结束于宋庆历七年，1047 年的十一月。

王则起义。

这次起义的规模是仁宗朝里排名第二的，其实就实力而言，应该是第一。尤其是兵变主脑的准备工作做得非常到位，远远比排名第一的那位仁兄在行，因为他本身就是个现役军人。

王则，出生在涿州（今属河北），从小孤苦。本来是好好的良民，可是一场饥荒过后，就没法在本地生活了。逃荒在外，饥不可耐，正要行凶，结果朝廷招兵，于是就当上了国家的正规军。

王则有崇高的理想、严密的组织，以及庞大的同伙，甚至还有强大的洗脑工具，从思想上就和其他的暴徒不同。

他信弥勒教。

王则的信徒越来越多，以贝州为根据地，以河北为范围，教徒就像细菌一样不断裂变、繁殖，短短几年时间，就达到了一个饱和点。

庆历七年的十一月二十八日。

这天是宋朝例行的冬至日郊祀大典，皇帝要率领百官到城外去拜祭天地神灵。全国其他的各大主要城市，负责人也得搞同样的活动。王则就选在这一天突然动手，在贝州城的天庆观里把知州以下的全体官员一锅端，谁也跑不了。

贝州得手。一系列的花样就搞了起来，先是国号出现，叫安阳。年号也有了，叫得胜。紧接着就是征兵，贝州城里 12 岁以上，70 岁以下人人有份，大家都去军资库领东西，铠甲兵器随便挑。为了更加接近正规军，每个人的脸上又被刺了字。

字数有点多——“义军破赵得胜”。口彩相当好！

宋朝派出了 10 万禁军，外加一位战场上的隐形强人——枢密直学士、左谏议大夫、知成德军、权开封府尹明镐平叛。

级别够高，奈何打不赢，一位真正重量级的人物登场。

这人的权力应该说没有吕夷简巅峰时期那样大，他的名望也没法超过范仲淹，但是他的执政能力、时间，却前无古人、后无来者。三度任相，跨度有 50 年之久。

在这期间，正是宋朝的多事之秋，天灾人祸，甚至皇帝的身体都出了毛病，他得独当大局。但基本上没有犯过错误，没有欺压同僚，让仁宗朝这个兴旺、平和、人性化的形象能够保持。

文彦博，字宽夫，生于宋景德三年（1006年），汾州介休（今属山西）人。他是真正的世家子弟，世系可以追溯到春秋战国时期，证据就是他的姓氏。

文氏最早可考的祖先是春秋时齐国的陈公子完，以其死后的谥号为姓，姓敬。到五代十国时，犯了卖国贼石敬瑭的讳，改姓文，后晋灭亡后又改回敬。宋朝建立后，仔细查了下，原来赵匡胤的祖先里有人叫赵敬，于是又再次改成文。

文彦博是真正的世家子弟，永远彬彬有礼，永远高高在上。在朝廷中，就像是一股来自亚热带的风暴，很温暖，有着让人期盼的珍贵雨水，但是同时也风力强劲，随时刮得你四脚朝天。

人和人的命运就是这么不同，明镐不断尝试，不断失败，一点实际功劳都没有，可各种准备都已经到位了，尤其是地道，几乎同时间挖好了。

文彦博下令，在闰正月初一的晚上，猛攻北城，同一时间精选了200名士兵，钻进了南城墙底下。没有任何悬念，南城门突然陷落，官兵像潮水一样涌了进来。

起义失败。

宋庆历八年正月十五日那天出了件事，事发地点在西夏的都城兴庆府，人物是李元昊。

那天是花灯节，李元昊正在享受生活。回顾历史，这时在他的周围，无论是世仇吐蕃，近邻回鹘，上级宋朝，还是主人辽国，都已经成了他的手下败将。十多年了，他把一个个不可能完成的任务，都变成了他的丰功伟绩。

这样的成就，考虑到之前党项人的家底，真是惊世骇俗。这里要说句公道话，他就是这一阶段的战神，不管过程怎样，不管成果如何，他决战决胜，把党项人的地位，拔升到了历史的最高点。

于是就享乐吧。

李元昊喜欢骑着马，带着帐篷，和心爱的女人到处游猎。

这个女人就是不方便在皇宫里出现的没藏氏。时光流转，温柔缠绵，在出事这年的前一年，即1047年的二月六日，他们终于有了爱情的结晶。

一个婴儿诞生在一条叫两岔河的岸边，是个男孩儿。李元昊给他起名叫“宁令两岔”。宁令，是党项语里欢喜的意思，两岔，是因地起名，谁让他生在了这里。当时谁也没有留意，这个男孩儿对西夏意味着什么，对李元昊本人的命运会有怎样的影响。

李元昊生过5个儿子，种种原因，包括他自己亲手杀掉的2个，最后只存活了一个，就是野利氏所生的太子宁令哥。宁令哥的命运，以他的婚礼为分界线，之前无与伦比的幸福，之后暗无天日的灰色。

本来应是他的老婆却变成了他的“母后”，皇位也有了新的人选，就连他妈妈的地位都开始动摇。从前的卫慕氏就是最好的例子，无恩爱即无一切，连性命都可能保不住，还谈什么将来？

这时，没藏讹庞出场，他是两岔的舅舅，没藏氏的哥哥，同时也是西夏当时的国相。他把一切看在眼里，决定搞事情。

正月初一，那天李元昊在兴庆府皇宫的正殿上接受朝拜，传说当时红日初升，但是暗淡无光，就像一块血红色的云团虚浮在天空。朝臣一片惊恐，这是大凶之兆。可李元昊不介意，平生作恶多端，杀人无数，天阴了就当是上帝拉上了窗帘，有什么大不了的？

他继续威风，继续享乐，直到正月十五元宵节这一天，达到了狂欢的最高峰。

李元昊喝得大醉，醉眼迷离中，他向后宫走去。宁令哥突然出现，拔剑就砍了过去。李元昊完全是凭着多年的战斗经验本能地闪了一下，可惜是喝多了，90%的脑袋躲开了，唯独他坚挺的鼻子碍事，被宁令哥一剑削了下来。

瞬间血流满面，剧痛中李元昊猛然清醒，他满殿乱跑，躲避危险。可危险比他跑得还快，宁令哥瞬间就消失了。

他真的只是一个孩子，看见父亲满身满脸的血，立即吓慌了。他犯了第二个错误，这比他起心杀父还不可原谅。都见血了，怎么也得当场杀死吧！

没办法，年轻，可以蠢到无极限。

他直接跑去找没藏讹庞。

没藏讹庞曾向他保证——成功之后，立即到我家来。我以国相的权力，把你扶上皇帝的宝座。

然而，没藏讹庞却立即动手把末路王子抓住，冲进皇宫护驾，百忙中把宁令哥的妈妈野利氏也抓住，据说是第一时间全杀掉了。至于为什么这样大胆，一来是忠心发作，无法抑制；二来杀人无罪，这是叛徒；三来李元昊已经挺不住了，他残存的最后一点理智仅够做出一个决定。

这时的李元昊可以赢得我们的尊重，想想整个鼻子被削掉，那是软组织啊，血是止不住的。大脑瞬间就缺氧迷乱，在这种没法克制的疼痛昏迷中，他清醒地意识到了最严重的问题。

自己必死，谁来接替他？他的国家、他的拓跋族由谁来保障安全？

仅存的两个儿子，一个是杀父凶手，一个又实在太小，在脑海里做最后的挣扎，一定要想出个人来！他想到了自己的弟弟委哥宁令。这个弟弟没什么才能，可至少是个成年人，不会让拓跋族的皇权旁落。

这是李元昊的遗愿，这一时刻，让人想起了他的祖父李继迁。同样是死于剧痛，同样是担忧身后事，可李元昊在根本点上就没法达成愿望。

他比不上李继迁。李继迁同样凶狠狡诈，但对身边人的压榨杀戮远没有他这样恶毒，小迁迁懂得有里有外，所以年幼的李德明能够当上党项之王，部族都能服从。李元昊连自己的亲生儿子都容不下，至亲的生母、舅舅、妻子、亲信，都死在了他的手上，临死前才想起还有个弟弟，根本起不到作用。

这个弟弟在历史上名不见经传，能活到这时候，估计就是出类拔萃的乖巧加老实。这样的人，退一万步讲，就算当上了西夏皇帝，能服众吗？何况皇帝是要竞选的，这样的人根本没有竞争力。

果然，李元昊熬了一夜，没见到第二天的太阳。他死后没藏讹庞以国相的权力，加宁令两岔的唯一皇子身份，窃夺了西夏大权。从此，这个国家就进入了一个噩梦般的循环怪圈。几乎每一届的皇帝都长不大，国家大权 80% 以上的时间都掌握在皇太后、皇后和外戚的手里。

李元昊的直系后嗣们过着狼狈不堪的生活。究其原因，可以精确归纳为两个字——“人品”。君以此始，必以此终。

李元昊的一生是战斗的一生，可惜同样的战斗能分出不同的风格，这也决定了他个人和他所创造的国家的命运。我们用李世民和赵匡胤来作比较。

李世民扫平天下极其神速，几大战役干净利落，武功震动天下，所以唐朝的气魄是惊人的，无论在哪方面，都是壮丽之美。

赵匡胤的强悍中有平民的可亲，他深深地懂得做一个平凡人需要什么，所以宋朝得国很慢，终其一生都没能恢复唐朝的版图。但是每得到一片土地，他都治理得细致入微，发展程度是李世民所不敢奢望的。这一点从他的战争手段就可以初见端倪，革五代之残暴，创宋朝之仁德。这不是句空话。

回顾李元昊的一生，欺诈、残酷，无所不用其极，为了成功不择手段，于是他成功的成色也就没法看了。有个结论是很精彩也很好玩的——他生前所有的努力，死后全都归零。他所骄傲的，正是西夏所痛苦的。

他的成绩是击败了周边所有的国家，但是除了回鹘之外，他没能压服任何一个。这就是个严重的后患。你生前或许能维持这种优势，你死后呢？单以宋朝而论，他打了那么多场仗，得到的比他父亲留给他的遗产只多了个西夏皇帝的头衔，除此之外，再没有其他。

而宋、西夏的关系却彻底地破坏了，此后时好时战，没有半点的诚信概念。这是一种进步，还是倒退呢？如果非要强调独立和尊严，那么请问李德明——李元昊的父亲就一定比他差吗？李德明当年一样是关起门来当皇帝，宋朝使臣来了只是换下黄袍就是了。李元昊打了半天，和宋朝皇帝通信，还得自称儿子或者下属，哪有半点的长进？！

所以，要评价李元昊的一生，他就是一个幸运的失败者。他幸运地生在了一个集体圈养的时代，无论是宋朝、辽国、吐蕃、回鹘，都是强弩之末，不是强盛时期了，他要是早出生 30 年，或者晚出生 70 年，以他的性格和能力，就只是个笑话，他会死得非常难看！

理由之一就是吐蕃的赞普唃厮啰，他是吐蕃新生代结束混乱的一代领袖。只是以河湟一部的力量，就让李元昊几乎输光了家底。这就是他作为“军事强人”的成色……历史终于翻过了这一页，很没意思的一个人和一些很没趣的事。悄悄地说，不再聊他，让我很快乐。

第四章　掀开名臣的袍襟

宋庆历八年（1048年）六月六日，黄河在澶州府商胡埽（今河南濮阳东北）决堤，决口宽近一里，浊浪排空，黄水滚滚，横漫中原北部。这是空前的浩劫，黄河改道，中国有史以来只有8次，这就是其中一次。它的河水改向北，经河南内黄之东、河北大名之西，横贯河北平原，汇入御河（今南运河），再经界河（今海河）入海。

这种级别的灾难，别说是古代，就是科技发达的今天也没有应对的办法。回到当时的宋朝，巨灾面前，只能听之任之，黄河的水席卷中原，它想怎么流就怎么流，人们能做的就是等它流够了，再说别的。

水量变小之后，救灾行动开始。按说这是号称明星无数的仁宗朝名臣部落的大好时机，满怀激情地为人民做贡献啊。

对不起，综观整个事件，就是一个经典的笑话，完全可以用西方的一个老段子来概况：话说午饭时间到，两位律师走进餐馆。侍者躬身笑问："请问想吃点什么？"答："少啰唆，只管拿菜单来，让我们就吃什么再争论一番。"

完全不是为了吃，而是为了继续吵。

庆历八年的这次救灾行动就是这样，一个个明星出场，印象中都是经天纬地之才，那么看一下他们都说了些什么、做了些什么。

前面说了，黄河这次改道途经大名府，那里有位大人物，庆历新政的死对头——前宰相贾昌朝。他提议要恢复旧道，让黄河走原来的路。具体做法是用京东州军来修黄河旧堤，引河水东流，堵住商胡口。这样才能一劳永逸，让各地区恢复到决口前。

反对方是另一位前宰相丁度，这是位从现实出发的理智人。他提醒，这个

“劳”，得劳到什么程度。天圣年间，滑州也决过堤，远没有这次严重，还准备了 3 年多才动工。现在商胡口的局面，再加上天很快就要冷了，得怎样动员民众，才能达到“永逸”的目的？

所以永逸根本就不实际。

他的想法是先放一放，甚至把河道再挖一挖，让水流得更多些、更快些，哪怕淹得再严重些也无所谓。这样转过年来，材料、人员也准备得差不多了，再去打怎么堵口子的主意。

丁宰相很稳重，贾宰相很气愤，老丁，你完全是看似妥当，实则误国！他拿出了精心准备的一张图，上面标注着黄河分流于漯川、横陇、商胡等地段的位置，根据全盘地理地形的考虑，唯有恢复旧道，堵塞商胡，才是唯一的正解。

为了做到这一点，他说：“需要 1000 多万贯经费，动员民工、士兵 10 万人，日夜加班，100 天就可以完工。”

100 天就可以彻底解决问题，太诱人了！皇帝很动心，灾民很激动，但是大臣们不这么想。每个人都是顶天立地的，都有自己的主张。

在以后的日子里，涌现出了 N 种治河方案。有贾氏的恢复旧道，有丁相的缓缓处理，更有高人来了个旁河减水法。要用一条黄河的支流把泛滥成灾的洪水泄走，这样既不用大动干戈花费千万去修故道，又顺应了大自然。

再过些日子，仁宗朝的吵架王欧阳修回京城之后，斗争瞬间就会炽热火爆起来，他永远是独树一帜的，唯一正确的。他会数着人头，挨个儿敲过去——你们这些烂人，都闭嘴，听我说！

反正高潮复高潮，争吵何其多，河患始终在，民生尽蹉跎。欲知后事怎样，咱们慢慢说。事先声明，不是我想慢，是他们吵架的欲望太高，过程太长，这时是 1048 年，一直到了 1060 年时，这事儿都没有结果！

还是先看眼前的事吧，在河患初生的这段日子里，京城里最牛的人，最炫的事，是宋朝史上流传最广、传说最多的桥段。

包拯包大人隆重出场！

这个人的名望、事迹是诸葛亮那个级别的，他不仅是人，更是神，行走在阴阳两界，无论对方是谁，他都是一张黑面相对，他的智慧就是无敌型的放大镜，什么样的罪，什么样的隐私，都别想逃过他的眼睛。当然，最最让人神往的就是他的力量。

只要你有罪，就肯定罪有应得。不管你是谁。

好了，现在让我们从头来看，他真实的履历生平。包拯，字希仁，庐州合肥人。他不是像传说中父母早死，由嫂子养大，所以要称她为嫂娘。相反，他的父母都健在，和他生活在一起。

包拯在天圣五年时考中了进士，那一科人才鼎盛，号称“宰执榜”。从状元王尧臣，到韩琦、吴育、赵概、文彦博等人，都先后荣登东西两府，成为宋朝的顶级朝臣。

尤其是因宋、西夏战争而异军突起，以超年轻的资历就进入西府的青年才俊韩琦。与这些人相比，包拯的荣耀来得太晚了。考中进士之后，他以父母年老为由，辞官不做，回归乡里，一直奉养双亲，直到二老谢世，接着守孝 3 年，前后共 10 年之久，才出山做官。

他得从头再来，从知县开始。这时，让我们的心态变得功利些，他的确是晚了吗？不见得，那一榜的同学中是有人先于他发达，可后来只要他进入官场，上升的速度就超级惊人。原因何在？是他能力超强吗？不见得。他在知县的位置上只留下了一个可以记载的例子，就是那个著名的杀牛案。

某人养了一头牛，被人偷割了舌头，这人就来报官。可是毫无头绪，也没有证据，该怎么办呢？那年头又没有指纹追踪之类的高科技破案手段，包拯也很无奈，他告诉报官者，回去杀了那头牛吧，反正它也活不成了。注意，牛没了舌头必死。

报官者杀了牛之后，又有一人来报官。根据宋朝法律，私自杀牛者有罪。这时包拯问这位热心公民：“你干吗要割了那头牛的舌头，再来反告？你跟人家有那么大的仇吗？”

那人服罪。

接着他升官，从知县一跃变成了端州府知州，并兼任殿中丞。这样的升官幅度之后，他的表现仍然只是清廉，在盛产端砚的端州当官，直到卸任，没有带走任何一块。

他根本不需要带走什么，他得到了更大的好处。下一站是御史台，他已经是一流的京官了。如果要往功利上想，这真是一条别致又正统的登龙术。包拯完全摸准了中国古代儒家理论的人才鉴定标准。

“非孝子不忠臣。”一个人只有对自己的父母孝顺，才会对君王忠诚。这一条屡试不爽。

包拯没有迷恋权力地位，抛弃了所有的享乐和威风，在乡下奉养父母。这样的人，值得我们尊敬。他的人生标签无可挑剔，就是道德的典范，纯洁的化身，所以把他升入御史台，完全是件好事，整风运动开始。

第一枪，就打中了皇帝心中最爱的最爱。

皇帝心中的最爱是张美人，张美人的最爱是她的伯父。

张美人的父亲生前是一个小官，没有家产，他死后遗孤们身在外地，举目无亲。唯一的出路就是投奔伯父，可张尧佐拒绝了。理由是他当官的地方太远，在四川，你们走不到的。于是，孤儿寡母只好改行当舞女，才勉强活了下来。

按说这样的长辈，基本上可以无视，就当没这个人就对了。可是奇怪的是，张尧佐就是有本事让侄女失忆。自从她进宫之后，他就攀定了这门亲，不知说了些什么话，美人就被洗脑了。从此以后，以伯父的升官发财为己任、为乐事，终生奋斗不息。

效果很显著，截至皇祐二年（1050 年），张尧佐已经从遥远的四川边陲小地一介推官，升到了朝廷两府高官——三司使，掌管天下钱粮。

综上所述，可以得出两个答案：第一，张尧佐很无耻；第二，张美人很善良，并且健忘。可这不是包拯所想的，他看到的是帝国的危机。之所以称其为危机，完全是“真理”告诉他的。

真理就是儒家学说。虽然说超级博大，可是也能精简成一句话，即与士大夫共治天下。在这个大前提下，没有任何势力被允许抢走他们的特权。包括其他诸子百家，以及皇帝的老婆和亲戚。

尤其是像张美人这样年轻貌美、但出身贫寒（等同于没有修养，没有见识）的妃子，以及她那无耻加无能的伯父。让他们当权，必将祸国殃民！

于是包拯决定弹劾，这时他的身份还相当低，要说事时还得拉上很多的同僚。插一句题外话，包拯在言官系统里还是蛮吃香的，因为他的队伍站得好。

在我们的普通思维里，包拯是和范仲淹、富弼、欧阳修等君子站在一起的伟人，是好朋友。可惜呀，错了！包拯在庆历年间被提拔进京城，是由当时的御史台长官王拱辰推荐的，上任之后他猛烈抨击新政，拆范仲淹的台时是一把罕见的好手。

通过和新政君子们过招，包拯的热身运动做得很到位，这时他准备向张氏集团发力。为什么要说集团呢？那就是张美人的力度了。

纠正一下，这时的美人已经是张贵妃了。她的权势和欲望水涨船高，很让封建社会里男权至上的士大夫们看不顺眼。他们回首前尘，展望未来，觉得身上发冷。这个张贵妃，已经有了刘娥的影子。

同样贫寒的出身，同样是热衷权势，仁宗的男人指数又比不上他的父亲，宋朝很有可能再出一个天圣级的太后啊！这并不是危言耸听，有很多的内幕在坊间流传了很久。

比如说，宰相文彦博在四川时就和张尧佐来往密切，进京之后，和张贵妃内外勾结。除了贝州平叛的内部信息之外，还被皇帝抓了“现行”。某年上元节，皇城头观花灯，张贵妃衣着特别，万众瞩目，乃是一件罕见的灯笼锦。皇帝问：“哪儿来的？”

贵妃很诚实，答曰：“文彦博的夫人送的。”

再比如说大臣王拱辰，这位前状元也不干净。某次皇帝到贵妃房里散步，突然见到一排定州出产的红瓷器，鲜明耀目，华贵珍异。一问，张贵妃也老实交代：“王大人送的。”皇帝很愤怒，举起手里的柱斧，一个个亲手砸碎了。

这些不算，她还开始没大没小了。话说国家等级森严，什么人享受什么排场，这是儒家理论里比天都大的规矩，名为“礼仪”。可是该贵妃就不当回事。某次出行，她一定要用皇后的銮驾伞盖，为了达到这个目的，她施展全套女性魅力，没完没了地磨皇帝。

皇帝受不了了，对她一笑：“你去找皇后借吧，她给你，你就用。”结果这女人真就去了，而曹皇后也很有趣，你要，我就给。

于是，张贵妃喜滋滋地回来报告，皇后借我了……却不料皇帝突然沉下了脸：“国家典章有秩，你僭越失礼，当什么都是儿戏吗？”

还有很多，就不赘述了。举上面的例子，我只是想请大家想深一层。张贵妃的确在逾礼，不守本分，可是问题很严重吗？这个女人贪图小利，爱慕虚荣，哪点能和当年的刘娥相比呢？

刘娥直到赵恒死后，才走到了前台。之前哪怕手握国家大权，也从不显山露水。这份深沉的忍耐，在男人中都极其少见。何况再往深里想一层，上面的每件事都表露出赵祯的为人底线，每次张美人太“出格”时，都被他当场震慑，从来不给她好脸色。

一切都在皇帝的掌握之中，无论是张贵妃本人，还是张尧佐，或者文彦博、王拱辰，都没法做到祸国殃民。危险根本不存在，包拯这些人想折腾，纯粹是吃饱了撑的。

包拯的弹劾行动层次分明，很有节奏感，与皇帝对张氏集团好感的增加成正比。注意，这里不止是针对张尧佐一个人，所谓的张氏集团，不管事实上有没有，包拯们都认为有。

张尧佐先是当上了三司使，包拯很愤怒，但是弹劾是要有理由的，找什么理由呢？集思广益，找到两点：第一，张尧佐不懂业务，他靠裙带关系上位，严重阻碍了三司部门的正常工作；第二，最近黄河改道了，开封城还地震，这也是张尧佐闹的……

不知道这些人的脑袋是不是被门挤了，先说此人是一个笨蛋，接着又说他能影响地球的健康，连黄河改道这种级别的灾难都是他引起的。这还是个凡人吗？

文理不通，发回重写，皇帝看都懒得看，就扔一边了。初战失利，包拯强忍怒火，回家休息，慢慢想，一定会有办法的！但是左思右想，办法就是没有。

本来嘛，张尧佐本身也是正牌的进士出身，混得不太出彩，可也没有劣迹，凭什么不能当三司使？说他不懂业务，这么多年那么多了不起的名臣、能人，都当过三司使，哪位做出什么业绩了？国家冗兵、冗吏、冗费还是不停地冗，说句难听点的话，都是一种型号的废物！

关键时刻，还是得老同志出马。御史台方面的老牌弹劾名人何郯大人的母亲年老，他申请外放当官，就近照应。临走之前，和皇帝聊天一般地说："张尧佐升官太快，下面的人事摆不平了。您要是真喜欢他，就把他当您亲舅舅李用和那样对待好了。"

只加官，不给权，一世的富贵享受着，不显山不露水的，难道不好吗？

赵祯有点心动，真的挺好的。同一时间，包拯升官了，他从一个普通官员当上了院长大人。权力越大，责任越大，他尽管没什么办法，但是老调不停地重弹——炒掉张尧佐，炒掉张尧佐，炒掉张尧佐，炒掉张尧佐……

他成了宋朝版的唐僧。

在这种压力下，皇帝让步了。皇祐二年闰十一月六日，张尧佐终于下台，不当三司使了。胜利，巨大的胜利，包拯及其同僚应该狂欢，应该自豪，应该成为正义的化身了。

且慢，这几位不但没有狂欢，反而气得满头青筋，血灌瞳仁，都想杀人了。

因为张尧佐丢掉了一个三司使的位置，却换回了四个超级隆重的头衔，每一个头衔都是宋朝官员们苦熬终生都盼望不到的殊荣！

改命张尧佐为宣徽南院使、淮康节度使、景灵宫使、群牧制置使，同时赐他两个儿子进士出身。一日之间，身兼四使，这在宋朝开国 100 年间从来没有过的。

宋朝官场震动，每一个官员都发出了共同的呼声，这比黄河改道还要让人忍无可忍，皇帝，你怎么能这样呢？！

从这一刻起，在庆历年间因为新政君子、小人之争而势同水火的御史台、知谏院再一次联手了。他们发誓要斩断张尧佐、张贵妃，再加上张氏集团里其他同伙的爪牙，给宋朝官场来个大扫除。

具体行动是先各自为政。包拯代表知谏院上了一本，名字就叫《弹张尧佐》，里面充满了骂人的话。如张某“无功受禄，不知羞耻”，“真清朝之秽污，白昼之魑魅”。连带着皇帝也被泼污水，您 30 多年的清德今天被败坏，怎样面对天下臣民？

御史台方面的力度更大，时任御史中丞王举正上殿当面对皇帝说：“我弹劾张尧佐，您不同意，我直接辞职。”这里要小插一句，就像欧阳修从来不抽皇帝耳光一样，包拯也从来不干辞职回家的事，再怎么折腾，也别想动摇他生存的根本。

台、谏官步步紧逼，皇帝很沉得住气。这样的事儿已经不新鲜了，想当年废掉郭皇后时，孔夫子的后人，加上当代楷模范仲淹一起挑事，不也集体报销了吗？所以赵祯坐得很稳，他把意见都压了下来，不反对，也不同意，让时间去消磨一切。

9 天之后，闰十一月十五日的正朔朝会上，台谏官员们全体爆发了。他们在下朝时把百官都拦住，今天齐心协力，一定要让皇帝听我们的！

王举正、包拯各自率领着自己的精英团队，共 7 个人，重新回到大殿，把要回宫的皇上拦住了。久经战斗、总被狠剋的赵祯，立即明白了要发生什么事，他实在是有点烦，再不想拐弯抹角了，直接替他们找到话题——“又要拿张尧佐说事？节度使而已，有什么好争的？”

话一出口，风云变色。北宋仁宗朝里最强有力、简单粗暴型的言官从此诞生。

隆重介绍，唐介出场。这人本来是上殿七言官里排名最末的，这时他从后面挤了上来，一句话就让皇帝摔倒了——“本朝太祖、太宗都当过节度使，恐怕不是粗官吧？”

赵祯惊怒交加，一不留神，被抓住把柄了！正想着怎样挽回，事态已经进一步恶化，这些人扔下他，扑向了殿廊下站着的宰执大臣们，主攻目标就是文彦博。“你们不守祖宗规矩，只知道巴结贵妃，结交外戚，无耻到这个地步，为什么还不辞职，有什么脸站在朝堂之上？”

眼看着天下最庄严的议事大厅要变成上演全武行的菜市场，赵祯当机立断，宣布退朝。这是皇帝的特权，也是最后的招数。言官们没办法了，总不能学寇準，把皇帝硬按到座位上，让他老实听讲吧？

当天就这样散了，赵祯慢慢地走回皇宫深处，一路上从激动到懊丧，从气恼变好笑，多大点的事儿，众位爱卿，你们就不能操心点别的正经事情啊？

他决定先让步。张尧佐被剥夺了宣徽南院使和景灵宫使，保留剩下的两个，并且保证从此之后，后妃之家，不得进入两府执政。

同时为了警告台谏部门，命令他们从此再想上殿说事，先到中书省找宰相要通行证。这样两边各打五十大板，就算息事宁人了吧。

他真心地希望，大臣们别再折腾了，天下有那么多的正经事，黄河还在泛滥，国家还在亏空，老百姓的情绪也在越来越激动，这才是国计民生的大事啊！

但这只是他一厢情愿。无论是张贵妃，还是言官们，依旧我行我素。张贵妃这边视荣誉为生命，枕边风不停地吹，我要四使，我要四使，我就要四使嘛……那边言官们磨刀霍霍，张尧佐只是个小开头，真正的目标还在后头！

于是，事态激化。某天，仁宗悄悄地恢复了张尧佐的宣徽南院使。包拯立即就火了，他冲上金殿，这次豁出去了，他要求把张尧佐赶出京城，到外地当官去，省得总是不死心，早晚出大事。皇帝很有耐心，跟他好商量，结果被强迫洗脸。

包拯喷了他一脸的唾沫……那天他再次回到后宫，张贵妃满脸笑容地迎上来，还想说什么。赵祯终于失去耐性，指着她的脸说：“你只管要宣徽使、宣徽使，不知道包拯是言官吗？！”

张尧佐事件至此结束，皇帝做出保证，以后再给张尧佐升官，会先征求台谏官的意见。这话出自皇帝之口，已经可以说是惊世骇俗了，一国之君，不能独断专行了耶！可包拯及其同僚并不满足，斩断张氏集团的行动只是取得了最初的胜利，更大的战斗在后面。

他们瞄准了宰相——文彦博。在他们看来，这个人是张氏集团里作恶最多，危害最大，必须打掉的大毒瘤。为了达到目的，他们精心准备了一份弹劾奏章，由风头最劲的御史唐介出面，来一个趁热打铁，赶尽杀绝。

奏章写得很精彩，说文彦博由贵妃推荐为相，执政以来，“独专大权，自三司、开封、谏官、法寺、两制、三馆、诸司等要职，皆出其门”，彻底把持了朝政，让百官敢怒不敢言。

所以要罢免，为了让皇帝省心，他们还提出了替代者，由富弼出山，当宰相。

赵祯心里很不是滋味。这不仅是在骂文彦博，更是在骂他。你连老婆都管不住，宫墙都不顶用了，居然和外面的大臣勾结到这个地步，你还是个男人吗？

怒火升腾，但是且慢，赵祯的心胸和这些言官不是一个级别的，他没说什么，只是把奏章放在一边，不予理会。

唐介却不干，他火上浇油一般地说：“陛下，我是激于义愤，才弹劾宰相的。早就做好准备下油锅了（虽鼎镬不避），难道还怕外放贬官吗？”

言下之意，他无所畏惧，就是要弹劾到底！

赵祯终于被激怒了，他下令把两府宰执召进大殿，国家最高决策层都出面，大家来研究，这事儿怎么办。不一会儿，文彦博、庞籍等人都到了。赵祯出示唐介的奏章，说：“你们看看，说别的也就算了，居然说宰相的职务由贵妃推荐的，这成何体统？！”

大臣们面面相觑，有点哭笑不得。先不说文彦博和后宫的关系是真是假，光是弹劾的表面理由就不成立。“独专大权……诸司等要职。”这不是在说文彦博，而是在重提吕夷简。当年吕相公用了一生的时间才能号令百官，文彦博两三年之间就等同了？

拜托，造谣也是个技术活儿，好歹说点实话行不行？

回答是不行。唐介就是有本事让当事人无话可说，低头认错，哪怕没有证据。就在大家看文章想心事，分辨对错时，他来到了文彦博面前，大义凛然地说了一句话：

——“你应当自省，如果有这样的事，就不能在陛下面前隐瞒！”

文彦博很郁闷，他能说什么？否认吗？西蜀灯笼锦的事闹大了，整个朝廷都知道；承认？那真是疯了。关键时刻，枢密副使梁适出面，他叱呵唐介下殿，马上消失！

唐介理都不理，站在殿中央，一定要等出个结果。

结果出来了，皇帝忍无可忍，把他送交御史台处理。看似很严重，其实很搞笑，御史台是哪儿啊？是唐介的办公室……他的处罚是贬官到外地，先是春州别驾，在他的领导御史中丞王举正的请求下，调到了英州。

另一边，文彦博罢相。宋朝是有品位的朝代，只要是丑闻，不管真假，一律处罚。

综上所述，勇敢的卫道士唐介以一己之力，不畏强权，把堂堂的宰相扳倒了。真是纯洁啊，有力啊，激情四溢啊，万古流芳。

可为什么我对他们半点的尊敬都没有呢？一来前面已经说过了，张尧佐并不是那么的该死；二来就是包拯及其同僚吃饱了撑的。他们只看政敌身上的小污点，却对真正的天下大事视而不见。就拿文彦博来说，在被弹劾敌视的日子里，已经把国家的冗兵、冗费的事情解决了不少。他和庞籍建议在陕西裁军，凡年龄在 50 岁以上或自愿归农的，都可以回家。这样国家可以节约军饷，民间也有人种地，双赢的局面。可几乎整个朝廷都反对，理由是害怕。这些人都会武功，都习惯玩刀，多年以来在军队里游手好闲，如果放回乡里，一旦生活不如意，造起反来谁承担？

文彦博和庞籍保证，如果有人造反，可以杀他们全家。西北方面 35000 名士兵解甲归田，那是 3 万多个家庭的幸事！至于国家，每年节省 245 万贯军费。这个数目，是不是比每年给辽国、西夏的钱要多出五六倍呢？

这类的事还有不少，文彦博和庞籍，是仁宗朝里罕见的一对办正事的宰相班子，就这样被纯洁的言官们拆散了。

以上两点，都还只是对包拯及其同僚蔑视的小理由。真正认识这些言官们的嘴脸可笑到什么程度，请把时间往前倒退 3 个月，再往后快进半年。

弹劾文彦博的前 3 个月，黄河在大名府馆陶县郭固口一段再次决口，民众死伤严重；往后快进半年，北宋仁宗朝史上最大的一次暴乱在南方爆发。

这是多么重大的涉及国家安危、生死存亡的大事，可都被言官们忽略了。集体失明，没见这些忧国忧民的大人们有过任何举动！

第五章　鬼面昆仑关

在当时中国的南方，也有宋朝管不到的地方，就是现在的广西一带，当时的“四羁縻州”。

那里生活着一些少数民族，当时叫西原蛮、广源蛮、溪洞蛮。听着很陌生，时间再过 1000 年，就再熟悉不过了，他们统称为“壮”。对了，就是现在壮族的祖先。

宋朝时，他们有四大姓，黄、韦、周、侬，事情就出在“侬”氏身上。侬氏一族世居广源州，在郁江上游一带，活动范围都在深山里。

宋朝离他们最近的一个军事据点是邕州（今广西南宁），实在是太远了。加上深山老林，一直以来就放任他们。只要承认宋朝的管理者身份，就一切自由。可这并不等于侬族人就真的乐天幸福了。

因为再往南还有交趾国。

交趾，就是现在的越南。宋朝以前，一直是中国的领土，当初北宋建国时，赵匡胤一时脑残，潘美一时手懒，在灭掉南汉之后，就没有再前进，交趾于是就独立了。

在宋朝时，交趾从不挑肥拣瘦，宋朝不要的，他们全都接收，包括藏在深山密林里的侬族人。

几十年前，侬族人的首领叫侬全福。名字很吉祥，遭遇很悲惨。交趾来勒索，他拒绝交保护费，于是开战，他就失踪了。

侬族人群龙无首，他的妻子更是从此无夫。无依无靠之后，该女选择了改嫁。嫁给了一个富裕的商人，从此过上了平静安宁的生活。

一切都很美，直到几个月之后，她生了孩子。新生命的到来，让商人很高兴，却忘了生得太快了，这不是他的种，而是姓侬！这个孩子很特别，他有一颗让人发抖的心。

那就是——他要做皇帝！

孩子长大，终于有一天知道了自己的身世。他二话没说，拿刀砍了养父（从小养大，和生父有区别吗？），带着母亲回到父亲当年的辖区傥酋州，他瞬间夺回了父亲的原职，紧接着就做出了侬族人千百年来做梦都不敢做的事，他自建了一个国家！

“大历国”成立。他不管宋朝有多大，交趾有多强，身后还有个大理国，反正我就是要当皇帝。他成功了，名字瞬间响亮，他叫侬智高。

皇祐四年，1052 年四月，侬智高率领 5000 余人沿郁江东下，最先攻破了宋朝的横山寨。一个月之后，五月初一，他攻破了西南第一重镇邕州。

当天，所有的宋朝被俘官员都死了。邕州变成了侬智高的新巢穴，他在这里把国名又变了一次，叫“大南国”。有了年号，叫“启历”，大封官爵，人人有份。接下来，他杀向了宋朝西南方的政治经济中心——广州。一路上仅用了 10 天，就连破横、贵、龚、浔、藤、梧、封、康、端九府州城。

五月二十三日，侬智高攻到了广州城下。

战绩不错，比当年潘美的速度还要快。只是，历史在这时出现了个小问题。在近现代书籍里，他成了起义军。这让人有点纠结，前面说过了，侬家人世代生活的地方对宋朝来说只是名义上的管制，别说欺压他们，一年到头都互相不见面。

没有压制，何来的起义？杀侬智高父亲的是交趾人，无论怎样算账，他都应该杀到交趾去。跟宋朝这么死磕，怎么都说不通吧？

侬智高围城 57 天，办法用尽，人死了不少，考虑到之前抢了不少的东西，再加上宋军终于完成集结，开始步步逼近，他选择了撤退。

回老巢邕州。

出去旅游了 5 个月，他看清了这个世界。原来人生可以这样过的，我侬智高，从此就是人中的帝王！

在他的骄傲中，宋帝国做出了新的反应。他们终于弄清楚了一个大前提，用岭南方面的军政体系，已经解决不了问题，必须得动用帝国在北方的精英。

宋朝最初派往南方的两人是余靖和杨畋。这就露着古怪，余靖鼎鼎大名，是仁宗朝首屈一指的言官，杨畋很陌生，名不见经传。

为的就是这两个人不会在南方自立为王。

在这种思想的指导下，仗打成什么样可想而知。宋朝内部开会，再次得出了一个大前提，即光派北方的精英去领导还不够，必须把北方的军队也调过去，才能一劳永逸。在这个主导前提下，一位职业军人在宋皇祐四年十月初八日，走进了皇宫深处的垂拱殿。

一个传奇开始了，他将留下千古传颂的英名，同时也把自己的一切断送了。

这个人就是狄青。

他是宋朝西北战场上硕果仅存的一员名将。垂拱殿内，仁宗皇帝为狄青设宴送行。近百年之后，宋朝第二次派出了当时的第一战将征伐岭南，更是自太宗赵光义登基之后，第一次不派文官做监军随行。狄青有权独自裁断南方一切军政大事。这是空前的信任，更是空前的压力。

对此，狄青留下了这样一句话："臣起自行伍，非战伐无以报国。愿得蕃落骑兵数百，益以禁兵，羁贼首至阙下。"

他的愿望都被满足了，宋朝派出了 3 万禁军精锐，随他过岭南决战。刚刚经历过西夏战火锤炼的大宋西军，从这时起，就成了北宋所有军队中最强的一部分。

直到帝国崩溃时，它都承载着宋朝人最后的希望，就连宋代最神勇的岳飞嫡系，其精髓部分也由西军组成。

当狄青的南征大军到达宾州时，余靖召见了原南方军队的主将陈曙，命令陈曙立即出战，别让狄青抢了头功。

陈曙带着 8000 名士兵杀向了昆仑关，输得灰头土脸。

狄青在年底时率军抵达宾州，这里成了宋军的大本营，两广官军的所有将官，包括两个文官孙沔、余靖都赶来会合。

狄青升帐，第一件事就是处理陈曙。先回顾历史，有宋以来，准确地说，是从宋太宗赵光义开始，对军人是相当仁慈的，具体就表现在战败无罪上。参照幽燕之役、雍熙北伐时的倾国之败，也没见砍了谁，所以没人会把陈曙这次小小的失败放在心上。

狄青的命令却是把陈曙以下失败的将官 32 人一起推出去，军法处置！

一次处决 32 人，这在宋朝的历史上只有开国太祖赵匡胤做过，快 100 年了，远得都像是传说中的故事，突然间重现，让所有的人震惊不已。

余靖站了起来，他说的话很有水平：“陈曙犯了军法，我也有节制之罪。”像是在主动承认错误，其实是把罪过往文官集团上拉。怎么地，你难道还想杀文官不成？！

众目睽睽，狄青的回答更有水平：“你是文官，不受军法处置。”言外之意，如果你是武将，现在我就杀了你！

史书记载，“靖矍然起拜”。这位敢对皇帝叫板，举国闻名的言官立即就老实了。32 颗血淋淋的人头，在片刻之间就铸出了狄青铁一般的军纪。

军威已成，士气大振，狄青接下来的举动更加奇怪了。他率领着压倒性优势的军队，武器的精良、军政的支持更是全方位的，却一动不动。就在宾州城里待着，唯一的举措就是下令征调 10 天的粮草。10 天……整个南方都在猜疑，他到底想干什么。

是想在 10 天之内就决定胜负，把流窜两广、战无不胜的侬智高打败？不，打败是不够的，侬智高会逃，那时粮草不够，难道要饿着肚子追人玩？开玩笑，那是旷日持久的，追上一年都有可能。想来想去，大家得出了一个结论，狄大将军肯定是另有打算，战争不会在短时间内爆发了。

这样的想法，同样在邕州城里的侬智高心里生成。

侬智高不会想到，这一两天里，就是他命运的分水岭，他有一个关乎胜负成败的最关键点握在手里，只要小心些，宋朝的官军就注定要陷进泥潭。

那就是昆仑关。

昆仑关位于邕州城东北方 59 里处，昆仑山（非青藏高原的昆仑山）东侧。这座山巍峨险峻，谷深坡陡，素有“南方天险”之称。它的重要性，在 1000 年之后的抗日战争时都重现过。当时全中国唯一的全机械化军，国民党军第 5 军主攻，在这里击溃日军号称“钢军”的第 5 师团第 21 旅团，取得“昆仑关大捷”。

之所以有大捷，是因为有决战，之所以有决战，因为这里是中国南方的关键点。据守昆仑关，就等于掐断了往广西前进的路线，虽然宋朝和抗日时不同，但昆仑关的天险位置和作用没有区别。

这样的地段，让狄青很挠头，更让他警觉的是陈曙上次贸然出击的后果。透过各种资料的迷雾，小心求证，会发现陈曙战败的地点叫金城，那是在昆仑关的南边，也就是说，宋军曾经在狄青到来之前就越过了昆仑关，直接威胁过侬智高的老巢！

这会不会引起侬智高的不安？经历过一次风险，只要稍有些军事常识的人，都会及时弥补漏洞吧？当然，也可能不会。对方理论上对军事一窍不通，昆仑关上或许还是不设防的，这非常有可能！但是，狄青没理由说服自己冒险，宋朝最强的西北军出战，怎么可以把赌注压在对方的失误上？

所以才有一动不动和10天的粮草。不仅是敌人，连他自己的部下都不知道他要干什么。突然有一天，狄青命令全军开拔，整支军队分为三段，由他、孙沔、余靖分别率领。在当天清晨出发，黄昏时分到达昆仑关下。他再次颁布严令，诸将不得妄动，第二天黎明时到大帐听令。

第二天，大帐前竖起了狄青的大将军军旗，全军将官肃然环列，静候军令。却不料久久不见动静。直到有军校从关上赶下来，对将军们说："大将军昨夜已经率前军越过昆仑关，现在在关南归仁铺一带等你们一起吃早饭。"

欺骗了侬智高，甩掉了碍手碍脚的文官，狄青在一夜之间就把胜利牢牢地握在了手中。从踏上昆仑关的一瞬间，历史就将注定，侬智高必败。

因为侬智高不清楚汉人真正的战斗力是怎样的。也就是说，为什么狄青不强攻昆仑关，而是在夜里悄悄地翻越。

他很快就将在侬智高的眼前展示威力，历史聚焦在归仁铺这个地方。铺，是古代邮路的驿站名。在昆仑山上设关隘，行驿路，最早始于汉代，到了宋朝，昆仑关的东路已经发展到了11站，即11铺，归仁铺排在第二。从地理位置上说，是当地的最佳攻防点。

身后是至高处昆仑关，越往后退地势越高，有利防守；向下是南方的路，也就是侬智高的来路，叛军需要仰攻，而宋军则是居高临下。

侬智高很快就来了，这时他今非昔比，再不是刚开始时的亡命土匪。他的军队有了统一装备和着装军服，每个士兵都手执大盾牌、标枪，身穿绛红色衣服，远远望去，就像一片火焰一样。临近战场，他们分成了三列战阵，主动冲击官军。

狄青的队伍仍然分成了前、中、后三军。他本人在前军督战，把两位文官远远地挡在了身后。孙沔和余靖站在高处，他们清晰地看到两军接战，宋军立即就支撑不住了！

前军的右将孙节是全军的总先锋，开战伊始，两军冲击，他很快就淹没在人海里，他的军队开始分流，一部分在归仁铺的开阔地上顽抗，一部分向两边的高坡上退却，等于撤出了阵地。

前军动摇，后面的两位文官神色大变，很明显，又一次的败仗即将到来。他们开始绝望，身为曾经的京官，开封城里有多少家底不是什么秘密，就算再能派出来援军，规格也很难高过这次了，难道说长江之南真的要改天换日了吗？

与他们相反，狄青很平静，眼看着部队濒临崩溃，他似乎无动于衷。也许是他梦回吹角连营风雪苦寒的西北塞外了吧，那时数十万人喋血沙场，多少英雄曾见惯，眼前的小小争端算什么呢？

狄青站了起来，举起一面白旗向阵后挥动。那里有他隐藏着的秘密，从西北方面带来的数百名蕃落骑兵。虽然只是几百人而已，但他们起到的作用，是压阵的文官还有对面的侬智高所无法想象的。那关乎一些光辉耀眼、传说中神奇得近乎奇迹的名字。

汉之虎贲、唐之玄甲。

在那些奇迹一样的战役里，他们往往创造出最震撼的篇章。虎贲军有些远了，唐朝的玄甲骑在天可汗临战时，不止一次从对方阵前直突阵尾，再原路杀回，不止是打乱对方的阵脚，更是从根本上击溃敌方的士气。

玄甲骑，只有一千余人。

那么，面对两三万人的侬智高部队，几百名蕃落骑兵能起到什么作用呢？当天归仁铺激战，蕃落骑兵没有理会与宋军前锋纠缠的叛军队伍，而是分成两队直插侬智高的后阵。疾风般的速度，是侬智高这些南方原住民做梦都想不到的。

那不是他们善走山路的西南小马，而是宋朝西北边疆上与党项人争锋角逐时的草原骏马，这就是狄青之所以要在夜里潜渡昆仑关的原因之一，你不能要求草原上的战马迅速爬坡，就像这时侬智高也没法应付踏上平路战阵的剽悍骑兵一样。

蕃落骑兵插进了叛军的后队，左军向右，右军向左，在整个战阵中交换位置，连带着把侬智高的队伍搅乱。没等对方有什么反应，他们马上又来了一遍，就像当年的玄甲军那样，视敌阵如无物，来回穿插，反复杀戮，直到侬智高的军队崩溃。

归仁铺就是侬智高的终点，一切都结束了。

叛军向邕州方向逃跑，宋军一路直追，50 里之后临近邕州城，截至这时，捕斩 2200 人，活捉 500 余人，汉奸军师黄师宓、黄玮等人都在被杀名单之内。依智高本人很幸运，他逃进了城里。

夜色降临，邕州城外官军脚前脚后地杀到。狄青一直记着自己的诺言，要把依智高的首级带回开封，献给皇帝。在他想来，接下来会有更艰苦的战斗，邕州是西南第一重镇，城高池阔，如果叛军据城死战，那就是一个比昆仑关还要命的噩梦。

总不能让蕃落骑兵飞越城墙吧？

可是他白担心了，就在狄青布置围城，准备攻坚时，邕州城里突然间火光冲天，整个城市变成了一座火海。依智高焚城自尽了！这是全体官军第一时间里的共识。可狄青不那么想，“异族”反叛，最棘手的就是生不见人，死不见尸，你打赢了一次，他躲起来，事后还会再折腾，永远没完没了。

不能再等了，他下令不惜代价，强攻进城，不论是活的还是死的，必须把依智高抓到！

邕州城在当天夜里被攻破，连夜搜城，史书中留下了三点记录：第一，投降者免死，共招回被胁平民 7200 人，放归乡里；第二，反抗者必死，被杀的共有 5341 人；第三，发现了一具身穿金龙袍的尸体。

最后这一条让全体宋军高兴，没有疑问，这具尸体就是依智高，叛匪首领被击毙，功德圆满，无可挑剔了，狄青要做的就是写奏章报捷。但是他再一次犹豫，说了一句非常违背传统的话——这或许是个骗局，这具尸体不一定就是依智高的。

这句话像一盆冷水，实在让人费解。自古以来军功章里都有大量的水分，很多事人人心知肚明，可都不说出口。就比如这具穿着金龙袍的尸体，不管是依智高留下来迷惑官军的，还是官军随便找具尸体套上的袍子，效果都一样，就是下班收工了，皇帝拿赏钱来！

狄青否认了，就是在挑战潜规则，甚至是拿自己的诚实，来搞垮整支军队的荣誉，破坏大家到手的赏钱。

因为狄青的坚持，关于依智高的下落，史书里标准的说法是他从合江逃到了大理国。但是从此之后，就再没有这个人的官方消息。

他没有再出现过。

宋皇祐五年（1053 年）四月初三，狄青还朝。仁宗再次在垂拱殿设宴，百官出席作陪，皇帝亲自把盏斟酒，为狄大将军庆功。几天之后，又在这里观看狄青指挥蕃落骑兵重演归仁铺破敌场面，与此同时，下令宰执大臣为狄青议功。

狄青仍然是枢密副使，外加一大堆的荣誉性头衔，比如上国军节度使、检校太傅，给他的四个儿子连升数级，外加一大笔钱。

这件事就此结束。

第六章　百年经营铸高文

宋嘉祐二年（1057 年）一月，又一届科考开始。宋朝科考无数，中国历史上的科考无数，但论地位，这一届无与伦比。

前提是文学方面的。

中国文学史上盛称“唐宋八大家”，其中唐二宋六，宋朝所占的这六个人中，有四人是在这一届的科考中会聚，盛况可谓空前绝后，数遍中华历史，只此一份，再无后继。

抛开这位“不畏浮云遮望眼，只缘身在最高层”的神仙爷，说说这四个人。四人之中，欧阳修在当时为首，他是主考官。这是历史的契机，他此时整整 50 岁，以他从小就深深刻在脑海里的韩愈文集开始，他成熟了，对于文学，对于历史的掌握，让他真正懂得了什么样的“体”，才足以载“道”。

这是个根本点，在这次科考之前，体和道之间可以说是本末倒置的。浅显地说，就是全天下的文人墨客都以讲究辞藻为能事，谁会修辞，谁就是大家。这样一来，文章中全都是些讲究到极点的险韵、怪字，大家争奇斗艳，看谁能玩出见所未见的花活儿。

至于文章的宗旨，这个世界上为什么会出现文章，这个终极问题就无人在乎了。欧阳修身为当时的大方家，注意，还不是大宗师，他非常愤怒。他一直在倡导要恢复古文，像古人那样，文章的第一要务是要把事儿说清楚。

得于国家有利，于民风有益，文章绝不是时装秀，科考也不是 T 台，这是要传颂万代的，不仅仅是一时的敲门砖！

他抱着这样的想法走进了贡院，寻找符合自己要求的举子，他找到了。这真是个异数，茫茫神州，幅员万里，宋朝开国百年，文教之盛，是自有文字以来所未有的。可是能和他心灵相通的人，居然在辟远边陲的西鄙之地——四川境内。

四川在当时是地道的穷困地区，财富是这样，文化上更是。数遍整个四川，在这次科考之前，只出过两个进士。

一个在真宗天禧年间（1017—1021年），是位姓孙的中举。另一位出在仁宗的天圣二年，他姓苏，叫苏焕，眉山人氏。就是在这一年，眉山当地欢庆新举人产生的时候，有一个17岁的少年变得沉默了。他就是苏焕的三弟——苏洵。

苏洵是一个快乐的青年，此前的岁月里玩就是他生活的全部。这时他被震撼了，二哥的荣耀、父亲的笑脸，让他的一些东西开始觉醒，功名，原来是这样好的东西吗？他开始重新读书了。注意，是重新。这个人的聪明才智毋庸置疑，但就是玩心大，只此一点，就铸就了他一生的郁闷。

17岁时发奋读书，苏洵是真的努力了。三年之后，下一届科考开始，他一次性通过了乡试，沿着哥哥走过的道路，向传说中的繁华帝都前进。这时他深信，世界是他的，功名是他的，一切都是他的。但是结果……他落榜了。

当时他只是觉得有点沮丧，或者有点惊讶，为什么没有考上呢？没有动怒，也没有半点的悲哀。他知道自己还很年轻，这时才20岁，再考就是了，想着我这么聪明，肯定会成功的。于是，他轻装返回家乡，回程的路上，顺便饱览了名山大川，江河湖泊。他的眼界开阔了，胸襟变得宽广了。

悲哀也在这时悄悄地降临。

他读书的本意是为了功名，这一点始终不变，贯穿了他的一生。可他的性格，却在另一条轨道上。他精力充沛，性格倔强，而且胆子超常的大。这几样素质凝结在一个人的身上，就注定了他不会乖乖地听话，尤其是不会听那些他认为不如自己的人的话。

这时他20岁了，此前只是个懵懂少年，他可以深信书本，去死记硬背，为了功名不顾一切。如果能在这一届考中，他就会沿着富贵之路顺利地往下走。可他没考中，重新回到了天地自然之间，这就不好说了，他的心灵在成长，学识在按着他的天性，在选择性地积累。

再不是别人教他怎样，他就怎样的局面了。

这是他个人的不幸，却是整个中华民族文学史的幸运。历史可以证明，每一个非凡人物的成长，都有他自我觉醒和自我完善的过程。

没有任何伟人，是教室课堂里批量生产的。

苏洵一路漫步回川，他看到了剑门以外的世界，也有了人生中的首次挫折，这些都让他的心灵起了变化，奇妙的是，这些变化是他本人事先想不到的。他厌烦了书本，那些用来考功名的声律、默义等“学问”，再也引不起他的兴趣。

他成了当地的一个怪人，年纪轻轻，不务农、不经商，也不读书，有时一个人默默发呆不说话，有时候却和一大群浪荡少年欢呼纵饮，旁若无人，但更多的时候是游山玩水，登临湖海，若有所思。如果不是他在这段时间里结了婚的话，就真的像个世外散仙了。

这样的生活一直持续了近 4 年，好日子终于到头了。他妈妈突发急病，医治无效。这时他才感觉到了悲哀。“子欲养而亲不待”，这是人生最大的伤痛，而苏洵的痛苦更深一层，他根本就没想过母亲会走得这样早，所以还没有开始“养”呢！

他要给母亲以荣耀，他迫不及待地抓起了当年扔下的书本，功名，无论如何他要快速得到功名！从这时起，从他 27 岁到 39 岁，共 12 年，他夜以继日发奋苦读。就像《三字经》里所说的那样：“苏老洵，二十七，始发愤，读书籍。”

12 年间，他两次进京赶考，每次都踌躇满志而去，失魂落魄而归。他实在是搞不懂，自己真的就那么笨吗？为什么他看不上的那些人都能金榜得中，自己却一再地名落孙山？ 39 岁那年，科考再次不中，他抑郁满胸，无可排解，再次走向了山水之间。

历史的契机出现，福无双至，祸不单行，就在他走向江西庐山寻求心灵的安慰时，他的老父亲故去了。

苏洵千里奔丧，踉跄归家，细思量 12 年间双亲故去，自己年近 40 岁，居然一事无成！人生至此，恨不得自残才能稍微痛快点。

某一天，他万念俱灰，在父亲的灵前把自己这么多年来写的文章一张张地扔进了火盆里。科考、功名，此生再也不想了……但奇迹就在这时出现了，万念俱灰才能否极泰来，扔掉了以往的所有，一个新的天地豁然出现。苏洵在守孝期间百无聊赖，把家中所藏的几千卷古书博览了一遍。

那些书，是中华民族自春秋战国以来一脉相承、从无间断的文明之光。这道光束，由孔子点燃，他死后百余年由孟子继承，之后数十年有荀子，再二百余年后有扬雄，后千余年出现了韩愈。韩愈至宋，已经近三百余年了，此间战乱频仍，再没有哪位大家能够重振汉文声威。

三百余年的空白和期待，有些人在繁华世间声名显赫地追寻着，像欧阳修；也有人在西陲一隅默默地若有所思，像苏洵。

抛去功名的牵绊，他返璞归真，同样沿着这条路向前走，他注定了会和欧阳修殊途同归。但同文不同命，闻达各不同。他这条路走得太慢、太累、太沉默了。

39 岁起，至 46 岁，他才盼到了人生的一线曙光。他不再想着进京，京城却终于有一位名人来到了西蜀。这是位有能力、有见识、办实事的人才。尤其难得的是，此人的成长经历与苏洵有些相似，这让他们有了共同语言。

命运向他微笑了。

这时的苏洵和从前判若两人，年轻时跳脱浮躁，现在却变得深沉寡言，当时满腹的应试文体，换作对世间万物的认识、见解以及解决的办法。

他成了一位大儒。所谓大儒，不仅要精通百典，更要自成一家，向内可以自省己身，向外可以为天下排忧解难。以这样的见识和胸怀写出来的文章，才是自孔子始，至韩愈兴的中华儒家的正宗体系。

细思量会发现，苏洵的人生，就像宋朝的国运一样，是偶然还是必然呢？透出那么多的巧合，让人掩卷深思，摇头苦笑。

比如他的人生曙光。

皇祐五年（1053 年）前后，苏洵建立起了自己的学术体系，他一生中最重要的几篇文章都已经写成。但是由于地处边疆，无人问津，眼看着要老死乡里，默默无闻终生。别忙，外面的世界很精彩，突然间刀兵四起，烽火连连。

侬智高叛变了。之后，整个南方都传颂着鬼面战神狄青的威名，一战成功，飞越天险，他的名字一直到南宋都让人怀念。打住，请问有谁能把这样的大事和一个眉山地区的乡巴佬儿联系起来呢？

事情就是这么奇妙，这居然是苏洵的春天。侬智高逃到了大理，之后就有个传言，他会再打回来，其突破口就是与大理邻近的四川。

一传十，十传百，谣言可以杀人，更能轰动天下。最后，连开封城里的大佬们都坐不住了，除了从陕西调重兵向四川集结外，还派去了一位能人——前三司使张方平。

张方平，字安道，河南人。这个人做官做到了两府之下的计相，却不是进士出身，要说学问从哪儿来，比苏洵强了很多。据说两宋文人大排名，如果以聪明强记为标准，他名列第二，只比苏洵的那个儿子，不世出的大天才苏轼稍逊色一点点。

他能一目十行，过目不忘。曾经向人借“三史”，10 天即归还，里边的每一句话都能牢牢记住。至于为什么他记忆力这么强，也是迫不得已。他家太穷，生活都成问题，想读书只能去借，现实逼得他必须又快又牢地记住。

简短地讲，张方平把四川的局势稳住，军政两手抓之后，还很重视文化，是他发掘了苏洵，并替苏洵铺设了一条通往帝都开封的路。

张方平给欧阳修写了封信。这封信非同小可，据考证这是他与欧阳修间仅有的几封信之一，他们俩本是冤家对头。

张方平当年是吕夷简的亲信，欧阳修是范仲淹的“朋党”，几十年间斗得手段用尽，你死我活。但是只要回归到文学上，他们就又变成了谦谦君子，古道热肠。这一点是后来神宗、哲宗、徽宗年间的文臣们所不能比的。

从某些角度上来看，他们都是君子。

苏洵在两年后离开眉山，来到了京城。这是他第三次进京，此番不比往常，他几乎是立即就变成了一个奇迹。在短时间内，他和京城里的顶级官员、名臣都建立了联系。比如欧阳修、余靖、田况、文彦博、韩琦、富弼等人，都收到了他的文章和信件。

无一例外的是，大家都喜欢他的文章，却对他的人微笑不语。

苏洵很纳闷，难道是自己哪里做错了吗？回头细想，他来京城是有目的的，儒家是入世的，穷则独善其身，达则兼济天下。他看到了现实中宋朝的各种问题，想为天下人实实在在地做些事，这些想法，甚至解决的办法都在文章和信件里表达清楚了。

那么，为什么朝廷里的名人们不理他呢？

这就是他的命运，他来得不是时候。如果早 15 年的话，那时与西夏开战，宋朝打破一切陈规陋习，只要是有用的想法都会采纳，他那时出现，不难博取功名；可是15年之后，不说现在皇帝还在病中，早些年的庆历新政里，已经有明文规定，不许越级提拔人才，从那之后等级制度牢不可破。

人人都在体制内，您得是什么样的圣贤，才能给您破例呢？

何况，他的具体做法也太剽悍了。比如，在给韩琦的信里，他要求韩琦大开杀戒，狠狠地杀一批懒惰的士兵，军心士气立即就会振作。方法对不对？对，狄青就是这么做的。可那是临敌时，现在是和平时期，并且今日之韩琦，再不是西北时的少年相公了。

杀人？韩琦高洁得像天空中飞翔的羽翼，凝练得像雪山之巅的冰雪，再也不做那些粗活儿了。

再比如给富弼的信，他开口就是指责，从庆历年间说起，直到这次上任，毫无建树，一点情面都不留，怎么狠怎么讲，不给当朝宰相留半点面子。

是不是得失心疯了？不，之所以这样做，是孟子教他的。

孟子曰“说大人，则藐之”，这是孟子一生的行为准则。比如，他效法孔子周游列国，游说到梁惠王时，除了言语不逊之外，转身就能说出“望之不似人君”的话。

看你就不像个当君王的料。

可以说是胆大妄为，不把君王放在眼里，更可以说，他违背了儒家的最高宗旨——君君臣臣父父子子。上下尊卑有序，不管他是不是圣人，绝对没有这样藐视上级的道理。

可他就是做了，说句到家话，这也是迫不得已。战国时期，以及后来所有的战乱时期，只有用这样的手段，才能让当权者信服，例如诸葛亮就是这样说服孙权的。

说到这里，就可以看出苏洵这个人在学问上的巨大缺陷了。他是大儒不假，文章写得超迈古人，独步当时更是真的。但有一点，他这个大儒，准确地说是先秦时代的大儒，他自学成才，一直闷在蜀川之中苦思冥想，把先秦时代的思想都研究透彻了，可与当时的社会现实离得太远了。其结果，很像一个落寞武士的自白。

那位武士输给一个人后，用10年光阴闭门寻找对手的缺陷。十年后终于豁然开朗，自信可以击败对手。可是转念一想，又沮丧得要死，他明白自己和对方的差距比当年更远了。

他找到的是对手 10 年前的破绽，这十年来对手没有进步吗？可他自己的进境，却仍然是相对 10 年前的！

苏洵就是这样，用先秦时的理论、做派在千余年后的宋朝实践，其结果只能是到处碰壁，一片茫然，给整个权力层留下恶劣的印象都不自知。说句难听的话，如果不是他的儿子们运气超好，正好这届科考是欧阳修主管的话，父子三人灰溜溜地回川都是可能的！

不过这也怪不得他，当年孔子、孟子周游列国时，难道就得到什么好果子吃了吗？研究历史，就是要正视当年发生的事，像寻病根一样找到问题所在，好在现实中加以避免，这才是研究历史的意义，而不是追念古代辉煌，让现代人活在梦里，来缓和眼前不如意心态的故事书。

说到这里，索性多说几句题外话。关于大儒这个词，对现实的意义是什么？

首先，作为百家学说，儒家的存在绝对是划时代的产物，是中国这个独立于世界民族之林的文化根基。这是积极的、了不起的。

但是有一点，儒家学说里有一个大缺陷直到今天也没法自圆其说。比如它是入世的，得解决人世间产生的具体问题，如军事、经济等。这就出世了，现在我们知道，每个问题都要具体问题具体分析，在现实中找到解决的办法。

很多时候，问题都是随着时代的进步出现的，那么解决的办法也一样，得创新，得研究才能出现。就好比新病毒和新疫苗的关系。

但是在儒家学说的统治下，解决的办法不在现实中研究，而是在古人的书籍里找注解，找答案。这就是大家看中国的各种古代文献时，动不动开头就是“古人云”的原因。什么事都要看老祖宗是怎么解决的，然后我们大家照搬就是。

这样行得通吗？！

不光是进入 21 世纪，就算在千余年前的北宋时期，苏洵都碰到了死对头，那就是后来以“天变不足畏、祖宗不足法、人言不足恤”而闻名天下的“三不足”大臣王安石。

王安石这时奉旨回京，做群牧判官，负责全国各地养马的事情。他们在欧阳修的家里见过，初见面就互相看着不顺眼，两人都是一样的倔脾气，一样的恃才傲物，碰巧也是一样的自学成才。这样理想的冤家对头，你说还能去哪里再找呢？

老苏和王安石成仇，连带着大苏和小苏后来也和王相公长久不和。当然这都是后话了。说过了大儒，下面进入科考正题。

宋嘉祐二年（1057 年）的科考终于开始了。那个几乎可以代表整个辉煌璀璨的宋代文化的人——苏轼（苏子瞻），终于横空出世。

关于苏轼的才华，在中国已经是一个神话，被称为“坡仙”。当然，那是在他叫苏东坡之后的事了。

东坡这两个字其实一点都不美妙，是他个人的一次惨痛记忆。不过，也正是自那以后，他的文采、书画才超凡入圣，达到了有宋一代才子第一的程度。

至于他的才华是怎么来的，每个时代的教育家都会强调，跟李白一样，“只要功夫深，铁杵磨成针”。也不管人家李白是不是愿意，就下这样的定义。苏轼就很坦诚，他成年之后曾经交过一次底，说“书到今生读已迟”。

传说他的妈妈程氏夫人生他的时候，曾经梦到了一个俊俏的和尚向她顽皮地眨着眼微笑：“妈妈，我做你的儿子好吗？”苏轼由此诞生，这也是他一生喜欢与和尚为伍的一大原因吧。稍微长大后，他的父亲把他和弟弟苏辙送进了眉山当地的一座道观，跟道士张易简读书，学的主要是声律。

这是个关键点，是苏轼的造化，更是中国人的幸运。声律学很重要，它对苏家人的影响，可以说，成也声律，败也声律。

声律，就是作诗赋词的技术。一个读书人，怎么能不会作诗呢？但就是这样尴尬，老苏就倒在了这上面。他什么都强，就是不会作诗。每次科考都是勉勉强强地凑数交上去，其结果自然是被考官扔进废纸篓。苏轼就不同，他的声律功力睥睨千古，傲视当代，宋词只要流传一天，就永远会有人记得眉山苏氏。

这就与苏洵有自知之明，把儿子送给别人来启蒙有关。不然，苏轼和苏辙就又是两位大儒，而不是坡仙与宰相了。不过不管是什么，他们都得先跟着同学们一起迈进贡院的大门，吃几天考生饭再说。

要说科考，在大家的印象里，估计就是在一座像省级监狱的高墙之内，排列着像一排排进口猪舍一样的低矮小房间，没有窗户，没有大门，只有一张床和一张桌子，唯一的出口就是标准的铁栅栏，走进来就上锁，每天只会递进来一些吃的喝的。

除此之外，严防烟火，因为就算有火灾地震了，这道铁门也得到交卷时才能打开！

基本上就是这样，在宋代比较特殊的就是时间和一些制度。

比如说主考官欧阳修，他就得在贡院里至少待上50天。至于为什么，请看他的工作量。他得出题，还要阅卷。每届至少一两千名的考生，每个考生都有声律、墨义等各种答卷，都得由专人抄写，让字迹不可辨认，光这一项工作，得多少个工时才能完成？

所以说考试嘛，不仅是考学生，更是折腾老师。而折腾，更是宋代科考的一大特色。

印象里考生们不许走动，只能在自己的小屋子里一直憋着写字，直到交卷。宋代不这样，比如某考生在答卷时有疑问，不光是对题目的疑问，就算自己的学识哪处说不准了，都可以去请教主考官。这叫作“扣帘”。

欧阳修在这一届里就被扣帘了，扣得他瞠目结舌，终身难忘。

那时是黄昏，欧阳修已是半百的人了，一介书生，既是近视眼，又有糖尿病（史书记载），累得实在懒得动弹，可这时一考生“扣”了过来。

——“学生打算在文章中引用尧舜的典故，但不知尧舜是一个人还是两个人，请先生指教。”

“哄”的一声，周围彻底笑场，欧阳修目瞪口呆。这就是宋朝这一届科考之前，通过乡试的学子们的功夫！更绝的是大家都笑成这样了，那个考生还在帘外毕恭毕敬地等着。

欧阳修想了想，很正经地回答——“这个……嗯，是有点难度，我看你还是别用了吧。”

到了阅卷的时候，乐子就更多了。比如说某位考生的大作里就有这样的词句——天地轧，万物茁，圣人发。意思想必大家都能理解几分，可是有必要在说事论理的文章里玩这样的词句游戏吗？欧阳修这次存心寻这人的开心，给了6个字的评语。

——“秀才刺，试官刷。”

然后，用大红朱笔从头到尾像刷墙似的抹了个全红，有个名目叫“红勒帛”，再批上“大纰缪”三个字，贴到外面的大墙上示众，以儆效尤。

以此类推，欧阳修砍掉了绝大多数的“优秀”考生，也把人都得罪了。三年才有一次科考，大家都是按照老规矩老要求复习的，你凭什么这样难为人啊？！

考生们想不通，发榜之日在大街上把欧阳修拦住，那情形就像农民工找黑心工头要债一样，污言秽语，推搡叫骂，要不是当天遇上了巡街的禁军，大才子欧阳修就得进医院了。就这样，他回家后，院子里还被扔进了一大堆一大堆的问候纸条。

这时候，苏氏兄弟已经在繁华的东京街头游玩闲走了。他们是幸运的，比他们的父亲幸运太多了。苏洵之所以总是落榜，除了声律之外，最大的原因是文章的底蕴和之前科考的标准严重不合拍。而如果他教出来的两个儿子，还是遇上之前的考官们，可想而知结果是怎样的。

父子三人把家还，六行长泪落涟涟，一个字，惨；两个字，很惨；三个字，非常惨！

这就是这届科考的重要性和幸运点了。没有欧阳修，就没有三苏名扬天下；而三苏不来，欧阳修也没法装点起文学盛世的门面，他要改变天下学子的文风，就更是一句笑谈了。简单地讲，嘉祐二年（1057 年）的正月，是三苏的幸运月，苏轼、苏辙都顺利通过了礼部试，就等着殿试时大显身手了。闲来无事，初到帝都，想想人世间最繁华的东京汴梁城就在房门的外面，20 岁出头的青年会闷在房里，一动不动吗？

苏洵与苏辙很可能一静到底，苏轼却一定会悄悄地溜出去，把开封城的每一个角落都走遍，看清这举世无双的繁华盛景。

首先是回忆，他从西南方的四川来，正好可以在第一时间接触到都城的精华，即东京城外城 13 个城门（包括水门）中的正南方“南薰门”到内城，即皇城的“宣德门”这条御街。

进城之前，他首先看到的是一条宽约 120 尺、植满垂柳的护城河，以及那条蜿蜒曲折，像一条游龙一样凹凸不平，不规则地建在护城河岸边的外城城墙。这道城墙很怪，让人看着高深莫测，很多人不喜欢它，因为它不够平整漂亮。

包括后来的宋徽宗赵佶。他把这道城墙拆了，重新砌了一道整齐的矩形城墙。可惜在女真人的石炮打击下，很快它就塌了。只有到了那时，人们才会想起原先这道老墙的设计师——宋太祖赵匡胤。这道老墙在军事上有特殊效果，它的不规则能缓冲猛烈的攻击力！

这道老墙的里面，才是真正意义上的开封城，人口超过盛唐时长安城近 10 倍的人间天堂。

第七章　千年显赫大梁城

苏轼走过周长 48 里的外城，进入周长 20 里的内城。在他眼前展现的是一条无与伦比的、古今罕见的长街。

这条街笔直宽阔，长七八里，宽 200 余步，直抵皇城的南面入口宣德门。惊人的宽阔，被分成了 5 条通道：最中央的一条，给皇帝专用；两边的水路，用巨大的条石砌成渠岸，岸边种满了桃、李、梨、杏等果树，沟里是成片的莲花。

每年花信风吹过，五彩缤纷的花儿就开了，这条长街变成了花的河流，一路芬芳伴随着百万居民。

岸边是一排红漆栏杆，它既是水路的屏界，更是一道标志，它划出了左右两条人行车马道，名叫御廊。这条御廊就是北宋繁华的象征，它布满了店铺、民居、官署，还有很多杂七杂八说不上高雅的去处。它们合在一起，酝酿出了中国历代王朝中独一无二的北宋风格。

苏轼随着人流慢慢地走，眼前先出现的是内城朱雀门前的龙津桥。这是御街三段景的头一段，这里的商家很多，但货物的档次不算太高，算是平民消费区，主要经营时鲜果品、笔墨纸张。这很对苏轼的胃口，他会选些果子吃，再挤进人堆里看看字画条幅的功力，然后撇撇嘴再挤出来走路。

四川最不缺的就是水果，苏轼最强的就是书画笔墨，这些东西都不在他的眼里。他的兴趣很快就被一座亭子、两座道观所吸引。

亭子名叫“看街亭”，说来这真是仁宗皇帝的悲哀。据记载，宋朝的皇帝除了应付外敌御驾亲征之外，就只有赵恒当年去四处烧香拜神了，其他的都没走出开封城周围 100 里。他们贵为人间最富有、最强大的皇帝，所活动的空间只有周长 5 里的皇城。除此之外，就只有坐上从唐太宗李世民开始，一直在用的那辆玉辂，一路“吱吱呀呀”地在御街上转两圈。

转时也很烦，基本上只能看到马屁股。这时仁宗就会叫停，他登上这座看街亭，俯览皇城外的市井生活，民间百态，算是一次难得的放松。

不知那时，他是自豪，还是羡慕……

看见道观，苏轼有点犹豫，人家喜欢和尚耶，不过有时好奇心最强大，他还是走了过去。准确地说，是走向了街东头。

西边是延真观，接待四方道民，是一处宗教大旅店，实在没有看头。而东边的五岳观，那就非同小可了。五岳，中国人都知道是五座名山，名山里住着神仙，比如东岳泰山就是管全人类转世投胎这项超级重要的工作的。

权力超大、道教的狂热鼓吹者宋真宗赵恒，就想出了一个好办法，把五岳尊神都请进京城，就在御街上安家落户，朝夕与他做邻居。于是，这座五岳庙就成了北宋“最为雄壮”的道观。苏轼边走边看，摇头叹息，真是不来东京，不知天下之大，不看这座道观，不知皇帝能做出啥！

接着走，他就看到了竞争对手扎堆处，宋朝的国立大学——太学。这个所在目前来说，说大不大，说小不小，要到 20 年之后，才能扩大到生员 3000 人的巨大学府。当然，那是神宗陛下和王相公的作为了。这时苏轼看着这衙门，嘴撇得更歪了。一群手下败将，礼部试第二名在此，你们哪个不服气？

以前学的都作废了，以后就跟着欧阳老师和我走，自然少不了你们的功名富贵……呵呵。再往前走，最精彩的地段到了。查年纪，苏轼这时只是个 21 岁的青年，真是犹豫，到底让不让他在街上小拐个弯呢？

只要在太学的旁边拐进去，就是一团胭脂粉香、莺声燕语的旖旎风光。烟花柳巷到了，宋朝的学子们很香艳，他们每天读书时就能听到道士们的吟唱声和妓女们的打情骂俏声。阿弥陀佛，罪过罪过，还是快点走过去吧。

第一段终于走过去了，它是御街最长的部分，共有 5 里。接下来的这一段，就是让人最神往的州桥段落。

州桥，还记得《清明上河图》里那道弯弯的、狭窄的虹桥吗？桥下面河水滔滔，桥上面车水马龙，居然还有生意人搭起来的大伞篾棚，生意做到了见缝插针。但这和州桥比起来，还是小巫见大巫，比较不入流。

州桥，又叫天汉桥，意喻它就像天上银河的桥梁，又宽又长，请想象一下它是连接307米宽的超级长街的桥！苏轼向下看，滔滔的汴河水从桥下流过，不过没有船只通行。一来它是石柱支撑型的桥梁，不像虹桥那样横跨两岸；二来再向前就是皇城和各个衙门了，船只的流动性太大，对安全有威胁。

再向四周张望，能看到它正处于子城的中心点，御街和东西御道的交叉点上，是名副其实的市中心。

这时，苏轼应该有些懊恼，他还是初到京城，不知道州桥之美是在夜色阑珊时，他来早了。入夜之后，这里才会真正活起来。那时，桥面上灯火明亮，挤满傩床，会变成苏轼这个中国最著名的贪吃鬼的天堂！

所有你能想到的美味小吃这里都有，你想不到的宋朝人也会做出来。

从华灯初上，到半夜三更，不管你什么时候来，这里应有尽有。煎炒、熬炖、蒸煮、凉拌，鸡皮、腰肾、鸡碎、旋煎羊、白肠、鲊脯、烧冻鱼片、獾儿、野狐、盘兔、旋炙野猪肉、野鸭……吃腻了荤腥，州桥上的时鲜果品更是上乘货色。

如果您身份高贵，不屑于跻身民间，州桥附近更是酒家连片，以桥南端与曲院街接口拐角上的遇仙楼正店为最，号称“台上”，是东京城首屈……那个三指的地方。因为如果要去酒家，东京城最好的选择毫无疑问是“樊楼”和“任店”。

去樊楼，要先向东转，它在皇城的东华门外。事实上它比皇城还要醒目，查资料可以显示，已故的柏杨老先生很可能说错了，他在《中国人史纲》里嘲讽中国封建年代时，说全国的建筑物都非常低矮，不许超过皇宫的高度。

可北宋仁宗年间不这样。樊楼是一座“三层相高，五楼相向”的庞大建筑，考虑到当时是砖木传统结构，说三层，实际上是指楼梯上的三层，也就是说，它是座四层楼高的酒店！皇宫的规格虽高，但就以举行大典的天安殿为例，也高不过它。

五座四层高的楼体彼此连通，层层都有飞桥栏杆，栋与栋之间明暗相连。苏轼站在夜色中，仰头望去，看到每间阁子的窗口都挂着珠帘绣额，透出温暖的灯光，每个屋檐的瓦垄上也都挂着一盏灯，远远望去，樊楼就是梦幻般的一团光雾。

在苏轼的眼里，是一片激动、羡慕又懊丧的光雾……俺是刚从剑门走出来的川娃儿，腰里实在没几贯铜钱，这么上档次的地方，让俺怎么进去耍嘛！

实际上，他进去也看不到樊楼在中国商业进步意义上的独特位置：第一，他身在局中，跳不到历史的大天空里去俯览；第二，食客是注意不到那些细枝末节的，比如樊楼的后厨房，那才是它在历史上留名的价值所在。

谁都知道，古时候都是手工业者的小作坊式生产，就好比从前的农民，一家子不分工，从播种、插秧、锄草到收割等农活儿谁都要做，映射到餐饮行业，就是现在的夫妻店。

与之相对应的是现代的大酒店，那里边分工明确，每个人各自负责一摊。这就是划时代的特征，只有酒店开到了一定规模，社会的消费力也达到了相应的高度，才能出现这种分工。

樊楼在一千多年前就做到了这一点。它的经营由三部分组成：第一，每层楼各有一个主管，由他主持本层业务，樊楼 5 栋 4 层，至少要近 30 个人；第二，是后厨房，一共 20 层的食客，都得照顾到，要知道那个时代没有煤、气、水、电；第三，就是樊楼的特权了。它之所以这样强盛，是因为它有国家特许的酿酒权。每年官府配给樊楼 5 万斤酒曲，平均每天用曲 137 斤，可以酿酒 5500 斤以上！这些酒樊楼可以自产自销，也有权散卖给别的酒店。

有这些内在的支撑，才有苏轼在楼下看到的那团光雾。

夜幕下的开封城光怪陆离，它就像突然出现在历史天空下的奇迹。宋之前没有过，宋之后也再没有呈现，甚至仁宗朝之后，它就有些失色了。

第八章　四十五年无太子

宋仁宗一生最大的痛点不是李元昊，更不是内部的叛乱，而是他没有儿子。庞大的文官集团最出彩的地方，就是在他没有儿子的情况下，怎样为他立了一个太子。

做得最精彩的是司马光。

隆重介绍，司马光登场。

司马光，字君实，号迂叟，陕州夏县涑水乡人，生于宋天禧三年（1019年）。因为出生时他父亲司马池正在光州光县做县令，所以取名为“光”。嗯，只是不知为何不叫司马光光。此人出名极早，成名之后着重宣传的是他7岁时就能给家里人讲《左氏春秋》，为他之后成为大历史学家作了铺垫。不过谁都知道，他小时候真正名闻天下的是另一件事。

司马光砸缸。

俗话说“3岁看到老”，从这件事里完全可以看出这人的素质，勇于决断，不顾一切地实施。这些都是真的，在他此后近70年的生命里，他一直都是这么做的。不管对象是一只缸，还是一个国家。

奇妙的是，这样一个人，在他活着的时候，这些都隐藏得非常好，让人看到的一面是温文尔雅、知书达礼、非礼勿做的一位圣贤，而不是本应比唐介还要凶狠凌厉的官场屠夫。之所以会这样，只有两个可能：一是当时北宋所有的人都瞎了；二是司马光本人的官场功夫实在到家，一边凶狠，一边让所有人敬爱。大家想，会是哪个原因呢？

说到这里，貌似我有点唐突圣贤，与中国人心中普遍存在的司马光大师的形象严重不符。到底怎样，还是让事实说话。世事纷繁杂乱，透过层层迷雾，我们会发现，整个立太子事件，就是司马光以外地官员进入京师官场的一场完美上位秀。

事情刚开始的时候，司马光还在西北的并州做通判。之所以离京都那么远，我们来回顾一下他的仕途历程。

司马光考中进士时才 20 岁，国家非常重视他，留在京城里做奉礼郎。这是殊荣，可他没有接受，主动要求到边远的南方去，理由很动人，他的父亲司马池当时在杭州做官。

他的起步和包拯一样，化忠为孝，感天动地，一直在苏州做判官，直到父亲去世。守孝结束后，他回到京城任职。不过很快又出去了，展现了他为人的另一面。

绝对、完全、毫无保留地忠于领导。注意，这个领导，并不是孔夫子教导我们的那位独一无二的皇帝，而是当时的独相庞籍。

历史没有记载他们是怎样一见倾心的，司马光从此对庞籍像父亲一样地爱戴和尊敬。这不是乱讲，有无数事实可以证明。最重要的两点就是：

第一，庞籍在狄青升官事件中被梁适搞倒之后，调离京城到西北当官。司马光的选择是放弃国家安排给他的正规工作，跟着老领导下放改造。就这样，他来到并州当通判。

第二，庞籍在西北继续倒霉，他像老朋友范仲淹那样继续向西夏纵深处修堡垒。这就是罪过，和平时期了，你为什么还要一再生事呢？而和平的表现，就是西夏小皇帝在妈妈和舅舅的英明领导下，隔三岔五地向宋朝边境出兵，虽说没有大胜利，可小便宜一定要经常占。

修堡垒，加上临敌小败，庞籍被一贬再贬，直到病死。这期间，司马光牢牢地站在领导身边，曾经三次上书声明庞籍的过错里有他一份，请把处罚分过来一半。

最动人的是庞籍死后，他穿上最正式的衣服，请庞夫人到大堂上，像母亲一样接受他的跪拜。对庞籍的儿子，就像自己的亲弟弟（籍没，光升堂拜其妻如母，抚其子如昆弟）。这在当时获得了所有人的称赞，以及后世的敬仰。

只是很奇怪，庞籍之死，官方派专人治丧，赠司空、加侍中，谥号“庄敏”。每一样都是生荣死哀，人家生前是正牌子宰相，为何弄得好像家人无依无靠，如果没有司马光的照顾就会流落街头，惨不忍睹的样子？

当然，这只是第一印象。我们可以往好处讲，就是领导死了，家里虽然安康，但是他对领导的爱，绝不会人走茶凉，做人要厚道，永远追随领导!

对领导的亲人，比活着时还要尊敬和亲切……包括“抚”其子如昆弟。抚除了抚育、抚养之外，还有别的解释吗?

总而言之，无论如何，这是一个多么好的同志啊。从这时起，他就有了一个在官场中超级值钱的头衔，以后他写信给别人时，可以这样落款——“你的忠实的司马光”。

范镇写第一篇请立太子的奏章时，司马光在边远的并州第一时间响应。但注意，他不是接着写第二篇奏章，与范镇站在一起，而是写了一封私人信件。信里说，这是件真正的大事，除非不说，说了就要坚持到底。“愿公以死争之。”

石油大鳄洛克菲勒先生当年有句名言：“打前锋的赚不到钱。”他也是这么做的，在所有美国人一窝蜂地往新发现的油田边冲，想抢个新鲜，淘到第一桶金的时候，他按兵不动。直到石油由于过度开采，需求量却没那么大，变得比白菜还便宜时他才冲进去，用极低的价格，不仅把油田盘下来，还把各种开采工具、运输设备都搞到了手。

这才是做事的本事。

千年之前的司马光，在发迹史上与这位大鳄不谋而合。直到范镇的头发变白了之后，司马光才开始行动。最初是非常小心的，他以自己的名义写奏章，同样建议立太子，措辞很小心，这让他抢到了立太子事件的排名位置，可一点都不显山露水。这时，命运也开始眷顾他，开封城里的顶级官场重新洗牌了。

战无不胜、意气风发的大宰相文彦博终于下台，他在为之前的强硬埋单，接替他的是枢密使韩琦。韩相公从这时起变成了另一个人，他强硬得比文彦博还要强硬，温文得仅次于另一位宰相富弼，一位真正适应官场的特殊动物诞生了。

司马光被调回京城，担任了一个绝妙的职务——修起居注。这是比馆阁学士们更能接近皇帝的差使，每天的工作就是给皇帝写日记，可以最大限度地了解皇帝的每一个举动。这样的好处，就是司马光能第一时间掌握皇帝的心理动态。

比如说，在什么时候跟皇帝说什么话。

嘉祐六年（1061 年）闰八月二十六日，这一天是仁宗的悲伤日。出生仅仅

61 天的皇十三女死了，就像是天地神灵跟仁宗开的大玩笑。

他想有儿子，为生出个儿子想尽了一切办法，同时也有了效果。两年内，后宫生了四个……女儿。这简直让人欲哭无泪，不带这么欺负人的吧？哪怕有一个是儿子也好，皇宫内院特意建了一座潜龙宫给未来的皇子住。为什么老天就是不开眼？

关于这一点，实在应该给仁宗正名。不是他无能，是他敌不过时代的命运。常年阅读宋史，每每掩卷沉思，有时我不禁这样想：如果仁宗有自己的儿子，那么让后来的英宗怎样上位？没有英宗的早死，哪来神宗年轻气盛时的改革？如果神宗活得长些，怎会让改革有头无尾？那样哲宗就不会 10 岁即位，什么事都不懂，被奶奶夺权……再后来天翻地覆，等到他亲政时再把奶奶那一套改过来，然后再早死，才能轮到精彩绝伦、异想天开的赵佶登场。

那时中原陆沉，神州板荡，试问这样的结局都跟仁宗有没有亲生儿子有关吗？

不，这不是他一个人的悲哀，尽管最难受的人肯定是他自己。

这时仁宗已在悲痛中难过得很多天不说话了，就像要再次犯病的样子。司马光就挑在这个他心灵极其脆弱的时刻，写了一道新的奏章。

他没像范镇、包拯、唐介那样简单粗暴地要求皇上立太子，而是说，臣不敢奢望陛下立即就选出东宫太子，只恳请您在宗室之内选出一位聪明仁孝的好孩子，先立为养子，与其他的宗室子弟稍有区别，好好培养。让天下人知道您心有所属，民心官场都会安定。等到他日太子出生，这位养子就可以退归藩邸，只当是为国家培养了一位好臣子。何乐而不为呢？

当天，司马光站在一边，静静地看着皇帝。只见仁宗拿着奏章看了许久，仍然面无表情，像是和往常一样沉默，躲进自己悲哀的心情里，谁也不理。但是他突然说话了。

“难道非得选宗室子弟入嗣吗？”没等司马光回答，他又喃喃自语，“这是忠臣之言啊！一般人是不敢提的。”

“臣提出此议，自谓必死，不意陛下开纳。”司马光如是说。他平静地顺着皇上的话，把中心议题悄悄地往实施上推。

果然，仁宗说：“这有什么害处？选宗室为皇嗣，古已有之，你把奏章交给中书吧。”

从来没有过的大进展！换一个人，心脏肯定会剧烈地狂跳起来，奏章由皇帝的命令传达到中书省，那就是命令宰相们实施了！可这时的司马光，他立即拒绝了。

“请陛下自喻中书宰相。”说着，就请辞告退了。

搞什么，是不是疯了？好不容易皇帝亲口答应，居然就这样轻飘飘地放过去了！但是别忙，到底是怎么回事，现在还没有到揭谜底的时候。当天司马光的演出还没有结束，甚至可以说演出才刚刚开始。

他从皇宫出来，直接走进中书省，向宰相们汇报工作，具体内容是皇上的健康。近几年仁宗一向龙体欠安，新一届领导班子继承了文彦博的良好习惯，每天都要询问。这一天例行问答结束之后，韩琦没有放他走。宰相大有深意地望着他，像是期待司马光说点什么。

可惜等来的是一阵沉默。

最后，还是韩琦先开的口，他问：“今天皇上还说了什么？”司马光继续沉默，好一会儿之后，才回答：“所言宗庙社稷之计也。”

韩琦微笑了，再没说别的，让司马光离开了。

直到这时，当天的事情才算结束。

司马光平稳地走出了中书省，他知道自己已经给韩琦等最高权力阶层留下了非常深刻的印象。不仅深刻，而且极好。

当仁宗要司马光把立太子的奏章转交中书省的时候，他第一时间就拒绝了。这在后面他和韩琦的谈话中证明，是一个绝对正确的决定。如果由他来转交，就造成了一个说不清的事实，即立太子这件事是由他司马光一手促成的，连命令都是他从皇帝那里得到后，向整个中书省下达的。

宰执大臣们被晾在了一边，完全被动。

这样做，简直是把所有的功劳都归于自己，让整个官场的其他人通通歇菜。这样贪婪的结果，就是把自己扔上了火堆，成为众矢之的。以他当时一个小小的修起居注的京官，这样做简直是在找死。

尤其是韩琦当面就点醒他，当天到底和皇上谈了什么。别以为皇宫之内会有什么秘密，别想要花样！而司马光的表现是非常地乖，他想了又想，选择说实话。“宗庙社稷之计”，就是立太子的事。整个事件过后，他让宰执大人们觉得他既敢做事，更能做事，难能可贵的是他又很会做人。

在这种认知下，韩琦露出了难得的笑容，给了司马光一个天大的面子。某一天，一位姓陈的御史找到司马光，像闲聊一样说："前些天某次会议上，韩相公跟我说他很欣赏你。说你正在上书说立储的事，能不能把奏章先送到中书省呢？你想做这件事，别自立门户（欲发此议，无自发之）。"

这是示好，也是示威，司马光再次面临选择。韩琦这是想收编他，让他成为中书省在这件事上的马前卒。按说也蛮荣幸了，与他之前的人生轨迹非常相符。

投靠过庞相公，为何就不能再投靠韩相公？

可是司马光那天偏偏又犯了沉默的病，他什么都没说，可没有表态就等于拒绝。拒绝就是反抗！这可真是让人搞不懂了，他到底是想干什么呢？

半个多月之后，事情真相大白，人们从此才真正地认识了这个人。九月的某一天，司马光在写皇帝日记之余，再次抓到了一个好机会。仁宗那天心情好，很适合聊天。那么聊什么呢？在一个人悲痛的时候让他陷进更大的悲痛里，才好说危机。

比如说国家需要太子，不立太子天下不稳。

在一个人心情好，体力好的时候，就要换一套方法。对方可以思考了，给他上上历史课。众所周知，司马光的历史水平在整个中华民族里能排进前五，他挑了个近的，说唐朝的事。

话说唐朝神武，百事开明，出产的人物在各方面都达到了一个顶峰，真是比宋朝强很多啊。比如说，女皇武则天开创了科举制度里的殿试，从此让天下举子们都成为"天子门生"，只为皇帝服务，再不用看座师的脸色。

唐朝有"门生天子"，连皇帝都是他们的徒弟。这是怎么回事呢？就是因为唐文宗一直不立太子，死之后被亲近的太监们做手脚，从此随意拥立唐朝的皇帝，想让谁当谁就当，想让谁死谁就死。堂堂天可汗的子孙，居然被太监们玩弄于股掌之间！

陛下，您想让这种事在宋朝重演吗？

再不能犹豫了，仁宗下令司马光立即把文件送交中书省，把这件事确定下来。这一次司马光没有推辞，火候到了。

再次来到中书省，他的神情态度再不是一个下属，而是一位充满神圣感的天使。他神色庄严地对韩琦等宰执大臣们说："陛下决意立宗室为皇子，今天诸公如果不能及时议定，他日夜半，禁中出寸纸以某人为嗣，那时天下谁也不能违背了！”

义正词严，说的也都是实话。现在皇帝的身体到了这种地步，谁知道哪天驾崩？到那时，皇宫深处往好里说是皇后，糟一点会是太监来决定谁是下一任皇帝，难道那时做臣子的有权反对吗？

韩琦等全体宰执大臣一起躬身施礼，同声回答：“敢不尽力！”

从这时起，司马光退出了立太子事件，从程序上，从官衔上，他都再没有参与的权力。那么转身就走，绝不迟延，他留下的是倡议阶段起决定性作用的名声，以及让全体朝臣又惊又佩的印象。就比如说大宰相韩琦。

你要我配合，我已经配合了。可绝不是你所希望的马前卒、小跟班，我以正道尽臣子的义务，转身把成果交给你时，神圣得无可侵犯，你必须向我低头！

这就是司马光的作风，万事都有依据、有道义，谁让他学问大，历史知识强呢。回顾一下倡议阶段的四位名人，范镇、包拯、唐介、司马光，只有他一个人在这件事里得到彩头，就此平步青云、名利双收。有人会说，不要以小人之心度司马光之腹嘛，干吗这么刻薄？

对不起，一次是偶然，那么两次呢？这种作风和这种结果，不久之后他又重演了一次。还是大家倒霉，他一个人得利！

接力棒传到了韩琦的手中，历代史书都说韩琦先生是仁宗乃至英宗朝两朝传承厥功至伟的大臣，没有他的努力，没有他近乎霸道、专权一样的决策，宋朝就不会是历史里的样子。

其实哪儿跟哪儿啊，上面已经说了，司马光把什么事都办完后，直接把立太子的决定书交到他手中，他所需要做的就是按令实施，走那些官面上的过场。

第九章　不识贱人真面目

十月初，在官方场合，皇帝和宰执大臣们定下了皇子人选，就是前些时段里提过的，由仁宗和曹皇后各自主婚的“十三”。

十三是宋太宗第四个儿子商王赵元份的儿子濮安懿王赵允让的第十三个儿子，名叫赵宗实，生于明道元年（1032 年）正月初三，因为仁宗的头生儿子早死，4 岁的时候他进皇宫生活。8 岁的时候，他被退还王府，因为仁宗生出了第二个儿子。

噢，他生来就是一个预备役啊！

这时他已经近 30 岁了，是一个沉默寡言的优秀青年。尤其让人感兴趣的是他的生育能力，这时他已经有 3 个儿子 1 个女儿，再想一下他父亲的生育能力，天哪，一共有 28 个儿子！这是多么让人兴奋的事，宋朝从真宗开始，两代皇帝生儿子比干掉李元昊还费劲，这一下肯定彻底解决问题。

一劳永逸了！

选定了人，开始进入官方程序。要确立一个太子不是那么容易的，首先是一个行政官衔，太子和官员一样，得循序渐进一级一级地升，才能升到帝国接班人的位置。第一步，先升闲散宗室人员赵宗实为泰州防御史、知宗正寺。

这是个小官，前面的防御史就算了，他不可能出京到泰州去报到。知宗正寺嘛，就是管理在京皇族人员的负责人，很不起眼。但无比光明辉煌的人生就在前面不远处，让人流口水的前程突然从天而降，想一下是多大的惊喜啊。

一步登天，皇太子啊！还有人会拒绝，会犹豫，会哭着喊着说我不——吗？答案是有。要说这也不奇怪，在中国古代，尤其是宋朝，有学问、有修养的人像春天水塘里青蛙的孩子们那样多，个个儿都把前程、钞票看得比命还重要，却板起脸来说：“不，我不够资格，绝对不当！”

一般来说，要来来回回地谦让三到六次不等，这样才显得自己德高望重。这位赵宗实就是这样，他躺在家里，先是找了个冠冕堂皇的理由，他父亲赵允让刚死，守孝期间万事不干，拒不接受任命。这好办，国家有明文规定，重要人员的爹妈死了，可以夺情起复，不耽误工作。可是，他接下来便表现得像块滚刀肉，怎样切都切不动。

他的拒绝就有些出格，对此非常有涵养的仁宗都有点烦了，对韩琦说：“他这样，那就算了吧。”根本就没多大兴头的事，以为谁会逼着他当吗？

事实上这也是大宋帝国国运的一个转机，如果真的就此把这个人否定，后面那些悲剧就都不是那个样子了。可惜这时当宰相的偏偏是北宋百余年间，论硬度能排到前七的韩琦。韩相公一口回绝道：“此事岂可中辍？请陛下写亲笔诏书，让宗实知道这是圣意，自然就听命了。”

但事情就是这么邪，天大地大圣旨最大，可赵宗实就是不听话。他赖在床上不起来，一口咬定自己病了，让皇宫里的传旨太监来来回回跑了 18 趟。

后来，赵构要岳飞火线班师用了几道金牌？ 12 道。大军在外都能调回来，可一个在京的闲散宗室人员居然就敢不动弹。最绝的是，臣子接旨有规矩，领旨要谢恩，回绝要辞表，18 道圣旨换回来 18 道辞表，其中得利的人，居然是濮安懿王府的记室孟阳。

赵宗实跟孟阳说了，每写一道辞表给你 10 金，18 道写下来记室先生发了笔小财，赚了 1000 多贯。事情到了这一步，韩琦等人也觉得不对劲，肯定有什么事让赵宗实不安，能是什么呢？

想来想去，大家这样猜：肯定是名分不对，泰州防御使、知宗正寺这样的官衔说明不了问题。那好吧，我们大家提请直接把他定为皇子。这个提议由韩琦首倡，欧阳修附和，被枢密使张昪怀疑，最后找翰林学士拟旨时都被拒绝了。

张昪面对面地问仁宗：“陛下不疑否？”仁宗答：“朕欲民心有主，只要是姓赵的就行了。”算是过了审核关，下面是韩琦在翰林学士面前碰壁。当时的学士王珪根本就不相信他，第二天当面请仁宗下令之后，才有了明文圣旨出台。

宋嘉祐七年（1062 年）八月七日，全体在京皇族齐聚大内，由仁宗宣布赵宗实成为皇子，并正式改名为“曙”。

从此，他就是宋朝的唯一继承人。这时应该登台亮相了吧？当年老祖宗赵匡胤陈桥兵变时被强迫换衣服，也只是推辞了一下；他本人的重孙子宋钦宗兵临城下时被老爹推上去当挡箭牌，也只是哭了一晚上。

赵曙倒好，到了这一步，还是那一句话："不当，就是不当！"充分地表现出个性的顽强。最后仁宗终于烦了，决定让这个干儿子懂点人事。

派在京皇族管理员抬着一顶小轿去，先给他上上课，让他明白，不管是闲散宗室，还是太子，你都是帝国成员，皇帝有命，必须遵从！然后再把他抬进宫来。

想得不错，也得人配合。赵曙的反应无论如何让人捉摸不透，他把回话精简成了8个字："非敢邀福，以避祸也。"这到底是什么意思？至高无上、人间独大的皇位，居然对他是个祸患？韩琦、欧阳修甚至司马光都在挠头，这人到底是真的不想当，还是仍然有什么不满足的？

这个疑问是宋朝的终极问题，这时谁也想不明白，要到三年以后这个人快死的时候，才能知道真相。那时韩琦等人早就骑虎难下，被他累得要死。

不管愿不愿意，都必须和这人站在一起，当个有始有终的忠臣。

回到现场，事情一直拖了20天，到了八月二十七日，皇子大人终于起床了，他坐上小轿进了皇宫。之所以还是同意了，官方记录显示是那位了不起的王府记室孟阳的功劳。当时赵曙一个劲地强调有危险，孟阳提醒他："现在已经是皇子了，天下人都知道，就算你现在请辞得准，回归王府，就敢保证没有后患了吗？"

一句话，你曾经是帝国的继承人，就永远贴上了这个标签。

赵曙一下子就爬了起来，对啊，这个我没想到，于是立即就上轿进宫了。就是说，躲也没有用，才索性出头的。

从这时起，赵曙的贤德之名就传颂天下了，他视皇位如祸患，与上古时拒绝接任尧舜当皇帝的贤人是多么像啊。尤其是他进宫的那一天，全家老小加上奴仆不过30多人，行李非常简陋，跟平民百姓没有区别，最特别的是藏书丰富，积屋满箱，典籍俱全。

非常符合文官集团的价值标准！他们四处宣扬，赵曙是天造地设的最适合当皇帝的那个人啊！其实他们都看错了，这人是一头欲望被压抑得太久的饿狼。

这种欲望被继续压抑着，太子的位置被证明是火上浇油，让这个人更加忐忑不安，患得患失。人类的天性决定了只有对某件事超级在乎时，才会表现得反常。

由此，才能解释后来为什么发生了那样蹊跷的事。

这时谁也没有发觉这一点，包括阅历丰富、阅人无数的仁宗皇帝。他对这个自己曾经收养过的养子是真的疼爱，自从赵曙被接进皇宫，就一直带在身边。尤其是到了年底时，由全体宰执、近侍、三司使、台谏官、主兵官以及宗室、驸马来陪伴，带着他两次进入龙图阁、天章阁，参观祖宗遗物。

把他扶上太子宝座，再送一程，让他能坐得稳。

那一天，仁宗回望前尘，抚物追思，眼前的世界，这座皇宫他已经生活了54年，自从出生以来灾变不断，连生母是谁都曾经变化过……这是怎样单调又复杂的一生啊。时至今日，辽国、西夏、大理、吐蕃、交趾，周边所有国家都已和平共处，国内不识刀兵，百姓安居乐业，这一城的空前繁华虽然会渐远渐淡，随着国土的遥远被弱化，但谁也无法否认，他让百姓过上了从前不敢梦想的好日子。

这就是我的印迹……54岁的赵祯，在群臣环绕下微笑着传令摆宴，要与臣子们尽一夜之欢。这就是人生，尽管知道这些臣子服膺的只是皇帝的权力，而不是哪位皇帝本人。这一点在立太子的过程中，他已经看得再清楚不过了。

后来在立神宗时，再次证明了这一点。可是也不妨碍他与他们举杯共饮。人生、忠诚，也就那么回事吧。那一晚君臣同乐，一直喝到了深夜才散。史书记载仁宗特意叫韩琦近前来，亲酌了一大杯鹿胎酒给他，韩琦一饮而尽。

立储首功之臣。

这下子世界终于清静了吧，再也没有人能在仁宗的身上挑出毛病。于是，日子一天天平稳地过去，直到60天之后。

第十章　唯此一仁宗

宋嘉祐八年（1063年）二月十四日，仁宗再次昏倒。这一次宰执大臣们直接被带进了皇帝的寝宫——大内福宁殿西阁。

韩琦等人被眼前所看到的景物惊呆了。这是天下共主的房间，可是帷帘之内，只铺着颜色暗淡的素色被褥，看上去已经很久没有替换了。这时，仁宗醒了，看他们不住地打量，很平淡地说：“朕居宫中，自奉止如此尔。此亦生民之膏血，可轻费哉？”

诸位相公，想想平日里豪奢度日，可有愧吗？！

仁宗的病情稍有起色，到三月时，他可以临朝了，还主持了他在位期间的第13次科考。一切的迹象都表明，他又熬过了一劫，直到三月二十九日的晚上。

那一天仁宗很正常，白天饮食起居和平时一样，直到睡下。半夜时，他突然坐了起来，内侍赶紧上前扶住，他说话已经不连贯了。像是预感到了什么，他直接吩咐内侍去请皇后。皇后来时，医官已经在抢救，仁宗说不出话来，只能用手指着心口，满脸的痛苦。

百般医治无效，快到凌晨时分，他终于在自己长年居住的福宁殿里永远地闭上了眼睛。他死了，这时人们发现，那一天是晦日，整整一夜都看不到月亮……

仁宗在位42年，是宋朝18位皇帝中执政时间最长的一人。关于对他的评价，我想应该分成两部分。

一是关于“仁宗”的，因为他是一个皇帝。这部分在宋史的《仁宗本纪》里归纳得非常客观，不妨借用。

……在位四十二年之间，吏治若偷惰，而任事蔑残刻之人；刑法似纵弛，而决狱多平允之士。国未尝无弊幸，而不足以累治世之体；朝未尝无小人，而不足以胜善类之气。君臣上下恻怛之心，忠厚之政，有以培壅宋三百余年之基。子孙一矫其所为，驯致于乱。《传》曰："为人君，止于仁。"帝诚无愧焉。

这是千真万确的评语，无论谁有什么独特的见解，都无法抹杀赵祯作为"仁"宗的唯一性。遍阅史书，历朝历代中还有元仁宗、明仁宗、清仁宗。

元仁宗孛儿只斤·爱育黎拔力八达可以忽略，不说蒙古人在统治制度上的各项缺陷，只说他本人。他从哥哥的手里接过皇位，答应再传给侄子，可死后即位的还是他自己的儿子。言而无信，连个最起码的人都不够，还谈什么"仁"？

明仁宗朱高炽在位仅仅 10 个月，能为天下做什么贡献？史书里说他发展生产、与民休息。对不起，这真是搞笑，休息 10 个月能让民间喘上几口大气？

清仁宗爱新觉罗·颙琰，能让白莲教遍地烽火，更有一介平民在皇宫门口刺王杀驾，随从的 100 多个侍卫没有反应，只有他的本族亲王出来救驾。当皇上当到了这个份儿上，基本上可以贻笑千古。

唯有宋仁宗赵祯，死时开封城内军民百姓罢市同悲，数日不绝，连乞丐和小孩儿都买了纸钱，到皇宫门前焚烧痛哭。他们哭的不止是一个皇帝，更是一个人情味十足的父亲兄长。就连辽国皇帝都珍藏他的遗像，"奉其御容如祖宗"。

仁者未必无敌，但会一直留在人们心里。

二是赵祯让人怀念，是他作为人的那一面。记得我曾经归纳他的整个人生为两句话；第一句，他是一个不知道身在苦难中的孩子。因为他在锦衣玉食的童年里，不知道自己的亲生母亲是谁，连她死时都没能及身相见。这成了他一生中的至痛。第二句，他不知道自己活在繁华幸福中。贵为有史以来最富足王朝里最繁华时期的帝王，他一生节俭，不仅卧室中那样朴素，就连饮食也一直简单。史书记载，某次宫廷内宴，有一盘时鲜，乃是 28 只螃蟹。

仁宗问："每只多少钱？"

回答："每只一千钱。"

仁宗当时大怒："一直警告你们不要太奢侈，总是不听。一下箸即是 28 千钱，让我怎能吃得下去？"

那顿饭，从始至终，仁宗没动过一只蟹。

他这一生，尽管手里的钱不计其数，可是内忧外患，没有安宁，他从来就不敢乱花一文钱，没敢像他的父祖那样兴建过超级宫殿。

说到这里，我的眼前总是闪过宋朝历代皇帝的画像，每每沉思，觉得每一个皇帝的性情遭遇，都在相貌里表现了出来。比如开国之君赵匡胤，他端坐在皇座上，双目微闭，暮霭沉沉，喜怒不形于色，不怒自威。那是一位胸怀万物、睥睨天下、举重若轻的人。

宋太宗赵光义是立像，他双手笼在袖里，身姿端凝，微微含笑，显得文质彬彬，大有理想。真是一位看上去温文有礼、勤于治国的好领袖。不管他做到了哪一步，至少很努力。

宋真宗赵恒宽眉美髯，喜气洋洋，一生中逢凶化吉，没有灾殃。或许他真的是来和天尊转世，让他一直活在自己的世界里，管他生不生病，一直都很适意。

再看仁宗赵祯，他身穿一领红袍端坐在皇位上，身子微微前倾，肩膀有些耸起，显得体质虚弱，思虑过度，最让人疼惜的是他的眼睛。宋朝十八帝里，只有这一双眼睛至清至纯，就像个孩子一样凝望着很远的地方。这是他一生的写照，皇帝只是他的职业，他从来没有盼望过当，也没有当出来乐趣。

在他的心灵深处，有一方净土，尽管身处世间最诡诈机变的权力旋涡中心，历经 42 年的风霜雨雪，也从来没能改变他善良、宽厚的性格底蕴。

他是一个异数，在中华五千年的历史中，留下了自己独特的印迹。

第十一章　宋朝病人

高尚的人是尘世间的一块绸缎，柔软光洁，把每个人的丑陋都包裹了起来，看上去很美。只是，一旦他走了，那些人就又原形毕露。

比如宋仁宗之死。

我们先从正史记录的流程去看蛛丝马迹，才能窥探到当年的真相和那些人的演艺人生。赵祯死在深夜，凌晨时分死讯才传到外面。一整套的官面文章都可以忽略，看主角。

太子赵曙赶到时，就像当年赵匡胤在陈桥驿被“乱兵”闯进了卧室。百官以宰相韩琦打头，手捧黄袍请他即皇帝位。他的反应也很标准，一连声地喊：“我不能为，我不能为！”这都正常，推辞是必要的，可是下一瞬间就太独特了。

这人转身就跑，要在现场消失。

韩琦等人立即扑了过去，流程错了，没法演了！当天，由于赵曙逃跑的决心太大，力量太足，他被自己的臣子给强迫了。只见顶级大臣玩相扑，把皇帝按在现场，有的紧紧抱着人，有的解头换发式，有的宽衣解带往上套黄袍。

全折腾完，一位新皇帝正式诞生。只是大家左看右看总觉得哪里不大对劲，直到扶他出去面见百官，读大行皇帝遗诏时，才发现了问题。

赵曙的眼睛呆滞，神情僵硬，一片茫然地看着眼前跪倒一地、痛哭流涕的臣子，别说带头举哀沉痛悼念，连额头上散落下来的头发都不知道打理。如果说他和僵尸有什么区别的话，就是他还有两行泪水。

臣子们交头接耳，非常感动。早就知道这是个沉默低调的人，无声的泪水才是真痛苦啊，真是孝子！哪怕不是先帝亲生的……这种孝顺，在七天之后，嘉祐八年四月八日，仁宗大殓的日子，达到了前无古人的程度。

新皇帝在先皇的灵柩前呼号狂走，来回乱窜，把老爸的葬礼彻底搅场。这是在搞什么？就算杀父篡位的那几位大哥，如杨广、朱友珪，也没他这么剽悍吧？闹得实在没法看了，韩琦站了起来，拉帘子挡人，把赵曙拦腰抱住，叫几个太监直接扭送回后宫。

不敬死父，大逆不道！官方的解释是这娃实在太孝顺了，悲痛过度，导致失常……

回到后宫，悲伤在继续，孝顺在升级，赵曙变本加厉，开始对人动粗。先是打骂下人，接着就用在了他名义上的妈——曹太后身上。

当时侍者们实在受不了了，跑到太后那儿去求情，您管管儿子成不？他刚进宫，有点认生！太后就去了，以曹太后前半生的修养和记录来看，她不可能变成刘娥式的暴力妈妈。

温情的劝说，换来的是儿子的“不逊”。无书无真相，乱讲被雷劈，书上就是这么两个字。至于怎样不逊的，对话都被“隐”了，谁也不知道当天赵曙说了些什么。结果是前半生从来没生过气的曹太后终于怒了，她转身出来，去找韩琦。

韩相公，你挑选的人到底怎么回事，竟敢对母后无礼！

韩琦很镇静，从这时开始，我们之前从来没见过的一个韩琦登场了。或者可以说，以前一直隐藏得非常好的那个真实的韩琦露馅儿了。此人超强悍、恶毒，并且不要脸。面对皇太后的指责，他选择的是反击。

竟然是反击！

他先给事情定性，皇帝是病了，一病遮百丑，怎样您都别在乎。接着来了这么一句：“臣等只在外面见得官家，内中保护全在太后。”截至此时，都还是人话，紧接着的是，“若官家失照管，太后亦未安稳。”

这是什么话？自古以来就算皇帝死了，无论是病死还是被杀，除非是宫廷政变，由太后密谋害死，否则关太后什么事？退一步讲，我们往最善良的方向去理解，韩琦说的是一旦皇帝死了，太后的地位也会不稳，是出于对太后着想。那也不对，太后的名位是永远不变的，就算再有新皇帝产生，也只会水涨船高，更加尊崇。何况这个儿子还是养子，死了就死了，有什么大不了的？

综上考虑，韩琦这样讲，只能有一个解释——皇帝出事了，你也别想好，肯定是你害的！

所以，曹太后的脸色立即就变了，她沉下了脸："相公是何言，自家更切用心！"我当然是用心的！

韩琦不为所动，继续往下说。绝妙的是史书上讲，此人这时是"正色"道："太后照管，则众人自然照管矣。"说完转身就走。

走到外殿，他身边别的大臣终于忍不住，说："刚才你是不是太过分了？"韩琦到这时才叹了口气，说出了真话："不这样讲不行啊。"

至于为什么不行，谜底先缓点揭晓，事情和病情一样，都得看得周全些，才好下结论，才看得清、看得准！接下来的主旋律就是病情了，韩琦把一切都推到了赵曙的病情上，有病就得治，具体到方法上就是喝药。

中药很难喝，大人物喝药时就加倍难了。大家还记得话剧《雷雨》里母亲喝药得怎么办吗？妈妈不喝，儿子就得跪下劝，这才是孝顺。到了皇帝这个级别，就得所有的人一起孝。

打头的就是韩琦，他手捧药碗，送到赵曙的嘴边。按说这是大恩人，没有韩琦就没有皇位，不管怎样赵曙也得给点面子。赵曙给了，稍微尝了一口，立即就扭过头去。韩琦执着地端着碗，跟皇帝的脑袋保持距离，下一瞬间很震撼。

赵曙挥手就把药碗推开了，说推是客气的写法，其实就是打翻了，因为药汤洒了韩相公一身。

这下子连曹太后都看不过去了，宋朝开国四位君主，哪一位都对宰执礼敬有加，从来没出过这种事！她立即吩咐内侍给宰相取一件新袍换上。韩琦连说不敢，曹太后貌似同情地说了一句："相公殊不易。"

你太不容易了。从后来发生的事来看，这句话能让韩琦百味俱全，咬紧牙关。真是打落牙齿和血吞，谁让他当初选了这么个宝贝当皇帝呢！

从此上了贼船。

这时未来的神宗陛下，当时名叫赵仲针的英宗长子出现了。他跪下举起药碗请父亲喝，赵曙的派头更加隆重，理都不理，就当没看见。

"病"是越来越重了，不管他是心病，还是身病，还是没病装病，多年压抑一朝痛快看似有病，这个样子是当不了皇帝了，根本没法子办公。

大臣们商量了一下，就算天下大事由他们拿主意，至少也得有个签字生效的人吧？于是曹太后被推上了前台，她苦熬了半生，终于成为刘娥之后宋朝第二位垂帘听政的太后。这样，所有的人在心底都隐隐约约地感到了一丝轻松。

新皇帝从最开始就极端不愿意即位，或许真是压力太大吧，才变成了目前三分之二型的白痴，现在由太后出面替他挡事，会不会好一点了呢？

答案是正相反，赵曙从行为失常发展到了彻底失常，这人说声好，能满面红光，健步如飞，做什么事都是个壮年男人的样儿。可是转眼之间就江河日下，一泻千里，说倒就倒下，卧床两三个月是常事。其突发性和持久性，半点都不比他的养父仁宗皇帝临死前半年差。

大家这个郁闷，难道是仁宗附体了？还真像，最灵异的是他也变得沉默不语，从这一年的七月十三日开始，到年底十一月，只要他在正式场合露面，就始终端坐着装神仙，岿然不动，一言不发，直到他真正变身成畜生的那一天。

十一月是给大行皇帝仁宗陛下送葬的日子，中国哪怕是到了现代，儿子都得父丧持服，痛哭流涕，那是爸爸！可赵曙就能一动不动地躲在深宫里就是不出面！

这个畜生，那天在琼林苑祭祀现场，只有仁宗的遗孀曹太后孤零零一个人站在灵前，赵祯真的成了没有儿子的人了！

儿子呢？赵曙躲在宫里，就一句话："我病了，哪儿也去不了。"

事情发展到这一步，不仅曹太后难过，连朝臣们都看不下去了。人伦之大，大于一切，连父亲都能漠视，你还能对谁好？这种愤怒不仅在赵氏宗族和正义感比较强的朝臣中升腾，就连本是赵曙一派的人也站了出来。

比如现知谏院司马光。

司马光永远有办法把情绪转化成动力，让当事人没法发作，必须认真地接受他的意见。针对这件事，他没直接说赵曙你是个装病不孝的败类，而是非常巧妙地找了个发力点。

把太医院的太医都抓了起来！

查皇帝的医案记录，太医们近期的报告都是"六脉平和，体内无疾"。那很好，为什么皇帝病到了连给老爸送葬都不露面的地步？！敲山震虎，让赵曙明白点，装病是掩盖不了你是畜生的真实本相的。

这次赵曙很听话，他终于走到了前台。四天之后，他勉勉强强地站到了仁宗的灵前，那一天四周哀声震天，群臣痛不欲生，可偶然抬头，竟然发现身为儿子的赵曙竟一脸木然，半滴眼泪都没有！

这个畜生，当时群臣再也控制不住，一片哗然。大家都知道你不是亲生的，可连一点点的教养都没有吗？你亲生父母是怎么教导你的？！这不光是感情深浅的问题，连最起码的礼仪都说不过去！

但是世上的人，99% 都是为权力而不是为某个人服务的，尤其是没有谁会为了一个死去的皇帝去得罪新皇帝。赵曙这种没人性的表现，居然被合法化了，宋朝的礼部官员们发明了一个新名词，叫“卒哭”。

卒，结束的意思。这是针对之前中国丧礼的传统流程，在这之前，父母死了，从死至殡，哭声不绝。殡后孝子思念父母，不择时间地点，控制不住就流泪，称作“无时之哭”。到赵曙这儿就算结束了，大佬们只需要祭祀在场就成，哭不哭的您随意。

从此之后，这成为历代王朝所喜欢的新政策，可见人世间赵曙之辈所在多有，从来没有绝迹过！

这样的劣迹，在宋朝的官员层渐渐地淡化了，每个人都留恋宋朝无与伦比的官派享受，为什么要为了别人的悲哀毁了自己的幸福呢？！所以，从仁宗出殡到銮驾回京，只有一个人的愤怒与时俱进，越来越重。

这个人是曹太后，仁宗的遗孀，她再也忍受不了了。这一年中，她完全看清楚了这个当年她曾亲手抚育，名义上不是叫她养母，也应该叫她姨妈的孩子，是个怎样无耻凉薄、无情无义的东西。在回京的路上，她下定了一个决心。

把这个混账东西废掉，给大宋重新选一个至少是人的动物来当皇帝。

为此，她精心准备了一些东西，作为废立的理由，交给了——没办法，只能是韩琦，因为他是当朝宰相。

这些东西是赵曙在皇宫里写的一些“歌词”，还有他的过失总列表。在回京的路上，由一个太监交到韩琦的手上。久经考验的韩相公不动声色地翻看着，看完之后，他的举动可以说是个乱臣贼子。

他拿起火烛，当场就烧了。

赵普当年在政事堂里烧地方官员的文件是罪过，那么烧皇太后的懿旨算是什么呢？更何况还是正在垂帘听政的皇太后！奇妙的是，他还边烧边说，命那个太监传话。

“不是说皇上有病吗？病中说了什么做了什么，都不是罪过……”平淡雍容地打发走了内侍，韩琦立即精神抖擞，全身每一根汗毛都立了起来，危机到了，这辈子最大的危险就在眼前！他紧急通知同伙向他靠拢，出大事了，都过来。

欧阳修最先赶到，这是他这辈子不知所谓的行为中最古怪的一次。回忆一下，当初立赵曙当太子时他只是随波逐流上了个奏折，基本没他什么事，这次危机韩琦性命攸关，跟他欧阳修不搭界，为什么他会这么积极呢？

这要从他一生的行为中去找答案。

他的原则，当普通官员时抽台谏官的耳光，当台谏官时抽宰执集团的耳光，无论何时何地，他从不抽皇帝的耳光。

知道了吧，这是向现任皇帝靠近的最好时机。

宰执集团逐个到位，他们是首相韩琦，次相曾公亮，参知政事欧阳修、赵概，枢密使张昪，副使胡宿、吴奎。稍等一下，是不是觉得少了个人？对，富弼，嘉祐四真在朝里的第一位，真宰相富弼因为母亲去世，回乡守孝去了。这真是韩琦之大幸，仁宗的悲哀，等他再次出山时，局面已经无法挽回。

这些人迅速达成了一致，要怎样去面对愤怒中的太后，接着第一时间向皇宫进发，绝不能有半点的耽搁。万一太后抓狂真的再写什么诏书的话，她的命令现在就是宋朝的最高指示，谁也没权违抗。

半点都没有夸大，如果要废掉赵曙的话，现在是最好也是唯一的机会：首先曹太后目前在垂帘听政，就算达不到刘娥的程度，臣子们也不敢公然反抗；其次，赵曙在仁宗葬礼上犯了众怒，机不可失，正好趁热打铁搞掉他。

更重要的是，皇权至上在中国根深蒂固，赵曙的皇位一旦坐得久了，臣民们会自然而然地服从他，那时就什么都晚了。

韩琦深深地知道这些关键，在赶往皇宫的路上，几个人名在他心里起伏不定，那是他此时此刻命里的魔星。赵曙的父亲赵允让的胞兄赵允宁之子，沂州防御使、虢国公赵宗谔；宋太祖重孙、右卫大将军、蕲州防御使、安国公赵从古；赵曙的胞兄赵宗祐。这些人，一年前还和赵曙站在同一起跑线上。

都是皇太子的竞争人选。

如果曹太后真的把集病、傻、不孝于一身的赵曙废掉，换上这些同一血脉的宗室人员，根本没有任何争议。宰相们想反对？几十年之后，倒是真有一名宰相反对太后选出来的皇帝，结果当场被否定，从此一败涂地，潦倒终生，惨得一塌糊涂。

问那人是谁？远比韩琦强硬恶毒上百倍的章惇章大宰相。

回到现在，如果皇帝换了人，从前的拥立之功就变成了错选之罪，别说韩琦本人，就连他的子孙都别想翻过身来。想到这些，他不由自主地发抖，只不过进了皇宫面对太后的一瞬间，韩琦突然轻松了。他万万没想到，太后居然会是这个样子。

曹太后泪流满面，呜咽着说：“老身殆无所容，须相公做主！”

吁——这样啊……全体宰执集团都抹了把冷汗，看来还是仁宗的家教好，把老婆调教得很柔顺，对谁都狠不起来。韩琦变得漫不经心，就像跟他二姨说话一样：“这是病了的缘故，病好了，就不会这样了。况且，儿子有病，妈妈就不能容忍点吗？”

估计就真的是二姨也会扬手一个耳光扇过去吧，这个没大没小的小破孩！哪有半点面对长辈的尊敬。可是，慈祥善良的太后的反应是……谁知道是怎么回事呢，她居然“愕然”，不知所措。

没经过实际斗争的同志，就是不知道怎样痛打“无理手”。面对韩琦的冒犯，其实是得到了出手的最佳时机，一声断喝“大胆！”就足以让韩琦低头服罪，不管他服不服，最起码在辩解前必须先施礼道歉。20 余年后，北宋史上最强硬的宰相王安石就是最好的例子，他在皇帝面前被下层小官呼来喝去，不敢丝毫违抗，只是因为皇帝在前，臣子不许装大。

可这时时间一分一秒地溜走，每一瞬间之后，曹太后的威严都在急剧流失，直到韩琦的白脸效果彻底达到，唱红脸的人登场。

轮到欧阳修说话了，只见风流大才子一派温和态度，这样说：“太后服侍仁宗数十年，仁圣之德，天下皆知。妇人之性，鲜不妒忌，以当年温成皇后那样过分骄恣，您也能处之裕如，始终包容，还有什么是您所不能容忍的呢？眼前母子至亲，又有什么是非必得计较的呢？”

看着是赞美式的劝解，其实里边有多少骨头怎样硌牙，谁都听得出来。“妇人之性，鲜不妒忌。”居然当着女人的面骂阿婆。可要命的是，曹太后居然神色为之和缓，她的气开始消了。

她说：“你们能这样体谅，实为朝廷之幸。”

欧阳修立即跟进：“这不仅是臣等明白，普天之下谁都知道，您的仁德广为流传。”紧接着再动之以情，他突然之间对已故的仁宗进行了超强烈的回忆，

“仁宗陛下在位岁久，德泽在人，人所信服。所以一旦晏驾，天下禀承遗命，无一人敢不从。今太后深居内宫，臣等到五六措大尔，举动若非仁宗遗命，天下谁肯听从？”

听出是什么意思了吗？多么自谦，他和韩琦等人只不过就是五六个手无缚鸡之力的书生，根本不值一提，对天下没有半点的威慑力，之所以天下都听命，是因为仁宗陛下的选择。

所以呀，您这位深宫妇人，也别想违抗丈夫的命令！

这才是所有谈话的真谛，欧阳修的学问就是高，没有半点韩琦式的粗野，就让曹太后没法，更不敢废掉赵曙。

第十二章　惊天动地的……龃龉

如此这般，不久之后曹太后就被赶下了台。赵曙独坐金殿之后，决定做一件埋藏在心底很久的事——关于他的亲生父亲赵允让。

现在，他是皇帝了，天下万邦，名爵封号，都由他随心所欲。一个区区的王爵——濮安懿王，怎么能够表达他对生父的敬爱和留恋呢？

他下旨命礼部及待制以上所有官员集体讨论他的父亲、两位正夫人谯周夫人王氏、襄国夫人韩氏，以及他的生母仙游县君任氏的名分。

首先要肯定，这个命令本身没有错，身份水涨船高，他成了皇帝，他的生父母们自然也都要有个说法。问题的矛盾点集中在到底要怎样拔高，拔高到什么地步。

简短地说，群臣们的讨论结果，第一次是为赵允让追封高官，三位夫人并封为太夫人。持这个观点的是翰林学士王珪。他被驳回了，宰相们挑出了毛病，官职只是官职，真正要议论的是赵允让与皇帝的关系，这才是最重要的。

直指要害，的确这才最关键。从血缘关系上说，赵曙是赵允让的儿子这一点问题都没有，可如果在官方文件上承认了这一点，就会造成赵允让是赵曙的“皇考”，即现任皇帝已经死了的皇帝老爹。

如此赵允让和仁宗赵祯并列了，宋朝凭空多出来一个皇帝！

这事儿每一个人都心知肚明，太明显了，没有什么能隐藏的机密和必要，可每一个人又都遮遮掩掩，不管是赞成还是反对，都口是心非。

佛曰：不可说，不可说，说了就有天大的后果。

王珪选择简单性接招，要名分，那么只给名分。他根据血缘关系，赵允让是仁宗的哥哥，那么于赵曙而言，就叫他为“皇伯”。这样准确又贴切，咬定了两点：第一，赵曙是仁宗之子，赵允让只能是“伯父”；第二，皇伯不是皇考，宋朝算上赵曙在内，仍然只有五位皇帝。

韩琦一见就怒了，耍小聪明，想蒙混过关？他指示欧阳修出面，把内定的最高指示露一点口风，好让下边做事的人有个方向。

欧阳修根据《礼记》说了一段话——出继之子，对所继所生都称父母。以前汉朝的皇帝就有过例子，比如汉宣帝刘病已。现在王珪提出的“皇伯”说毫无根据，依“礼”驳回，重新讨论。

中书省第一次露出了真实意图，这不许那不许的，明摆着只有皇考、皇帝才是唯一的目标。这激怒了当时绝大多数大臣。因为仁宗尸骨未寒，就有人跳出来篡夺他的名分，是可忍孰不可忍，无君无父，乱臣贼子！

这里要说明一点，身为千年之后的现代人，我们对“名分”“名节”这种词汇已经不敏感了，只有国家主权、领土完整这类实际问题才能让我们敏感。所以我们不能嘲笑宋朝人当时的激动，应该承认他们对是非对错的认知、坚持，这是一个长久存在力图振作的民族必不可少的素质，是应该赞扬的。

更何况公道自在人心，赵曙、韩琦等一伙人做得实在过分。当时的台谏官们基本上都是仁宗朝遗留下来的，比如知谏院司马光，还有御史中丞贾黯。贾黯是一位值得我们尊重的人，他在《宋史》中默默无闻，可他在当时的影响，却不在司马光之下。

他是一位状元。《宋史》里状元多如牛毛，贾黯却有他特立独行的地方。

贾黯更加敏感，谁都知道事关现任皇帝的老爸的皇帝名位，他却进中书省和全体宰执辩论。

和韩琦争吵，和欧阳修辩论，和曾公亮、赵概这样不作为玩沉默的大臣较劲。这样的事，他三番五次不停地做，摆明了不达目的绝不罢休。其结果，从长远来看，是给他自己挖坑，更是给子孙后代招祸。从近处看，就是他把自己气病了。

那真的是很大很重的病，这时是五六月时，到了九月，贾黯就病死了……回到当时，欧阳修的“皇考”暗示出炉之后，大臣们的反对声此起彼伏，大有争先恐后的架势。大事不妙，韩琦们想出了新的一招。

你们不是能吵吗？那就都别吵了。由赵曙下令，前一个指令作废，也就是要待制以上所有官员集体讨论的命令作废，命令由专门机构——负责朝廷礼仪的太常寺出面决定赵允让的名分。

这个命令真是英明，当时反对派的大臣们都面露悲愤——真是太卑鄙了：

一来太常寺只是一个小部门，中书省的话不敢不听；二来看一看其部门领导，大家就会知道其中的玄妙。

是给赵曙争来太子位的范镇，铁打的保皇党！

不过事后证明，彻底失望的恰恰是赵曙等人。范镇接到命令之后非常认真，他先是给出了答案，既尊仁宗为皇考，那么对濮王而言，不论是称帝、称皇、称考，立寝庙、论昭穆等所有的皇帝规格都是错的。而且还找出《仪礼》中的有关章节来反驳欧阳修所依据的《礼记》，把“皇考”说彻底否决了。

最要命的一点，是他还把事情曝光了。范镇根本没有给韩琦等人任何斡旋的机会，把上面的结论直接写成公文上报给赵曙。你要太常寺的讨论是吗？这个就是！

韩琦气得目瞪口呆，这群该死的书呆子……真是又臭又硬，不识抬举。他把范镇叫进中书省，满腔怒火化作大量口水，要喷范镇满头满脸。不过真见了面，他张了几次嘴，只骂出了一句话：“范镇你搞什么？诏书是要你们照材料找根据，谁让你们这么快就递交公文的？”

天公地道，他只能挑出这个错。

范镇不阴不阳地回答：“做臣子的接到诏书，只能尽力去办。难道做得快了还是罪吗？”

韩琦哑口无言。

韩琦没话说了，台谏官们憋了一肚子的话。御史台方面的吕诲站了出来，他指出现在的圣旨就跟做游戏一样，先让百官议论，没有结果就下放给部门定名，诏令反复，宋朝 100 多年以来从没有这样的事。皇帝，你不觉得脸红吗？

司马光的资历比他强，说的话更尖锐，第一次把濮王事件上升到了两派对立的层面。他说经过集体讨论，除了宰执之外，全体一致通过“皇伯”说。现在举朝之臣，除了“挟奸佞之心”附会两府蛊惑陛下的人之外，都知道称濮王为“皇考”不妥，您应该很容易就分清谁忠谁奸。

到此为止，矛盾还没有真正升级，只是要分出来谁对谁错而已。真正让矛盾激化的不是哪个人，而是无所不能的老天爷。

一个月之后，开封城下大雨，雨大到了什么程度，以北宋为限，见所未见。先从民宅说起，只见大街就是黄河，小巷就是渭水，整个开封城就像一个寨门清晰、规划合理的水军大营。街道上漂满了无边无际的家什杂物，牲畜尸体，还有人的尸体。

过百万的居民，能查出姓名的尸体就有 1588 具，没名没姓的可想而知。在这场劫难中，我们的赵曙先生仍然是最耀眼、最闪亮的那颗明星，做得比每一个人都出色……不，是出格。

外面阴云密布，暴雨如注，他不说如何抗灾救人，反而派人通知官员们照常上班。当天他坐在崇政殿里等着，快中午了，连宰相在内只到了十几位。他很不满意，正准备发脾气，有人来报告，皇宫也进水了，现在水位越来越高，您看怎么办？

简直是火上浇油，这种小事也来烦我？赵曙一怒之下说出了最常识的答案——开闸放水。把西华门打开，把水排出去。

这个命令真是太英明了！他不想想，历朝历代所有的皇帝都会把自己的宫殿建在本地区最高最好的地段，哪有在坑里睡觉的大爷？这时连皇宫都进水了，皇宫外面的情况只有更恶劣，居然要打开城门往外“排”水？

西华门打开的一瞬间，大水巨浪排空，奔涌而入。我没有半点夸张，看一下后果吧。大水直奔东殿，沿途把一长排的侍卫营房冲垮，连士卒带马匹淹死了一大批。这真是创了纪录，赵曙以登基不过两年的时光，就让北宋的皇宫内部一次性死了最大数量的人。

空前绝后，除了金兵灭宋那次。

这次灾难也有好处，就是让赵曙害怕了。这位公子哥猛然反省，是不是上天在跟他说话，用水灾来提醒他私心杂念不要太多，不孝忤逆也要有个限度？想到这个他不禁头皮发麻，他写了一份罪己诏，说下大雨都是我犯的错，各位臣工，你们不要客气，把我错在哪儿都列出来吧。

司马光第一个响应，他列出三点：第一，听信谗言，对太后不恭；第二，对两府弄权不查；第三，不听台谏善言。

御史台方面由新任的监察御史吕大防出面，总结了八句话。由于内容基本雷同，为了节省篇幅就不予赘述了。我们看的是结果。

结果是随着大雨的消退，赵曙他不怕了。罪己诏墨迹未干，他就使了些小手段，让对他说过话挑过错的人通通地消失不见。比如前面提过的贾黯，这是自己病死的；他手下的御史台人员，派出三个出使辽国，远远地支开；知谏院这边是给司马光升官。

司马光升龙图阁直学士兼侍读，从今以后陪皇上谈天说地增进学识，至于烦人的公务嘛，那太俗了，以后你就不要再管了。对于这个安排，司马光接受了。前面说过，他为国家利益只尽 80% 左右的努力，这时已经到了他的极限。

这一系列动作做下来后，宋朝的台谏官基本上就没人了。回顾一下，在仁宗朝，御史台方面经常在 20 人左右，后期时减员也能有十多人，现在御史中丞病死了，没有新任官，下面的御史只剩下五人，除去出使辽国的三个，只存活下来两个。

知谏院方面更惨，司马光走了，新任官也是空缺，他手下原来只有……别害怕，到了英宗朝只有一个官员，现在还被派去了辽国当使者。堂堂的大宋知谏院名存实亡。

整个台谏部门，只剩下了三个人，他们的名字叫吕诲、范纯仁、吕大防。

这三个人以后都是威名赫赫的大佬，不过这时还只是官场上的小苍蝇，名义上是能弹劾宰相的言官，实际上没有资历，说话都没分量。

分量是一点一滴积累起来的，这个过程与所面对的敌人有关。有什么样的敌人，就有什么样的成就。比如韩琦，与韩琦为敌，注定了火花四射，你死我活。

三个言官以吕诲为首，他在年底时抓到了一个机会，冬至日大朝会，他当众要求再次召集两府、两制官合议濮王名分。这个要求又被忽略了。减少言官数量为的就是削弱声音，一个小小的吕诲正是被忽略的最佳对象。只是没想到，吕诲做出了司马光、贾黯都不敢做的事。

他把矛头直接对准了韩琦，没有半点含糊，我说的就是你，当朝的首相。吕诲把韩琦上位以来的所作所为总结了一下，最后归纳成一个对比。

“观韩琦之才，未如霍光、李德裕、丁谓、曹利用，而骄恣之色过之。”

上面列出的这四个人名，都是各个朝代里废过皇上，欺过太后，迫害同僚，人神共愤的角色。韩琦做出的贡献远远不如他们，令人讨厌的程度却大大超过他们。他建议罢免韩琦的首相职位，贬出京城到外地当官。

弹劾奏章交上去了，再次石沉大海。

另一方面，从各种迹象来看，赵允让的皇考身份正在一天天地生成，各种消息像暗流一样四处浮动，声势一天天变大。吕诲越来越不安，摆在他面前的路有两条：一条是继续斗下去，在其位谋其政，要对得起言官的责任；

另一条是他完全可以放弃。此时，大宋朝共有官员两万多人，他们这三个小言官宛如沧海一粟，要他们来对付整个两府宰执外加皇帝本人，就算放弃也没人笑话。

可是他选择了坚持。在治平三年（1066年）正月间，他和范纯仁、吕大防联名弹劾全体宰执，把中书省里每一个大佬的错误都公开罗列出来。

欧阳修——“首开邪议，妄引经据，以枉道悦人主，以近利负先帝，欲累濮王以不正之号，将陷陛下于过举之讥……政典之所不赦，人神之所共弃。”

韩琦——“初不深虑，固欲饰非，傅会其辞。庇恶遂非，沮抑公议。”

至于曾公亮和赵概，他们俩的罪名是不作为。总而言之，这批宰执人员是“豺狼当路，奸邪在朝”，应该全体罢免，像欧阳修这样的首恶，更应该扔进大狱，严重处理。

面对这样的指责，谁也没法再沉默了。宰执集团立即反击，与言官们掐成了一片。

宋朝的官场乱到了庆历新政时的规模。

现在我们要站得高一些，先抛开吵架的热闹，来分析另一件事。臣子们闹到了这种地步，除了三五个宰执之外，没有任何人赞同赵允让的“皇考”身份，为什么赵曙还要继续搞下去，不达目的誓不罢休呢？

为什么这么固执？！

这不能用什么为生父争名分，尽孝道有什么不对之类的废话来解释，根本没有半点的说服力。赵曙这样固执是别有原因的，那是他们父子两代一直深埋在心底不敢对外人透一点口风、越埋越深、越深越痛的一段心事。

赵曙父子有一个共同点。

赵曙的人生经历我们都知道了。他因为仁宗无子，在幼年时曾经入宫，以皇子的身份教养。这在他的心灵深处，正在成长阶段时留下了不可磨灭的印迹——我是皇位的继承人！只要不出意外，以后这花花世界锦绣的江山，就都是我的。

他等到了，果然没有意外，仁宗的三个亲生儿子都死了……他的父亲赵允让就没他这么幸运，赵允让其实是赵曙命运的翻版，两人在开始阶段如出一辙。

赵允让在仁宗出生前，也曾经以皇子的身份进入皇宫寄养，只是千不该万不该，刘娥居然用一个宫女让真宗赵恒生出了亲生儿子！

美梦落空，多大的打击啊。再到后来，这样的悲剧在赵曙的身上重演了。当年的张贵妃一心想给仁宗生出皇子，怎么会留着赵曙这个祸胎在身边？于是把他赶了出去。在之后二十多年的漫长岁月里，赵允让父子一直活在热切的期盼和巨大的失落中。

每一个皇子的诞生都是他们的灾难,每一个皇子的死去都成了他们的节日。历史没能记载下来他们的具体表现，赵曙被正式选为皇子时的玩命拒绝和在即位当天的逃跑加呆傻，就证明了他是多么在意。

当初我们疑惑他为什么认为当皇子是灾祸，请参照中国老百姓得不到好东西时的惯常表现——福大祸也大，财去人安乐。要那些东西干什么，消停过日子最好了。

即位当天的逃跑加呆傻，强烈的画外音表现出赵曙的心情——天哪，这是真的吗？真的死了？！赵祯终于死了？父亲您在天之灵看到了吗？我是皇帝了，我是皇帝了，我是皇帝了……就此流下了哈喇子。

再回想他在仁宗灵前狂呼疾走，来回乱窜——你也有今天，赵祯有种你爬起来看看，我就在你面前，我是皇帝了……你能拿我怎么办？！爸爸多年的心愿终于完成了，他还是死了！

那根本就不是什么发病了精神失常，是他乐极了有点过于亢奋，类似于现在一个穷光蛋突然中了30个亿的超级彩票，天上掉下了个纯金的林妹妹，换谁都得瞬间断电。

明白了这种心理，才能理解为什么下面会发生这样的事，为什么，为什么，为什么一个皇家子弟,礼义廉耻天天挂在嘴边三十年如一日、忠厚诚实的好孩子，会变成一个彻头彻尾的贱人！

注意，在中书省和言官们吵成一片，眼看局面没法收拾时，突然间决定性的一击到来，把所有的争吵都一刀切了。

皇太后有旨——濮安懿王、谯周夫人王氏、襄国夫人韩氏、仙游县君任氏，可令皇帝称亲。濮安懿王称皇，王氏、韩氏、任氏并称后。

晴天霹雳，谁能想到，不久之前还和赵曙闹到痛哭流涕的曹太后居然会下这种命令，由她把一个外人提升到和自己死去的丈夫同等的地位上？这太不正常了！

可无论怎样诧异，黄纸黑字写得清楚明白，赵允让不仅是“皇考”，是皇帝死去的父亲，更得到了名正言顺的皇帝称号，他和仁宗赵祯平起平坐了！

那一天开封城沸腾了，除了五六个人如赵曙、韩琦、欧阳修一党之外，所有的人都在骂街，沉稳些的想到了里边肯定另有猫腻，脾气躁点的直接把矛头对准了曹太后。仁宗有哪点对不起你，居然关键时刻卖夫求……不对，她到底求什么呢？搞不清楚，这女人肯定疯了。

同一天里，赵曙保持着空前的清醒，他一边借坡下驴“答应”了曹太后的命令，一边非常谦恭地推让了些权益。他也下诏——“称亲之礼，谨遵慈训；追崇之典，岂易克当。”他没有接受赵允让称皇、三位夫人称后的指令，但保留了称亲。

看着很得体，却另有小动作。他把赵允让的坟升格为陵园，再以园立庙，考虑到后面宋朝的皇帝们都是他的子孙，从此四时祭祀不断，已经和皇帝的规格一模一样。

赵曙终于如愿以偿了，可要想人不知，除非己莫为，事情没过两天，整个幕后经过就被吕诲查了出来，写成公文，大白天下。

我们先不管他用了什么手段，先看看是怎样的经过。

照例还是有正史版、真相版。先看官方的正史。

正史说，治平三年（1066 年）正月二十一日这天，中书省的官员们在垂拱殿向赵曙汇报工作，什么事不知道，规格很隆重。韩琦当时正在祭祀，特意把他叫了回来。这时全体宰执到场，由欧阳修写了两份诏书，交给了赵曙一份，另一份在中午时分，由一个太监送回了垂拱殿。

上面有曹太后的签押。

韩琦、欧阳修等人相视而笑，任命赵允让夫妇为皇为后的诏书就这样到手。正史部分就是这样，它把最重要的环节，即曹太后是怎样签字画押的都省略了，一个字都没提。

通过吕诲的公文，我们可以知道真相。

那是在事发的前一天，正月二十日，曹太后和赵曙在天章阁设宴款待群臣赏桃花。当时赵曙和宰执大臣们轮番敬酒，大太监苏利涉、高居简推波助澜，曹太后一时高兴多喝了几杯。醉眼蒙眬中，赵曙走到她的榻前，手持一份诏书，请她签押。她真的醉了，看都没看诏书上写的内容，就画了押。

从始至终，她不知道自己干了些什么。她怎么会想到堂堂的皇帝、首相、宰执会使用这种下三滥的招数，来蒙骗她一个妇人！

这就是我一直在骂赵曙是个贱人的原因。这种人渣是躲在阴影里，想做又不敢，不做又难受，只好鬼鬼祟祟地下软刀子，最可恶的是做了婊子还要立贞节牌坊，他后面的作为才更让人作呕。

面对吕诲把事情挑白、公之于众的做法，赵曙害怕了。他不是怕他老爸的皇考身份再起争议，毕竟他是皇帝，他在五天之后就宣布濮议到此结束，这件事定案了。他怕的是后世史书上他的名声，坏事做完了才想到毁尸灭迹。

他首先想到的是和稀泥，先去安抚吕诲、范纯仁、吕大防三位言官。这三个人自从曹太后的旨意生效之后，立即就交还了御史的敕告，回家抗议了。赵曙急忙派人把敕告送还，要求他们回来上班。三人说："与修理不两立，修苟不黜，臣等终无就职之理。"

这就麻烦了，摆明了是和宰执集团势不两立。赵曙要做的就是把这两方面摆平，这时才真正显露了他的智慧。事情到了这一步，他居然还想着和解。

赵曙把韩琦、欧阳修叫来，三人秘密面谈，核心问题就一句话——"爱卿们，言官宁死不低头，你们……怎么办？"

韩琦的回答只有一句："臣等是忠是邪，陛下自然知道。"

透过这一句，韩琦终于表达了自己的怒火。干吗？要卸磨杀驴吗？这时想要的都得到了，开始想着挽回影响，顺着言官来糟蹋我们？！门儿都没有。

欧阳修身为大才子，说话就有条理、温和得多。他说："御史以为理难并立，那好办。如果臣等有罪，就留御史；若陛下以为臣等无罪，则取圣旨。"

取圣旨做什么？开除御史啊！

事到如今，赵曙终于明白了做皇帝是怎么一回事。那名义上是手握乾坤，翻覆天地，像神灵一样无所不能，其实要比一介平民更加受制于势力。

没有势力，就没有支持；没有支持，就会失去一切。做皇帝的人，更没法背叛自己的标签。为此，赵曙只能下令把吕诲等三人贬出京城。但他清楚，这三个人是无罪的，犹豫再三，他叮嘱欧阳修："不宜责之太重。"

别太过分了。

欧阳修没听见，赵曙的战争已经胜利了，而他和韩琦的战役才刚刚开始。一定要把言官们彻底打倒，不然倒霉的就会是他们自己。可是谈何容易，赵氏王朝的政府环环相扣，每一个环节都相互制约，在理论上谁也别想坐大，具体到罢免御史，就需要两制官的配合了。

宋朝规定，台谏官的任职罢免和两府宰执一样，都要有知制诰的诰词。而一旦知制诰动用了封还词头的权力，吕诲等人的贬谪就不成立。

有这个顾忌在，欧阳修还会听从赵曙的劝告，搞什么“不太过分”的事吗？那无异于自掘坟墓。当天他走出皇宫，在中书省里写了一份贬御史出京的诏书，越过两制官直接派人送到吕诲等人的家里。他在赌博，赌的就是御史们的高傲。如果吕诲等人拉下脸来就是不走，一定要和他论个清楚明白的话，他就输定了。

欧阳修赌赢了，吕诲、范纯仁、吕大防都很珍惜自己的名誉，没有跟他废话，静悄悄地离开了开封。但这只是赢了上半场，欧阳修仍然不放心。

还有另外三位御史没有回来，在辽国当使者呢。两个月后，三位御史回来了，他们是吕诲等人的翻版，知道事情的始末之后，立即交回敕诰，回家“待罪”。这年的三月十七日，赵曙给言官抗旨事件画上了句号，吕诲等六人每人都得到了不同的罪名头衔，带着这种“荣耀”，离开了污浊的开封名利场。

这件事有两个余波：一个是台谏大换血，仁宗朝仅剩的六名言官都下放了，谁来顶替呢？无一例外，都是韩琦、欧阳修的亲信，以及在濮议事件中赞成赵曙的人。第二个是司马光的命运。他是这次濮议反对派里唯一一个不受罚反而升了官的人。前面说过，为了封上他的嘴，赵曙把他调离了知谏院。他很安静地去上班，直到尘埃落定，他才再次出现，要求把他和吕诲们一视同仁，贬到外地。

很动人，很公义。回想他在整个事件里的作为，没有任何一点能挑到毛病，可结果就是截然不同。

这是怎么回事呢？

我们可以说，这是赵曙累了，他再也不想折腾了，同时就算立一个正面的典型吧，也没必要再打压司马光。可仍然太片面。综观北宋官场，司马光的官场生存技巧是首屈一指的，不仅在仁宗朝、英宗朝如此，就算到了神宗朝、哲宗朝，仍然无人能及。

回头再说赵曙。这时他虚岁 36 岁，正是一个男人风华正茂、精神体力处于巅峰的年龄，可是临近年底时，他再一次病倒了。鉴于他此前一直得病，所以没有人特别紧张，也没有人预见到这是赵曙的最后一个冬天。

他垮了，濮议事件耗尽了他的心力，这个过程中的大悲大喜，从来没有经历过的跌宕起伏，严重地损害了他的健康。尤其是这些他都要深深地压抑在自己的心底谁也不能告诉，谁也不能分享。他太累了，也实在是太敏感了。

他病了，在完成了最大的心愿，终于可以为国家来做些事时，他倒在了床上，连说话的能力都丧失了，与外界的沟通只能靠一支不停颤抖的笔。

这种情况对外界严格保密，只有最高层的几个宰执才知道。其中以韩琦最敏感，他每天以交送待批公文为理由，进寝宫观察。

赵曙一天天地衰弱下去，他知道危机又一次到来了。

史书中提到了一件事，被普遍认为是韩琦的耿耿忠心发作，为宋朝的下一代君王考虑。

某天，他走出寝宫，迎面看到赵曙的长子，此时改名为赵顼的赵仲针一脸忧愁地站在殿门边。韩琦走了过去，说：“愿大王朝夕不离皇上左右。”

后来的神宗不解，随口说：“这是人子之职。”

韩琦意味深长地看着他，说了四个字：“非为此也。”然后赵顼立即就明白了。现在请问，赵顼明白了什么？浅一些的说法，这是提醒赵顼，他老爸随时会死，你要永远不离现场，提防两个弟弟，把该得的皇位牢牢握在手里。

可是请问，赵顼身为长子，两个弟弟和他是同母所生。既长且嫡，怎么会被两个弟弟夺走皇位？这是绝对不可能的。

那么，韩琦暗示的威胁在哪里？把思路拨回到矛盾的原发点就有答案了。他们仍然在提防曹太后，宋朝的皇位兄终弟及早有前例，赵光义就这么干过。

考虑到赵曙本身是过继之子，登基后又表现得一塌糊涂，曹太后借机再立一个年长的皇帝非常顺理成章。

如果真成了事实，赵顼自然当不了皇帝，韩琦这三年多以来的混账行为也会被反攻倒算。这是关系到身家性命的事，绝对含糊不得，所以才有下面韩琦不顾一切的表现。

十一月二十一日那天，赵曙的病情突然加重，宰执人等紧急赶到。韩琦上前提意：“考虑到您的健康，请册立皇太子。”

赵曙躺在床上奄奄一息，略微点了点头。韩琦立即命人把笔递到赵曙的手里，赵曙千辛万苦地写下了七个字。

——“立大王为皇太子。”

大王，就是他的长子，人人都知道是赵顼，可这不规范。韩琦又说：“这肯定是指颍王，请皇上写清楚。”

赵曙挣扎着又写了三个字：“颍王顼。”千真万确，连封号带名字，再无疑意。这时，全场的重心瞬间转移，紧急召见翰林学士进宫草拟圣旨。

当天的翰林学士是张方平，等他进来时赵曙已经进一步衰弱，无论他怎样请旨，赵曙都说不清楚。史书记载他长叹了一声，用手指在床榻上写画，张方平才明白了是要立太子。

事情重大，就算韩琦拿着赵曙刚刚写成的亲笔诏书，张方平也不理会，他一定要赵曙当面再写一次。万般无奈，赵曙只有咬牙完成。当他终于都做完后，在场的人看到，两行泪水在他的脸上缓缓滑落。

他为什么要哭呢？

史书里给出的答案是两位名臣的对答。走出寝宫后，文彦博对韩琦说：“相公看见了吗？人生至此，虽父子至亲也不能无动于衷。”

韩琦冷冷地回答道：“国事当如此，有什么办法。”

根据这个分析，赵曙是留恋皇位，想到病体难支要传位给儿子，他特别难过。这让人想起了当年赵光义立太子时的咆哮：“人心皆向太子，将置我于何地？”他真不愧是赵光义的嫡系子孙，超强的嫉妒心如出一辙。可是深想一层，设身处地就能发现另有隐情。

赵曙是个贱人不假，可人之将死，其情也哀，站在他的角度上才会理解他的心里充满着留恋和哀伤。他平静地生活了 30 年，突然间登上了权力制高点，这是福还是祸？抛开国家、道义等外事，于他个人而言，是好事还是坏事呢？

人生，多像场光怪陆离的梦啊！没想到这么快就醒了，醒来后已将是百年身……史书只记载着冷冰冰的事迹，它没能记录下当天宰执们结伴离去后的福宁殿，那时空旷的大殿里，病榻上孤卧的赵曙，他脸上的表情、他的心声，才是他真正想留给世人的东西。

是满足，还是后悔，都无法猜测。能肯定的只有一点，无论如何，他都死得太早了。这不是说让他继续颠而倒之地折腾宋朝很有必要，而是他没有给赵顼、未来的宋神宗足够的成长时间。赵顼当时只有 20 岁，是此前除了赵匡胤以外，宋朝唯此一例的非正统皇位继承人。

赵顼没有在皇宫里受过皇子必备的传统教育，他不懂、不清楚眼前这个世界是怎样的。宋朝的寿命超过了 100 年，它已经成了一个有自己独特性格的生命体，你不了解它，就没法适应它，更没法驾驭它。

非常可惜，赵顼直到人生的后期才渐渐地懂得了这一点，可那时早已太晚了……他会遗憾，整个宋朝都会遗憾，为什么赵曙会死得那么早，他真的应该再多活几年！

宋治平四年（1067 年）正月初八，赵曙死于福宁殿，终年 36 岁。

第十三章　流云方寸间

终于写到了神宗朝。

我有一个愿望，要把这段历史，这段在中国古代最乱、最无法辨别真伪的历史说个清楚明白。

涉及神宗、王安石、司马光、蔡京这些影响历史进程、转变国运的人，我再不想重复之前所有史书和近现代著作里的含糊其词。说什么“变法的初衷是好的，王安石的学术是高超的，只是用人有误而已；神宗皇帝是有理想的，勃然振作的，只是做得太急，所以效果不好；司马光是大历史学家，尤其心术之正毋庸置疑……”

这些都是废话！历史是一门学问，它绝不是什么任人装扮的小女孩，谁想怎么打扮都成。

因为史实就是那些，如果得出的结论有问题，只有两种可能：一是资料掌握得不够；二是揣着明白装糊涂，是另有目的，才刻意写成了歪史。

比如，近代民国时号称圣人的梁启超，他写的《名人传记》里有一篇《王荆公传》，从名字上就可以看出他是力挺王安石的，其结果就是把王安石提到了中国历史甚至世界历史上最高明、最纯洁、最无私、最超能的政治家的地位。

我有两点质疑：第一，这篇文章里错误很多，神宗朝的目前我还没写，先不论。在刚刚写完的英宗朝里，韩琦、欧阳修是怎样的表现大家有目共睹，梁启超在文章里对两人的评价是“濮议之役，韩欧所为，无丝毫悖于义理，而言者犹指为乱伦灭理……”

韩琦、欧阳修的所作所为，没有任何一点点的地方是不对的。这话雷人不？更何况他一开篇就把赵匡胤贬得一无是处，“……以区区一殿前都点检，自始未尝有赫赫之功也，变非敢蓄异志觊非常也……日未旰而事已毕。”我在写到宋太祖时已经详细地记述了赵匡胤称帝前南征北战之功，在梁启超那儿都归零了。

之所以会这样，归咎于第二点，即写作的目的。

梁启超是当时的新政改革派，呼唤变法来改造清朝，他处处为王安石唱高调，是为了给自己的事业找依据、树形象，有自己的目的。再比如与梁同时代的文学大师林语堂写的《苏东坡传》，也犯了同样的毛病。

他爱苏轼，视苏轼为偶像，而他自身的生活色彩和追求也与苏轼暗合，所以歌颂。

而我不一样，我只是草根，生活在和平年代，写宋史除了满足聊天的欲望和赚买自行车的钱之外，别无所求，所以也不想去歌颂什么或者贬低什么。

我只想写出每个历史人物的真面目。虽然这很难，在理论上根本不可能。

为什么不可能，就是历代研究宋史人的噩梦了。《宋史》是中国历代史书里最杂乱、最不可信的一部。

研究宋朝，最好的资料是各位皇帝的《实录》，这是官方最权威的资料，记载着朝廷每一件重大的事情，乃至于皇帝、大臣每天的言行。其他的如《宋史》《续资治通鉴长编》，一个成于元朝，一个在宋室南渡之后，从根本上就没有足够的准确性，所以宋人的各种私人笔记，也成了官方信史的一部分。

那么提问，各位皇帝的《实录》都完好无损，是不是宋史就一清二楚了呢？不，仍然是不。从第一本《太祖实录》起，就被一改再改，已面目全非了。其中改得最厉害的，就是从神宗朝起。

《神宗实录》前后一共被改过三次。

第一次在元祐初年，由范祖禹、黄庭坚、陆佃等同修，写的过程中就吵成了一片。黄庭坚说：“如公言，盖佞史也。”

陆佃反驳道：“如君言，岂非谤书？”

这里有个参照点，陆佃此人曾经是王安石的学生，但不赞同新法，连他都看不过眼黄庭坚等人对王安石事迹的篡改，这本《神宗实录》的可信程度可想而知。

第二次修改是在绍圣改元时，当时神宗的儿子哲宗在祖母死后亲政，怀念父亲，要为神宗正名。他命令国史院把范、黄等人找回来，问内容的依据在哪里。

这几个人的回答超级雷人："各称别无按据得之传闻"，都只是些传闻！

哲宗大怒："文字已尽见，史臣敢如此诞慢不恭！"

于是命蔡卞等重修，蔡卞版的《实录》取材于王安石的私人日记《日录》，他对元祐版本涂改很多，以朱笔抹之，号"朱墨本"。成稿后，是第二次的《神宗实录》。

徽宗时想第三次改，可惜被金兵入侵耽误了。直到南宋时绍兴四年，才由范冲再改。范冲是谁呢？他是范祖禹的儿子……这 30 多年来，元祐党人被折腾死了近三代人，怒火积怨已经上升到不共戴天的程度，还能指望谁公平公正地说话吗？

现在流传下来的《宋史》，就是根据范冲版的实录而成，前两版和王安石的《日录》都已经散落民间，再也没法搜寻了。所以说，从绝对的意义上来讲，无人能把当年到底发生过什么事说清楚说明白。我所能做的，就是对现有的资料层层剖析，辨出真假。

然后……扔开所有的套话、废话，把我想到的告诉大家。

第十四章　法儒不同炉

神宗赵顼是宋朝的第六位皇帝，客观地说，与前面的五位相比，他是最不起眼的一个，我是指他即位之前。在他前 20 年的生命里，没有任何一件拿得出手的显赫事件，除了他出生时的祥瑞。

比较恶搞，他出生时祥和的光芒照耀产房，大群的老鼠出现，吐出了大片大片五颜六色的气体，多得就像厚厚的云层（祥光照室，群鼠吐五色气成云）。

我无限地崇敬神宗他妈，未来神勇无敌的高太后，她当时没被呛死，更对宋朝的史官膜拜 N 次，谁都知道这是瞎话，他居然能想到用这个，真不是一般的人物。

接下来的就是说赵顼是名好学生的各种例子，比如理解力强，能举一反三，尊师重道，上课前给老师行礼，或者是注重仪表，酷暑时节依然穿戴整齐，等等等等，实在让人很烦。

历代的史学家们应该钻研得更深一些，才能挖掘出这人的与众不同之处。要知道，一个人之所以会有自己的人生，看着好像每件事都有偶然的成分，可背后都隐藏着必然。每个人都是如此，在中国历史中留下了深刻印迹的宋神宗陛下更是这样。

他即位时的年龄和赵匡胤当年离家出走时是一样的，都在 20—21 岁，这注定了他初期时超强的信心，我命由我不由天，想做什么都必胜！

至于他的性格，与前五位皇帝比较一下就会知道，他为什么会那样的强硬不屈。赵匡胤抛开不谈，他天纵其才，无法估算。赵光义之所以会创造出自己的一片天地，是因为在成长期间他哥哥外出游荡，在家里他是老大，没束没管地养成了独立精神。

赵恒挺惨，强硬的父亲总会有乖宝宝型的儿子，他的温和宽厚一方面是天性，另一方面也是从小养成的家教。

赵祯更惨，他妈妈刘娥纯粹就是暴力型的，赵光义怎么说都是父亲，管外不管内，刘娥可好，每天恨不得28小时监视他，各种调教终于成就了一代仁宗……

英宗陛下更不用说了，30年里战战兢兢患得患失，心智早就失常了。这样的人对自己用心太多，身外的事，包括对儿子都会放得宽些。

神宗的成长就是这样，一方面环境宽松，另一方面教育更平民化。这是一个最重要的区别，培养一个皇帝和培养一个贵族子弟，用的不是同一本教材，尤其是他生长在开封城区，比赵恒、赵祯都更接近民间。

他知道好在哪里，坏在哪里。至于怎么改……那是另一回事。

最初时，摆在赵顼面前的是一本账本。

以刚刚过去的治平二年（1065年）为例，年总收入是116138400两，非常好，要知道后来明朝一年的总收入只有几百万两而已，但是支出却是……123043100两，已经入不敷出有赤字了。这还不算完，还有零星的支出，术语叫“非常出”的115021200两，几乎是全年收入总和！

也就是说，一年的支出是当年收入的两倍。

这就是当时宋朝的真相。

当朝名臣依次进言，却提不出任何解决方案，包括司马光。他写的第一封奏章简明扼要，只说了三点：

第一，官人；第二，信赏；第三，必罚。

他郑重地说，历经仁、英、神三朝，每个时代他都用这六个字报效国家。字数虽少，却是他平生所学的全部。

皇帝私下里找到司马光，你来点实在的行不？

行，司马光才说出了心里真正的话。他指出国家不是没钱，按年度总收入来算，已经是华夏民族有史以来最高峰的时候了，之所以会出现赤字，问题在于乱花。司马光提议，要全面核查国家的各项支出，定出来需要节省的具体部门和具体数字。

神宗的眼睛亮了，这和他的想法是一样的，司马光准确地找到了帝国衰败的焦点。接下来的事更让人兴奋，司马光立即投入了工作，他和滕元发配合，把现在的财政与仁宗时庆历二年的相对比，迅速找出了这些年奢靡浪费的地方。

接下来做什么呢，20 岁的皇帝摩拳擦掌："司马爱卿，明天朕就下令成立设置裁减局，由你任长官，为朕把国家的局面扭转过来吧！"却不料如火的热情迎头就被浇了一盆冷水。

司马光安静地说："陛下，我没空。"

臣有本书要写，先帝曾经看过的，名叫《通志》。它详细记录了从古至今所有朝代的兴亡之事，用来指导皇帝怎样治理天下。它是这样的神圣，又是那样的伟大，无论如何我都要完成它……所以，您还是另找别人吧。

真正能解决帝国问题的人远在江南，近在眼前。说江南，此人是抚州临川（今江西抚州）人，生于宋真宗天禧五年（1021 年）十一月十二日辰时。父亲名叫王益，是宋朝中下层官员，终生辗转南北，没有做到京官。这样就决定了这个人早年的生活：

第一，飘忽不定；第二，学业自成。

因飘忽不定，他可以大开眼界，从小就看尽了北宋王朝的利弊兴衰。因其幼年游走天下，父亲早亡，他必须自己研读诗书，这决定了他一生的学术根基和处世性格。

他的心灵从来没有羁绊，貌似孔夫子的儒家学说对他没有神圣感的那种约束，甚至于他赴京赶考的目的都不那么"崇高"。他后来明白地告诉世人，是家里太穷了，得有功名，有工资，才能养活妈妈和众多的弟弟妹妹。

他就是北宋史上最有名，也最有争议的一代名相王安石。

王安石在庆历二年考中了进士，之后的官场之路走得极其独特，终北宋一朝堪称绝无仅有。如果要有参照物的话，比如司马光，这两人的仕途截然相反，正是各自人生命运的真实写照。

司马光中正博大，中进士、尽孝道、被举荐做京官，历经仁宗、英宗两朝最敏感的大事，如立皇太子、濮议等，处处站在道义的角度，立天下之正位，行天下之正道，与宰相争，与皇帝争，树立起自己的模范形象，从此被视为君子的代表、正义的化身。

王安石正相反，他谢绝了所有的进京机会，视功名如粪土，在举国争名夺利的世道中孤傲不群，宁可在乡下偏远的小地方当官。这期间他放弃了馆阁笔试，这是地方官做过一任之后的正常权利，只要进京考试，就有可能成为天子近臣。

以他“唐宋八大家”的文笔功力，相信唾手可得，不费吹灰之力。可他就是不。

他还放弃了举荐。请大家回忆前文，从苏洵的求职之路可以看出，要得到名臣的举荐有多难。而文彦博、欧阳修这样举国一二人的举荐，居然被他白白浪费了。

这是为什么呢？先不忙，继续看他的人生之路。嘉祐三年时，他终于进入京城，成为三司省的度支判官，之后进入馆阁，做到两制官中的知制诰。嘉祐八年时因母亲去世，离开了京城。

这六年期间，他留下了一封奏章，一件杀人案件的审理分歧，除此以外默默无闻。从那时起直到英宗去世，神宗登基，他都在江南悠游地闲逛。

再说近在眼前。

这就非常奇妙了，里面包含着王安石的本性到底如何的大问题。他是个百分之百纯洁无瑕、不使奸诈甚至不懂奸诈的伟人吗？

这是历代赞扬王安石的人的立论根基。

或者是个大奸似直、大恶似善、一肚子歪门邪道的伪君子吗？这是历代打压王安石的人的最终目的。这两个截然相反的评价，都要从他平生一点一滴的作为上分析。

先从他是怎么引起神宗注意的这件事上说起。

神宗早就知道王安石，是他当皇子时的亲信，这是前面说过的韩维的功劳。韩维此人严正立身，是一个让人肃然起敬的人，至少经常让神宗肃然。

比如神宗和他聊功名，韩维闭口不谈，从一开始就掐断了谈话——圣人不谈功名，只说做事。事情成了功名自在，抱着功名心去做事，迟早成奸邪。

神宗直冒冷汗。

某天，年轻的皇子穿了一双式样新颖的鞋，没办法，开封就是当年最时尚的地区，人不时尚枉少年，奈神宗何？

韩维看见了，冷冷地说了一句：“王安用舞靴？”

神宗立即脱掉扔了。

还有赵曙和曹太后较劲期间，韩维提醒神宗危机到了，奶奶要生气，赶紧去解释。神宗立即照办，替父亲去赔罪。这里稍加一句，神宗与赵曙截然不同，终神宗一世，对曹太后一直非常礼貌。

总而言之，韩维对神宗的影响很大，属于严师益友那种。尤其难得的是，他经常对国事发表一些独特见解，每次都让神宗目瞪口呆，豁然开朗，这时韩维总会说："这不是我说的，是我朋友王安石的看法。"

时间长了，王安石的名字深深地在神宗心里扎了根。半年后，王安石被召进京城，当上了翰林学士。与他一起进翰林院的，是他前半生的好朋友、后半生的死敌司马光。要说起来，这两个人实在太有缘，也太重要了，他们俩再加上另一位现在还没有起步、要在两年后才考中进士的人，就是北宋中后期最有影响的三个人。

就是他们让宋朝兴旺、混乱、糜烂、亡国的。

暂且放下那个人，先说王安石和司马光。这两人都以执拗、倔强、不妥协著称。不过，一旦比较起来就会发现，司马光差多了。

有三件事可以参照。

第一，在长官面前。

王安石第一次进京当官时，曾经和司马光同在包拯手下工作。某一天，京城内牡丹花盛开，包拯一时高兴，请全衙的员工喝酒。

席间，两位未来的大佬都声称生平从不喝酒。包拯正在兴头上，哪肯放过，亲自过来劝酒。几番坚持之后，司马光投降了，他举起了杯子。而王安石不管领导怎么说，不喝就是不喝。

第二，在官司面前。

司马光的表现在濮议中已经很清楚，此人绝不会硬挺到底。而王安石不一样，是个死硬派。第一次进京时，他当知制诰兼责京城刑狱，当时发生了这样一个案子。两个少年是好朋友，一个养了只非常好的鹌鹑，另一个想要。

人家不给。想要的这个仗着两人是好朋友，居然抱起就跑。结果事大了，他朋友一时情急，追上去一刀就把他剁了。出人命了，开封府判凶手死刑，王安石不同意。他说："按照宋朝法律，注意，是有明文规定的，公然抢夺和偷盗都是贼，凶手的鹌鹑被抢了才去追，才杀人，明显是捕盗，是合法行为，怎么能判刑呢？更何况是死刑？"

理由非常充分，是吧？可开封府不服。这件事上报到审刑院和大理寺，最后的结论是……王安石是错的。按规定他得道歉，但王安石给出的只是三个字："我无罪。"不管对方是什么大佬什么势力，我不想低头，谁也别想勉强！

第三，在皇帝面前。

这点最重要，在皇帝面前怎样，才能真正体现出一个大臣的风骨。同样一件事，看王安石和司马光有什么不同。刚刚说过司马光当上了翰林学士，这个过程非常闹。

神宗让他当，他就是不。问为什么，司马光说："臣写不出'四六'文。"所谓四六文，指的是魏晋以来流行的赋体，对仗工整，内容空洞。神宗一听就乐了："爱卿说梦话吗？你不懂四六文，当年的进士是怎么考中的？"

司马光不回答，反正就是不当。神宗只好放他走。在出皇宫之前，有个太监追了上来，把任命诏书强塞在司马光的怀里，他也就当了。

还是那句老话，司马光为人凡事必坚持，只是不超过 80% 的力度。再看王安石。王安石第一次进京时曾被授予修起居注，给皇帝写日记的美差。别人求之不得，他推得汗流浃背。为了不升职，他一连写了 14 道奏章，可任命的诏书还是送过来了。

王安石一概不收，直到把送诏书的小吏难为得跪下磕头："求求您，收了吧，不然没法交差……"王安石仍然无动于衷，他转身躲进厕所，连求饶的机会都不给了。

小吏急了，放下诏书就跑，你不要也得要。这时王安石反应神速，从厕所里狂奔而出，追上小吏，把诏书又塞了回去。

两相对照，可以看出司马光的硬度系数差得不是一点半点，可也不能就此肯定两人的高下怎样。凡事有一利必有一弊。

比如王安石之刚强，硬则硬矣，小心飘风不终朝，暴雨不终夕，一味刚强，没法持久。而司马光余下 20% 的妥协中含有一种难得的柔韧，让他比王安石更加坚韧。

他注定了比王安石能等，等到他翻身做主的那一天。

神宗和王安石进行了多次单独对话。

比如两人初见面时，神宗问："怎样治理天下？"

王安石答了四个字："择术为先。"

"唐太宗如何？"

"陛下当法尧、舜，李世民算什么？尧、舜之道，至简而不烦，至要而不迂，至易而不难。只是后来学者没学会，才以为高不可及。"

"卿对朕的期望太高了，我们共同努力，达到这个愿望。"

这是互相谈理想。神宗以李世民为偶像，却不料王安石直接拔高到传说中最了不起的帝王那儿，让年轻的皇帝惊喜交加。

下面一段看似模糊，其实比理想更重要，它涉及实施阶段。

神宗说："李世民有魏徵，刘备有诸葛亮，才有后来的成就。这两个人，都是不世出的啊。"

王安石摇头："陛下能像尧、舜，自然有皋、夔、稷、卨等贤臣出现，至于魏徵和诸葛亮，在有道之士看来都不值一提。以天下之大，人民之众，杰出者所在多有，只看您的真诚到了哪个程度。不然，就算有那些贤臣，也会被小人蒙蔽，离您而去。"

"何世无小人，虽尧、舜之时，不能无四凶。"神宗不同意这个观点。

"正因为能看出谁是四凶，再杀掉，所以才是尧、舜。要是让四凶随意枉为，皋、夔、稷、离这样的君子还能正常工作吗？"

这是王安石在要求工作环境，神宗得像尧舜支持皋、夔、稷、卨一样支持他，并且除掉所谓的四凶，他才能放手工作，大展才华。

再接下来，发生了那次熙宁变法前最著名的辩论。它起源于一次河朔地区的大水灾，当时曾公亮提议，眼下财政紧张，全力救灾。宰执人员马上就要得到的郊祀典礼的赏赐，就都省了吧。

这道旨意被送到翰林院，请各位学士大人们执笔。

结果，司马学士和王学士各抒己见，完全相反。

司马光赞同："节俭从官员开始，这很好。"

王安石反对："这根本就是杯水车薪，形象工程。想当年唐朝的宰相常衮节省了工作午餐，被人讥笑，辞饭还不如辞位，根本就不配做宰相。何况现在国用不足只是表面现象，真正的问题并不在这儿。"

司马光摇头："常衮减少俸禄，总比尸位素餐的废物们好。现在国家最重要的问题就是物资不足，王安石讲得不对。"

王安石高深莫测的一面露了出来："知道是怎么造成的国用不足吗？核心问题是没有找到真正善于理财的人。"

这句话在宋朝开天辟地头一次被提出来，就算在中国历史上，也只是有人曾经隐约地做到过，却从来没有上升到这样的理论高度。

神宗的眼睛亮了，可司马光却不信邪，他的确是一位不世出的史学大师，所有的事都别想骗过他。他立即就指出来："你所说的善于理财的人，不过是按照户口、人头数目竭力搜刮民财而已。百姓穷困，就会沦为盗贼，这不是国家之福。”

王安石非常平静，他下面说的这句话，如果真的做到了，他就是从古至宋，最了不起的国家管理魔术师。

“善理财者，不加赋而国用足。”我可以不加税率，就让国家的收入增加。

神宗激动了，司马光愤怒了。王安石这句话，简直就是在挑战他的智商、他的学识。有他在场，王安石还敢说出这样的话，是对他最大的侮辱！

司马光说：“天地间的财物有定数，只有那么多，不在官就在民。你所说的不加赋而国用充足，不过是暗地里做手脚抢夺民财，那比加赋更恶劣，加赋至少还有根据和具体数字！何况这招数很早以前就有人用过了，汉朝的桑弘羊就用它迷惑过汉武帝，后果低劣不堪，当谁不知道吗？”

对话到这里达到高潮，可也结束了。史书里，注意，是南宋绍兴四年范冲版的《神宗实录》里，没有王安石的回答。

以王安石当时的状态和事情的重要性，他会选择闭嘴认输吗？绝对不会！但就是没有了……

接下来是神宗的结论。他说：“我的意见和司马光接近，但是关于两府是否减掉赏赐，以王安石的见解为准。”

自相矛盾，还是和稀泥？神宗的心理历代学者都有自己的看法，我不一一赘述，留下篇幅说说自己的浅见。首先，司马光的“万物有数，不在官即在民”，乍一看非常有理，甚至在宋朝时是真理。王安石的“不加赋而国用足”简直就是变戏法，十足十地是用异端邪说引诱年轻的神宗去犯罪。

讨论王安石，总是要和现代的经济调控联系起来，抛开“道德”，就以经济论事，司马光的理论可以归纳为两个字，“零和”。即收入和支出相等，不在官即在民。

王安石的理论叫“增值”。以政府做商号，用各种手段，包括政府调控、降低利率等办法来刺激市场，加快周转速度，就会在同样的利率下产生更高的税值。说得复杂些，其实就一句话，就像小商贩，只要货走得快，价钱不变，也照样赚大钱。

由此可以分析出，王安石更加高明，他超出了时代的限制。那么，问题出现了，他都超出时代了，至少不能被时代理解。那么，为什么神宗还会听他的呢？

一方面是被他的“戏法”所引诱，不加赋而国用足耶！多诱人。另一方面，就是下面对话的内幕了。

神宗又问：“那么，让你来治理国家，你首先要做的是什么？”

王安石斩钉截铁一句话：“变风俗，立法度，是当前最大的急务！”

谈话结束，从此之后，神宗对王安石言听计从，成为中国古代历史里最为合契的一对君臣。请问，这是咋搞的？变风俗，立法度，这六个字到底有什么魔力？

魔力超级大，这是中国古代史上刘邦建立汉朝以前最了不起的一种学术暗示。这种学术让春秋战国时一个个国家只要想富强，想在弱肉强食的环境中屹立不倒，发展壮大，就必须遵从它，甚至于秦始皇灭六国，统一天下，都是以它为根本。

那就是光耀后世却只能隐藏在儒家学说阴影里的法家。

翻翻历史书吧，不管谁有什么样的见解，都不得不承认这样一个事实：天下是法家子弟打下的，却被儒家学说摘了桃子。没办法，法家讲究实效，所以能创世。而儒家教人守礼，让既得利益者喜欢。

法家巨大的治世力量，一边让统治者们深深地忌惮，一边又让他们无法舍弃。于是造成了一个现象，很多有作为的君主，都是“外儒内法”的。神宗皇帝就是其中的一个典型。

他在治平二年，还是颍王时，手抄了一整本的法家典籍《韩非子》，抄完后拿给幕僚看，检查有没有错处。不巧，被当时的侍读孙永看见了，这位儒家子弟立即翻脸，哪怕对方是皇子，也撇着嘴冷笑一声：“韩非险薄，无足观。”

儒家学说多博大精深，仁义道德啊，可惜除了一条条的人生语录之外，没有半点治国创业的具体办法！

颍王当时不想把事搞大，笑了笑说：“我就是给书架多添本书，并不是喜欢它。”

这时，他在王安石的身上找到了共鸣。王安石是一个很妙的人，根据以往各种史书里的描写，人们总把他当成一个为了自己的信念，不惜一切必须达到，坚定执着到油盐不进的程度，同时纯洁到天真。不对，王安石很会耍花招，他开口闭口都是古代圣贤怎样，尧舜禹怎样，其实都是挂羊头卖狗肉，内里所做的都是法家行为。

“变风俗”，儒家学说最大的目的就是让民风淳朴，人民不管自服；“立法度”，儒家从来都是以笼统的仁义道德来“治国”，从来都鄙视“术”。想想王安石后来一条条的具体法令，那是什么呢？

这次谈话让君臣两人心有灵犀，也注定了后来和朝廷里所有朝臣的矛盾，包括那些初期支持他们，后期变成死敌的人。

儒家和法家，是不可调和的。

第十五章　指点江山，激扬人物

宋神宗从熙宁元年四月召见王安石，到第二年的二月时，才有了变法的实际举动。任命富弼为首相，王安石为参知政事，组建自己的班底，变法开始。

历代史书接着就开始介绍各项具体法令的内容、颁布的时间以及遇到的困难。如果我也这样写下去，根本就没法剖析出这段历史的真相。

试问这样翻天覆地的大变革，只在神宗和王安石达成法家治国的理念后，就直接上了马，是不是太儿戏了呢？神宗真的成了毛头小子，王安石真成了不学无术的傻大胆？

开玩笑，这期间有10个月的时间，宋神宗和王安石朝夕相处，从他们后来所做的事业有多大来看，他们的讨论肯定是多面的，涉及国家的每一个角落。

作为后世人，我潜心静思，推算出他们至少有三个重点必须详细考虑：

第一，那是个大秘密，是这次变法的大宗旨。所有的举措如果不建立在这个大前提之下，那么一切都失去了意义。可惜的是，查遍千年史书，不论是古人的，还是近现代的，对此都一字不提。

或许是他们没看到，或许就是别有用心地删除了。

第二，变法的速度。是急进还是缓变，这是一个大问题，比具体的变法措施更重要。我们清楚，一件事成功与否，不仅与它的立意有关，更与它的做法有关。怎么做更多地决定了它的成功。

聪明博学如王安石，谨慎小心如宋神宗，这个最起码的前提，一定会考虑到。只是出于对第一点，那个大秘密大宗旨的遵从，才不得已选择了实际操作中的急躁。这是无可奈何的，可也是热血沸腾，不得不做的！

第三，变法的涉及层面和具体法令。

环环相扣，每一个条件都为上一个服务，这是一整条互动互补、一荣俱荣、一损百损的利益链条，哪一点出了错，都会让国家承受不可估量的打击。具体到第三条，它得服从前两个前提，国家必须迅速富强，极快地增加国库厚度。

得有钱，才能去做那些事。至于说事后怎样，只要那个大秘密、大宗旨胜利了，一切都好说。

实际操作让王安石全面躲在幕后，首相是富弼，以富弼的威望来镇抚局势，安定人心。王安石组建的变法班底更有讲究。

成立一个全新的部门，名叫“制置三司条例司”。顾名思义，它是以国家的财政总署三司省为根基，研究怎样生财的特殊部门。以现代的名词来叫，可以称作“财政税收设计委员会”或者“发改委”。

这个部门的凭空出现，直接把改革变法的事务都揽了进去，什么东府西府两制内侍，都没你们的份儿，一边儿待着去。为了保险起见，同样让王安石当副手，名义上的负责人是副相陈升之。

具体工作人员中有一个人叫吕惠卿。

吕惠卿，字吉甫，生于 1032 年，泉州人，出身于官吏世家。《宋史》记载他考中了进士，分配到真州做推官，调进京城后和王安石偶然见了面，两个人谈论经文，非常投机，就此进入了变法集团。

也就是说，王安石饥不择食，哪怕从不认识，只要稍微投缘，就会结成死党。至于吕惠卿进入王安石视线的历史真相，就被宋史选择性地失明了。

只因为那个人是“君子”。

可惜在欧阳修自己的文集里露了馅儿，他有一篇上报给朝廷的奏章，名叫《举惠卿充馆职札子》，把吕惠卿说成是“才识明敏，文艺优通，好古饬躬，可谓端雅之士”，私下里更在很早之前，就给王安石写过私人信件推荐。

吕惠卿之后，王安石最初的几个主要助手分别是苏辙、程颢、章惇、薛向、吕嘉问等人，现在简单介绍一下。

苏辙是苏轼的弟弟，前面说过苏轼在东京城的夜晚迷醉流连，可惜时光非常短暂。没多久，他们的母亲在老家去世了，父子三人只好回乡奔丧。守孝三年之后，举族进京。

这是三苏命运的转折点，从此之后，他们选择了终生为官，浪迹神州的命运。进京后，三苏分别考试，老苏成为一个小小的京官，负责为国家编史。

大苏和小苏分别考中了制科的三等、四等，被任命为凤翔府判官、商州推官。

特别说明一下，制科不同于每三年一试的进士科。它不常设，考的内容通常是对策，这需要真才实学，说出自己对国家时政的见解和主张。有宋一代，制科取得三等是最高得分，在苏轼之前，只有一个人得到过，那就是被前宰相张士逊讥笑为失心疯的吴育。

熙宁二年，变法开始起步时，老苏已经去世了，二苏再次守孝服丧，回到了京城。这时，苏轼在史馆上班，有自己的变法主张。注意，他是主张变法的，只是怎样变有他自己的一套理论，和王安石截然不同。这时，发生了另外一件事。它与北宋的历史进程无关，但对中华诗词史有一定的影响。

苏轼的原配夫人王弗故去了，他娶了王弗的妹妹王闰之为妻。王闰之很贤惠，无才之女天性仁厚，对他很好。只是王弗的影子陪伴了苏轼的一生，是他哪怕天天谈笑度日，也没法在夜深时抹去的隐痛。10 年之后，终于凝聚成了一首传唱千古、痛入心扉的《江城子》。

小苏是个奇特的人，说实话，他的文采在“唐宋八大家”之中可能要退居末席。更有说“三苏”中只有东坡才名副其实，其余两位都只是因东坡而显。但要是论到政治才能，小苏才是最强的一位。他清宁安静，不浮不躁，具备非常高的政治素养，尤其心性极其坚忍，平静到能让人忽视他。

这一点让小苏的官场成就远远高于老苏、大苏。熙宁二年，苏辙的官场生涯就从进入制置三司条例司，成为王安石的亲信手下开始。

章惇，字子厚，建州浦城（今属福建）人，说来是吕惠卿的福建同乡，是一个让人提起来就掩卷长叹的人。他太有争议了。

章惇，生于1035年，比苏轼大两岁。熙宁变法之前，是官场中一个默默无闻、缓缓上升的小人物，留下的印迹只有三件事：第一件，他曾和自己的侄子一起赶考，考中了，却宁愿放弃。为什么呢？只因为他的侄子是当年的进士第一名。

身为叔叔，居于侄儿名下，他无法忍受。但要注意的是，他的侄子比他大10 岁。

后两件事都与苏轼有关。他们一生纠缠在一起，说来章惇的恶名在很大程度上与苏轼有关，嘿嘿，谁让对方是人见人爱的苏东坡呢，有宋 300 多年间第一大才子怎么会有错？这都是后话了，在他们初相遇时，都是才气纵横、俊爽一时的青年。

章、苏曾结伴游玩，地点在凤翔府仙游潭。仙游潭下有万仞绝壁，只有一根小横木连接对岸。章惇用手推了推苏轼，请子瞻先行。苏轼摇头，珍爱生命，这事儿算了。却见章惇从容举步，走上横木，踏虚临空，逍遥自在。到对岸之后，他攀山藤上绝壁，在石面上写下了一行大字——章惇、苏轼来游。

回到岸边，面不改色，神采依然。这时苏轼拍了拍他的肩膀，说："你日后一定会杀人的。"章惇不解："何以见得？"苏轼说："自己的命都可以不要，别人的命怎么会放在心上？"

章惇哈哈大笑。

第三件事也发生在山林里。两人游玩，偶然在一座小庙里喝酒，突然间有人说山里来了老虎，就在不远处。两人借着酒劲儿上马就迎了过去。

真遇到虎了，数十步远，马吓得再也不敢往前走。这时苏轼勒马就回，章惇却叫从人拿来一面铜锣往山石上砸，发出声响，最后跑的是老虎。

这两件事出自宋人的笔记。现在看来，我们会欣赏章惇的勇气，攀绝壁退猛虎，意气激越，这是一位胆气豪壮的爷们儿！

可是在古代士大夫阶层，他们认可的是苏轼的"理智"，那叫千金之子坐不垂堂。苏子瞻生来的雍容华贵之气，怎能是章惇那样的亡命徒可比的？

章惇先介绍到这里，他的事会随着变法的深入逐渐浮出水面，真假善恶，大家有目共睹。现在只想说一句话，他是个好朋友，一个实干家，什么都好，只是不能惹他。

他是一个情绪激动、好走极端的人，他会是你最好的朋友，面临生死之难时都敢为你出头。可当他愤怒之后，他会赶尽杀绝，无所不用其极，动用一切手段，去干掉他所认定的敌人。

接下来说程颢。这可真是一位太了不得的空前绝后型的大人物，随着时光的流逝，他的神像被越造越高，直到后来变成反对王安石，否定熙宁新法的根基。要说他，得从另一个人，一个理论的奠基者说起。

周敦颐。

这个人名大家都不会陌生，我们在学生时代读过的一篇清丽高雅的小文章《爱莲说》，就是他写的。俗话说文如其人，想来他也是一位"中通外直，不蔓不枝，香远益清，亭亭净植，可远观而不可亵玩焉"的君子。

不，他不仅仅是君子，那不足以涵盖他，他是教主，甚至在当时就流传着一些说法，他的名望学识比王安石、司马光等人加起来都高，高到无以名状，没法形容，神乎其神的地步。

比如说，王安石少年的时候，曾经带着自己的名片到周敦颐的家去拜访。可是拜访三次，被拒绝了三次，连面都不让见。王安石愤怒了，说难道我不能自学成才吗？

于是后来才有了王安石“荒诞不经”的一系列变法，这都是由于当年没受过高人的教育啊！其实哪儿跟哪儿，无论是少年时，还是后来大家都老了，直到周敦颐死去，王安石都没有把他放在眼里，甚至当时的学术界也没把周、程两人当盘菜。

周敦颐，生于1017年，道州营道（今湖南道县）人，原名敦实。因为宋英宗曾经叫赵宗实，所以才改名“敦颐”。

他幼年丧父，5岁时随母亲投奔舅舅郑向。郑向是龙图阁直学士，有一定的影响。在舅舅的推荐下，他走上了官场。

这种开端决定了他一生的官职走向，永远都只是小官，甚至被派到广东那种半开化的地区去管犯人。同时也反映出周敦颐本人学识的“高”度。前面所说的王安石三次求见而不得的事，一眼就瞧出真假了，与王安石一样，他也是个自学成才的人，甚至还没有经过科场，自学到彻底……凭什么在王相公面前那样骄傲？

更何况两人只相差四五岁，王安石是少年，他也是少年，求学期间就摆出了大宗师的架子，简直是不知所谓。

那么，他为什么会变得那样了不起呢？这要看人家学的是什么。他所研究的学问从南宋时起，到元、明、清、民国甚至现在，一直都有市场，可以说他奠定了根基，而根基就要从他对道学的不凡理解说起。

理学又叫道学，虽然道可道，非常道，与老子所创的黄老之说不一样，但圣人无所不知，无所不能，周敦颐教主吸取营养时从来不挑食。他的理论根基《太极图》，就源自于宋初时华山著名的睡神道士陈抟的《无极图》。他从那里确立了天人感应、格物致知、存天理、灭人欲等理学主张的源头。

话说几十年的钻研之路是枯燥寂寞的，周敦颐的旷世才华并不为人所知。在当时，人们只是知道合州府有一位小官，政事精绝，决断出众，大事小情的不经他之手，其余的官吏们不敢决断。别的嘛，就泯然众人矣。就这样，伟大的生命在一天天地老去，直到一位有心人悄悄地发现了他的秘密。

南安通判程太中。

一位通判，也就是副市长，级别上算是周敦颐的上司，可对他非常客气，把自己的两个儿子送到他面前郑重拜托，请他教育。这就是程颢、程颐两兄弟后来成为仅次于孔子、孟子，变成儒教第三、四位圣人的开端。

其实上面这句话不大精确,别人努力一生是想成为圣人,而程氏兄弟的职业，是教别人怎样成为圣人。这种不可思议的教育事业从他们年轻时，比如弟弟程颐24岁时起就开始了。

兄弟两人先后在京城、嵩阳等地讲学，效果怎样不大好说，因为当时的圣人出产量还是不大的。但是经过他们的不断努力，终于有了一些成果，他们被上层的领导们知道了，比如文彦博。领导的作用是巨大的，他们的住处、资金、环境都大大地改善了。

他们当官了，以程颐为例。当年他曾自豪地说：“自从当了周先生的弟子，每日钻研大道，科场名利之心再也没有了。不过科场还是要下的，不然怎样去教化大臣和皇帝呢？”

每个人都有当圣人的权利，我要帮助他们!

程氏兄弟就此进入官场。

在变法开始时，哥哥程颢还站在风口浪尖上呢。

第十六章　千年疑云说青苗

好了，变法的前奏就说到这里，该出场的大人物们也简单地介绍了。

下面，要进行的是一项非常考验智力的游戏。

请问，像北宋这样的大国，国事千头万绪，哪里都是问题，说声改变，要从哪里改？怎样才能在堆积如山的问题中找到那个最合适、最容易见效也最稳妥的突破点？

这是一个在历代史书里都被忽视了的问题，谁也没有注意到为什么变法的顺序是这样的，而不是那样的。为什么王安石要从均输法开始动手，那与北宋的国情有关，与官场的安稳有关，与那个变法幕后的大秘密、大宗旨有关。

宋熙宁二年（1069 年）七月，经制置三司条例司议定，均输法出台。它迅速地让京城里的达官贵人，乃至皇帝看到新法的效果，又巧妙地躲开了以农业为根基的中国古代国家最大的命脉。

时机没到，绝不去动最敏感、最基础的东西。

均输法很简单，它关系到开封百万居民的生活现状。城市，我们都知道，大城市的繁荣取决于周边小城镇、农村的供给。它就像一只庞大的蜂王，全体工蜂都要全力以赴地供养它，才能把它养胖，从而繁衍整个蜂群。

开封城也是这样，为了繁荣它，赵匡胤建立了一个部门，名叫发运司，由它的长官发运使来负责淮、浙、江、湖等六路的漕运，把南方的柴、米、茶、盐等一系列好东西运到京城来。可是时间长了，就显出了它的弊端。

权力不足。

发运司只是一个执行机关，只能按命令到某地去征集、运送某些东西，而决定运什么的，比如说京城里三司部门的某位大佬，他老人家只知道大笔一挥，按照不知哪年哪月存下来的底档，说有个地方出产这东西，好，发运使就到那儿摊派。

这让整个漕运陷入混乱，很多时候，这地方没这产品，任务却来了，那地方有这东西却烂在地里不要。浪费吧？别急，真正的浪费还在另一边。京城里的供需更混乱，大佬们都是些口不言利、手不沾钱的君子，哪有闲心去管市场上真正需要些什么的小事？

于是京城里急需的，往往运不上来。京城里积压的，倒源源不断地涌了进来。长此以往，供需脱节，但奇妙的是京城反而更繁荣了。为什么呢？稍后才说。

针对国家具体负责部门的无能，王安石变法的第一步就是要改善这一点。他的办法是，归根结底一句话——人治。

法治与法治社会，在当时是大逆不道的。不管王安石的心里是不是另有更好的主张，他只能在原有的基础上改良。具体做法是给发运使增加权力。

要让发运使有权知道京城里需要什么，各地出产什么，由发运使来决定到什么地方用什么价钱买什么东西，这期间朝廷就要花钱，同时还要考虑到把东西运回京城的路程，运费也要打进去。运回京城之后，由官方原有渠道向官员、市民出售。

等同于国家开了个买办大公司。

仁人君子们大怒。

第一轮的攻击波由就职知谏院的范仲淹的二公子范纯仁发起，他在奏章里没有指出均输法任何一点的错处，重点是对君子小人分辨法的 N 次重复。在他看来，王安石一党无事生非残害百姓，所谓的富国之法，不外乎是向汉朝的小人桑弘羊学习，每天像商鞅那样想着怎样赚钱，完全违背了孔子、孟子等圣人的教诲。

空洞无物，态度恶劣，他被贬出京城，到外地反省。

接下来出场的是位开封府的推官，职务不大，可必须得认真应付，因为他是苏轼。苏轼这时的文采已经闻名天下，在全国读书人心中的地位与文坛盟主欧阳修都相去不远了。他的话真正说到了点子上，要明白其中奥妙，得先思考另一个问题。那就是，新法改革之前，京城的供需脱节了，为什么东京还能保持住有史以来人类最巅峰的繁华呢？

商业，它是一把双刃剑，一方面保持了首都的繁荣、周边的流通；可是另一方面也让金山银河从国库的旁边流走，跟国家不发生关系。

谁在经商，怎样经商？

联系到苏轼的话，就是“自均输法实行，豪商大贾皆疑而不敢动”。为什么不敢动，是因为均输法虽然没有明说是官办公司，但既然采买，必定出售，一定会和商人们争利润的。

均输法要做的，就是把商人们的利润收归国有，商人们不敢动，正好证明了新法的成功。

有人要说了，这不是搞垄断吗？打击自由竞争，这是走历史的回头路，把本已兴旺发达的宋代商业活生生地扼杀了。

对，这种说法也对。只是自由竞争、垄断主义这样的名词是发生在现代社会里，与之相匹配的是高昂的现代商业税。在宋朝时，不管商业怎样发达，都是相对于其他朝代而言，主体上它仍然是一个农业社会，以农业税为准收缴的商业税，能和它的产出相符合吗？

更何况里面还有猫腻儿，大商人上多少税，怎样上税，都是非常有讲究的。参考下后来为什么在名义上与商业半点都不沾边的大臣以及深宫后院里的皇后、太后、太皇太后们，也都为大商人说话，内幕就太简单了吧。

不收钱谁干活儿。

说到底一句话，王安石及其同僚是发现国家的问题，解决问题。而这些大商人和他们背后的同伙，是发现了国家的问题，享受、利用这些问题！

新法的第二条法令涉及国家之本——农业，名叫“青苗法”。它在史书里大大有名，甚至于成了王安石变法的代名词。

要理解它，必须得跟另一个名词联系起来，那就是盛行于隋唐两代的“常平仓法”。这个法令可以说是一项百分之百为黎民百姓造福的仁政，从哪一点上说，都没有半点害处。

它是一架国家特设的天平。当丰收时，国家出钱稳定市价收购，防止谷贱伤农；当灾年出现时，国家以低廉的价格卖出，让人民能吃上饭。

注意它的性质，完全是不营利的，是一种国办的公益事业。那么，问题就出现了，既然这样好，为什么王安石还要变法呢？

这再次验证了一条真理——世上没有坏事，只有坏人。无论多好的政策，都要看是由谁去实施。历朝历代，国家都由儒家学说统治，虽然有一些奖惩条例，可远远达不到监督的力度。常平仓法再好，也被底下的官员们败坏了。

这帮人里比较有良知的是私吞了仓里粮，比较有经济头脑的是把仓里的粮拿出来和奸商们勾结，在灾年时以囤积、提价等手段卖出，发的不是国难财，而是人命财！

同时，作为农民来说，他们的口粮都成了问题，种子粮怎么会剩下？于是开春之后，只能去借贷。向谁借，怎么贷呢？

向富户借，借高利贷。

高利贷是个可怕的名词，从古至今从来没有消失过。它就在我们的身边，并且一直保持着浓重的民间色彩，对，通常放贷的人都是黑社会。

借时容易还时难，不是卖儿卖女，就是倾家荡产，社会上则形成了兼并。

青苗法中官府拿出本金，本金就是全国各地的常平仓、广惠仓里的粮。贪官不是拿这个生财吗？现在朝廷收回来，给皇帝生财。

具体做法是把这些粮食兑换成现钱，在河北、京东、淮南三路，分夏、秋两个季节，把钱贷款给青黄不接的农民。

不白贷，两季庄稼收成以后，归还时加两成的利钱。考虑到是分两季操作，实际上，每年收回的是四成的利息。

其他还有很多细节上的规定，比如城乡居民都可以贷，除了游手好闲没有不动产的人；为了防止借了不还，甚至逃跑躲债，规定得有保人，等等很多，我们不必都一一了解，那与整体构思无关。只有一点需要注意，那就是规定了不许硬摊派。

好了，我们现在可以把青苗法和常平仓法作一个比较。答案很清楚，青苗法不是去救农民，因为 40% 的利息非常高了，俗话说“利过三分就是贼”，四分是什么我就不说了。

只有比较才会出真知，可见当时宋朝民间的高利贷高到了什么程度呢？

不要震惊，请淡定地看下面的数字，那不是五分，或者翻番，而是月息六分，即年息七十二分！这是什么概念，我实在没法形容……

回到宋朝，青苗法的本质，它不是救农民，而是杀富户。至于王安石本人，他需要杀的是顶级大佬中的战斗机。

唐介、吕诲。

唐介总是和王安石吵架，两人之前没有过节，就近办公的机会都不多，可他从人品到能力，把王安石看得一文不值。于是，吵架发生。结果可能是唐介老了，还有神宗不是仁宗，对他不是那么小心呵护，他被王安石气得背上生疽死了。

这成了王安石的一大罪状。但是唐介死时 59 岁，这个年纪了还一贯热衷吵架，气死了是不是一件心满意足的事呢？

吕诲事件比较灵异，起因和母爱的神圣博大有关。话说未来强大无比的英宗老婆、神宗的妈妈高太后最爱的儿子并不是长子，而是岐王赵颢，爱到了每天必须见面，甚至形影不离的程度。具体的做法就是把成年的赵颢一直留在皇宫里，不让他到宫外住。

有个叫章辟光的大臣上书提醒之后，她勃然大怒，命令神宗治罪，从重从严地处理！神宗没办法，当孝子是要听话的，只好把章辟光外放。这时满朝文武没有人敢说话，只有王安石站了出来：章辟光没有任何错误，不必处理。

吕诲就在这时，用这件事弹劾王安石。

弹劾奏章里充满了大道理，总结了王安石十大罪状。具体是：慢上无礼，好名欲进，要君取名，用情罔公，徇私报怨，怙势招权，专威害政，凌铄同列，朋比为奸，动摇天下。大得吓死人的罪名，罪状自然更经典，因为王安石“大奸似忠，大诈似信，外示朴野，中藏奸诈……”

之后的事就不用说了吧，吕诲被踢出京城，滚得越远越好。真是不知所谓，这种指责只能说明一点，那就是王安石至少在外表上保持了大忠、大信、朴野等优点，难道还有别的说法吗？

以上就是王安石干掉此前最著名的两位吵架王的经过，按说这种战绩放在神宗朝之前，足以让他睥睨天下，咳嗽一声就压倒宋朝官场了。但是这时不行，没人服他。比如每次他谈到新法引经据典，说是周王、孔子、孟子等大圣人的主张时，都被人嗤之以鼻。

当天他走进了政事堂，映入眼帘的是一派海边度假村的风光，大臣们三五成群正在闲聊，见他进来，几句话就开始了唇枪舌剑。这时王安石感叹：“公辈坐不读书耳！”吃饱了闲坐没知识，都是一群文盲。

参知政事赵抃慢悠悠地回了一句：“君言失矣，皋、夔、稷、契之时，有何书可读？”

气死你。

这段对话出自《续资治通鉴》，不用多高深的考证就知道有水分。注意称呼，王安石说“公辈”，这在当时是超级尊称。赵抃回的是什么？“君”。

一般来说，王安石是他的下属或者学生，就非常合适了。可王安石是谁？不说当时的实权有多大，单论职务就不比赵抃低，凭什么小了好几辈？

真正的死敌是司马光。

司马光这时处在暴跳如雷的边缘，不过谁也没有看得出来。他的修养已经到了不动声色的程度。这时他 51 岁，有件小事在官场中流传。

某一天，司马光在办公，出了件急事，一个小吏冲进来报告。却见司马大人正襟危坐不动如山，当时就吓了一跳，急忙收住脚。结果又犯了个错，收得太急把蜡烛晃倒了，差一点儿烧到司马光的袍袖，小吏吓得腿都软了，可司马光从始至终纹丝没动，只是目光如炬，一直紧紧地盯着他。

每临大事有静气，这是一个政治家起码的素质。

可这时他真的忍不住了，危机来得太快，直接威胁到了他本人的地位。王安石把吕惠卿提升到了崇政殿说书，他本人一直在迩英阁给皇帝讲学！

好你个王安石：第一，威胁我的位置；第二，不自己出面，派一个手下和我打对台，当我是什么？这绝对不能容忍。

他也不写什么奏章，直接去找皇帝面谈。见了面直接切入主题：“吕惠卿逢迎谄媚，不是好人（非佳士），王安石现在在朝廷内外受到诽谤，都是因为他。”

神宗摇头，回答：“王安石不好官职，自奉节俭，可称为贤者。”话里的意思很明白，你别拿吕惠卿说事，王安石站得正，没有人能影响。

司马光反对：“王安石确实是贤者，可他不懂事又太倔，他不知道吕惠卿是真正的奸邪，是他的谋主，在幕后巧妙地指使他做事，这就让他背上了恶名。现在，吕惠卿突然间被提升，很多人都不服啊。”

神宗想了想，说：“吕惠卿说事时思路很清晰，像是个人才。”

“的确是人才，”司马光不动声色，话题悄悄地进入了他的节奏里，“吕惠卿确实文学辨慧，但是心术不正，愿陛下慢慢考查。江充、李训（汉朝、唐朝两大权臣）如果没才能，怎么会感动人主呢？”

神宗默然。

这个默然一般来说是讲皇帝不想搭理他。可仔细查一下司马光的学术体系，再加上他平时对神宗的讲学，就会明白此默然不同凡响，吕惠卿的麻烦大了。

司马光不同于欧阳修等前一代君子，不会看谁不顺眼，逮住件小事就把小人的大帽子甩过去。他综览各代历史，把天下人归为四类。

圣人、愚人、君子、小人。

四种人，以才、德两方面来划分。才德俱全是圣人，无才无德是愚人，德胜于才是君子，才胜于德是小人。他着重解释了为什么这样区别君子和小人。

那就是一个人的才能不够，可品德够高，只会很有限地造福于人类，不会作恶。可一个人满肚子坏心眼儿，才能又特别大的话，就会四处害人，没事找事搅乱世界，尤其是对没什么能力，又特别忠厚老实的君子们，杀伤力实在是太大了！

所以小人，有才能的小人才最危险，最要不得。

根据上面的理论，具体到吕惠卿的身上，是不是小人的头衔成了给吕惠卿量身定做的呢？当天谈话的结果是神宗默然了，他在思考，这就达到了司马光的目的。

作为一个超级官场斗士，司马光非常清楚，只用这样的谈话是绝对没法让吕惠卿失宠倒台的，要的是在皇帝的心中埋下一粒种子，从这时起，一直隐隐约约地笼罩住吕惠卿，让他每做一件事每说一句话，都和“小人”这个终极罪名暗合。

历史证明，他得逞了。直到王安石第一次罢相之前，吕惠卿从来没有任何污点，可他的奸邪之名，却早早地就盖棺定论了。

几天之后，司马光对新政的攻击才真正展开。方式还是利用自己的特权，在迩英阁给皇帝讲经上课时就近说事。

那天，他讲的是西汉开国时的事。

曹参代萧何为相。这件事流传很广，相信大家都知道那个成语“萧规曹随”。简单地说，就是西汉开国宰相萧何老了，退居二线，接任的是曹参。可是这人上任之后吃喝玩乐，啥事不管，皇帝着急了，为了照顾他的面子，派他儿子去问到底是怎么回事。

曹参二话没说，操起鞭子，摁倒儿子，一顿狠抽。第二天上朝，给出了答案。

问皇帝："某与萧何比怎样？"

皇帝答："你差点儿。"

再问："您与开国之祖刘邦比怎样？"

皇帝脸红道："差远了。"

答案出现，我比不上萧何，您比不了高祖，那还变什么法做什么事，一切照着老规矩来不就得了。

神宗立即就听出了话外之音，他问："汉朝一直守着萧何定下来的汉律不变，能行吗？"

司马光的回答是北宋史上最雷人的一句话："何止是汉朝，从夏、商、周三朝开始，它们的君主如果能恪守禹、汤、周文、武王的法度，那么直到现在，还仍然是夏、商、周，绝不会改朝换代！不信吗？以汉朝为例，汉武帝改变了汉高祖的政策，结果盗贼充斥天下。汉元帝改变了汉宣帝的法令，汉代就此衰落。所以说，祖宗的法制绝对不能改变！"

这是雷吗？这是九天神雷。对他的话我不加个人分析，相信只要是受过正规教育的现代人，对司马大师的这番话自有判断。

好玩的是，历代史书里，包括近现代的宋史作品中，关于司马光这番话的理解，都像是坐进时光机器，返回到当时和司马光私下聊过一样，替他来了段注解。说什么司马光身为中国最为传统、最为典型的知识分子，其人品、学问都足以为万世之楷模，尽管他说出了"三代之法不可变"这句猪一样蠢的话，可他绝对不是猪。

他只是举一个例子给年轻毛躁的宋神宗听而已，要看他的本意，不要细嚼他的每个字嘛……对此，我再次无话可说，人要为自己说出的每个字负责，为自己做的每件事负责，这是最起码的常识，居然到司马光的身上就不适用了。

奇哉怪也。

针对司马光的这番高论，变法派选择反击。由刚上任的崇政殿说书吕惠卿负责实施，他可以行使职权，也给皇帝上课。只是上课归上课，待遇不一样。司马光讲时可以不被打扰，吕惠卿上课时，台下面坐满了大臣，外加司马光本人。

这是讲课吗？这是公开辩论会，请看实况转播。

这一讲的内容基本规范在《周礼》，这好理解，什么都要返本溯源嘛，周朝有孔夫子都崇拜的圣人周公旦，看看人家当初是怎么规定“先王之法”的。

吕惠卿说，根据《周礼》，先王之法有一年一变的，是每年正月的布法象魏（在宫廷外的大门上公布法律）；有五年一变的，比如周王巡游天下，到处视察；有三十年一变的，是刑法的轻重缓急；还有百年不变的，是父慈、子孝、兄友、弟恭等人伦秩序。

通过吕惠卿的话，我们可以看到，他起码是在用人类的语言进行交流，就算《周礼》这种传说中的礼法真的存在，也得有一个不断完善、各有适用的过程。

可是司马光就能把这些都抹平，要说一个人的才学、名望真的是非常管用的，达到了一定程度，就成了真理的化身。请看司马光的答辩。

——布法象魏，那是公布旧法；周王巡游天下，到处视察，为的正是检查诸侯们谁变更了礼乐，改动旧法的，发现了一律处死；刑法，新国用轻典，乱国用重典，这只是轻重不同，不是讲法律本身的变法。吕惠卿曲解经义，实在可笑。

接着他开始发动群众。

——“陛下，现在公卿、侍从都在这里，您可以问问他们，国家的秩序已经败坏到了什么程度。本朝规定三司省管理天下财赋，不称职可以罢免，但宰相不可以过问它的运作。现在设立的制置三司条例司是怎么回事？宰相要用道德来辅佐人主，怎么可以用‘例’？如果用‘例’，宰相岂不成了胥吏？听说最近又要成立设置看详中书条例司，这又是为了什么？”

底下的众位大臣欢呼雷动，异口同声：“顶司马光，顶司马光！”

吕惠卿对此准备不足，百忙之中回了一句：“司马光讥笑朝廷，讥笑臣是条例司官员。”他说对了，司马光的讥笑全面展开。

——改革就像修房子，一定得有良工美材才能动工。可现在变法的这些人，两者都谈不到，臣担心朝廷会漏雨（今两者皆无有，臣恐风雨之不庇也）。

答辩到这里，抛开各自的道理到底是谁对，先看看交流的诚意。吕惠卿不管以后是什么名声，他开讲以来一直都在说道理。而司马光呢？先是攻击国家职能部门的合法性，进而否定同僚们的工作能力。

请问一个政府职员，有什么权利说别的同志是废物？大家都是人，你凭什么高高在上，认定别人不是“良工美材”，注定了办不成事？这不是什么正义感超高，或者圣人指数过人，回到大家都是人类这个基本衡量点上，这是人身攻击！

说到人身攻击就有趣了，《宋史》里的记载是，下面轮到吕惠卿发言，未来的无耻奸邪之人变得恼羞成怒，他气急败坏地用别的言语来诋毁司马光，其恶劣程度让皇帝都看不过去了，说："相互辩论是非而已，何必如此！"

想必吕惠卿真的说了特别不要脸的话了，但为什么史书里半点都没有记录他到底说了什么呢？以后来的"君子"们对他打压鞭笞的程度，这都是最重要、最生动、最切实的证据啊！怎么能忽略呢？

唯一的解释只有一个——吕惠卿根本就什么都没说，或者说出来的话是保守派、司马光等没法面对、无法解释的难题，他们"为尊者讳，为贤者隐"，都隐过去了！

吕惠卿的话找不到了，司马光的话却被记载了下来。

富弼年迈辞职之后，陈升之升了宰相。当时神宗曾经问司马光："爱卿，你对现任的宰相有什么看法啊？"

司马光回答："闽人狡险，楚人轻易。"闽，指福建，陈升之是福建人；楚，指荆湖一带，王安石是江西人。依司马光的话来说，就是陈升之狡诈凶险，王安石轻佻草率，南方人从来都不是什么好东西。太祖皇帝赵匡胤曾经说过南方人不许当宰相，他们当了就要坏事！

不知道这番话算不算是诋毁，尤其还是在私下里聊天时说的。背后论人短长，好一个大宗师风范！

更加好玩的还在后面，在这次皇宫内部辩论会结束之后，不管是司马光占了上风，还是吕惠卿被隐掉的话一语中的，反正新法该推行还在推行。

不仅是青苗法，连农田水利法也上台了。

农田水利法很简单，它允许任何人，不管是官还是平民，都可以去做如开荒、修堤、挖渠、蓄水等对农业有利的事。民间办不到的，可以提请官方去做。官方除了配合之外，更主要的是要把本辖区内的荒废土地调查清楚，让朝廷知道农业还有多大的潜力可挖。

这个法令，只要是脑筋正常的人都知道好坏吧？组织人力开荒种田扩大收入有什么不好吗？更何况没像西汉时王莽做的那一套，把大批的农民迁徙到陌生区域去开荒，弄得新田没开好，熟田都荒废。王安石只是在原地方，让原住民去开垦由于历史各种原因造成的荒地，这有什么错吗？

错大了，司马光怒火万丈，忍无可忍，决定发起总攻。这次他绕过了吕惠卿等“爪牙”，直接和王安石说话。大宗师是很有身份的，他决定先礼后兵，先给王安石写封信。

信是这样开头的：

……窃见介甫（王安石字——引者注）独负天下大名三十余年，才高而学富，难进而易退，远近之士识与不识，咸谓介甫不起则已，起则太平可立致，生民咸被其泽矣。

这段话在历史上大大有名，几乎被每一本写王安石的书所引用。司马光的意思是说，王安石30多年来名满天下，品德能力都太高了，谁都相信。他除非不当宰相，当了宰相，幸福太平的和谐社会立即就能实现！

大家都知道，这是客气话，先礼后兵中的“礼”而已，可是参照下“闽人狡险，楚人轻易”，大家是啥感觉呢？

这要是吕惠卿说的，就啥事也没有，可您是司马光，才德兼备、没有瑕疵、万世师表型的大宗师啊。

这封信非常长，非常有名，收录在司马光的个人文集中，哪位有兴趣可以去看看，名字叫《与王介甫第一书》，字数超过了四千，里边有三个议论点，可以说非常明确、非常重要。

可是换来的只是王安石一份不超过百字的小回条。于是，保守派们义愤填膺，大声疾呼，我们的首领被轻视了，王安石竟然这样傲慢。

可是无论换谁当王安石，估计都会只回这百十来个字。理由太简单了，四千多字的长信里林林总总把以前开会说的各次发言总结了一通，汇合成一篇大记录，要我怎样回复？你当时说的我当时都回答了，难不成我也跟你一样来个全面回忆？

你不烦，我还烦呢。

事实上司马光就是不烦，他再接再厉，不达目的不罢休，又写了《与王介甫第二书》。

这回焦点集中，定在青苗法上。警告王安石，你要是再这么搞下去，不出几年，就会出现“父子不相见，兄弟离散”的可悲局面，国将不国了。

提到青苗法，王安石不能再保持沉默了，说实话，这是他的悲哀。人都说他辩才无碍，能把活的说成死的，再把死的说活了，随心所欲怎样都成。可是细看下，会发现他的口才不是顶级的。顶级的人，能通过谈话让反对派成为赞成派，把敌人变成朋友、变成下属。

而王安石只能把对手说没词了，说得气死（比如唐介），这样造成的后果更恶劣，对手们只是一时没话，可事后越想越怒，会变本加厉地找茬。何况，有些人是王安石永远都说不服的。

比如司马光。

王安石明知道没法沟通，还是回了一封三百多字的信。它在历史上也非常有名，就是那封《答司马谏议书》。

这封信值得我们看一下，里边的话有很多可以让我们了解王安石，判断出这段时间内他的所作所为是不是正确的。

针对司马光信里所说的“侵官、生事、征利、拒谏、招致天下怨谤”这五条，他逐一答辩。

——受命于皇帝，在中央确定法令，交给有关职能部门实行。这不是侵官。

——各条法令都有据可查，是先王先圣做过的，用来兴利除弊，不是生事。

——为天下理财，皇帝没有奢侈滥用，大臣没有中饱私囊，不是征利。

——辟邪说，难壬人，不为拒谏。

这一条可以和“招致天下怨谤”结合在一起说。说来真是很好笑，王安石的外号谁都知道，叫“拗相公”。就是太倔太牛，谁的话也不听，甚至皇帝都得听他的。这是历代学者、百姓最看不上他的一点。

可是逆向思维一下，他听了，是一个能接受各方面意见的好同志，将是什么局面呢？前面的这些意见哪条是先承认新法是可行的，然后在里边挑出小毛病，让王安石完善它，从而让新法变得更加利民利国的？

没有，一条都没有。这些所谓提意见的，都是彻头彻尾的反对派，意见只有一条，那就是彻底废除新法，回归到从前的局面。在仁宗、英宗的年代里，我们士大夫大臣们过得非常好，你这个万恶的捣蛋鬼，凭什么毁了我们的幸福生活？！

由此可见，两派的矛盾根本是不可调和的，是属于改革还是不改革这样水火不相容的大问题。这样的事，你让王安石怎么不“拗”？不拗的话，改革还改个屁啊？

到这里，我们仍然要保持中立，我们要看清楚这段历史，就要让自己的感情始终不倒向任何一边。话说王安石的信发出之后，立即就收到了司马光的第三封信。

这封信可以说是第一封的复制品，外加上对王安石人生走向的建议。司马光以老朋友的身份劝王安石，介甫，你还是就此退休吧，人生很美好，江南很美丽，那里才是你的归宿。

抛开这条建议本身是出于司马光的好心还是别的什么，还有作为国家高级公务员，以私人身份要国家重要领导干部退休是不是合适，我们只留意一点，注意，这时司马光要的是王安石走，然后我们留意稍后他另一次的要求是什么。

平心而论，这样的第三封信要王安石怎样回复呢？是同样复制粘贴一下第一封百十来字的短信，还是告诉阿光，工作永远比休闲有意义，开封是我的第二故乡，坚决不辞职？

无论哪一样，都会引起新一轮的争吵和无穷无尽的书信往来。王安石选择沉默，不再写信，是不是一种很高的姿态、很和谐的愿望呢？

但在司马光的心里，这就是王安石的诚意不够了。作为他，已经仁至义尽，无论是私人方面还是官方角度，都对王安石完成了“教育”，你王安石怎么能不听我的呢？！

古人云，不管自己多么伟大，不管罪犯多么丑恶，不教育就砍头是不对的（不教而诛），现在司马光一而再、再而三地反复努力，王安石不听，那么他终于可以放心大胆、心理安得地为正义而奋斗了！

只是现实是无情的，一来王安石的职位比他高；二来神宗皇帝和王安石站在一起。司马光站在朝廷上正义凛然，却没抓没挠，找不到下手的地方。

不过只要留心，机会总是有的。司马光身为历史大宗师、当时的学院派领袖，他得到了一个差使，主持最近一期的馆阁人员考试。

这是全国各地所有才子考中了进士，得到地方性官职，干过一年之后的法定权利。他们可以进京再次考试，是向两制、两府等顶级高官迈进的途径。这次司马光出的考题是——论“三不足”的对错。

所谓“三不足”，就是史书里总会提到的王安石先生最剽悍、最好玩的三个不，即“天变不足畏，祖宗不足法，人言不足恤”。

老实说，这三句话放在古代儒家学说统治全国的年代，是百分之百的大逆不道，泯灭人伦，反人类反社会的重罪。一般来说，只要说出口了，这个人就是从根子上坏透了，没救了。

天变，这是上天神灵的最高指示，干旱几个月，或者雨下多了，天上闪个流星，皇帝都要深刻反省是不是最近人品有问题。在王安石这儿居然可以忽视，不理会，不惧怕。

祖宗，这在现代社会里都是中国人不可触犯的敏感神经，何况在中国古代家庭里一切财政、婚姻、丧葬等都由父母做主的时代里。祖宗是什么？祖宗就是神！

不敬祖宗是什么？猪、狗、不、如……

人言，这是王安石最让反对派痛恨的地方。纵观宋朝社会，不管是哪个时代，就算赵匡胤时期，太祖陛下随时手提一只大斧，动不动就敲断某人的大门牙，也没让士大夫们闭嘴。“言论自由，言者无罪”是宋朝最让人向往的地方！

王安石居然……嗯，对不起，王安石也没说不让你们说，只是不听罢了，可这就是罪无可赦的死罪！

针对这些问题，我们不能用现代人的眼光来分析，因为我们比王安石和司马光都有智慧，现代的教育让我们明白天旱的原因是什么，雨下多了怎么办，还有，天上闪流星我们都兴致勃勃地围观，甚至许愿。所以，我们要返回到宋朝去理解这件事。

王安石真的说出这三个不，那么他真是个吨位非常大的傻瓜。简直是没事找事，身在火坑里还给自己买汽油。但是，要说明的是，王安石本人没在任何场合跟任何人说过这三个不。

从来没有，最多只是含糊其词地表达了些许的类似意见，但就被正气凛然、绝不说谎、千古第一完人司马光总结成这三句经典无比的语录。

然后，还广而告之，成为国家高级公务员考试的题目。

面对这样的事，请问如果你是王安石能怎么办呢？去否认？去找证人，说自己从来没说过这样的话？那就死定了，有些事越描越黑，越否认越被人相信是真的。王安石顶着雷走到了皇帝面前，说出了这样一番话。

——陛下日理万机，不流连声色，不贪图享乐，遇到事情首先想到百姓的安危，这不是害怕天变吗？陛下能广泛听取臣子意见，不管大小，只要有理，就不会拒之门外（这是真的，坏事就坏在这一点上），怎么能说不恤人言？至于祖宗之法不足守，陛下自己想，仁宗在位四十余年，多次修订法律，怎能说祖宗之法代代相传，一成不变？

面对上面的记录，不管这种解释是不是最佳答辩，都映射出王安石为人的本色。有事他不怕，绝不回避，正面交锋，不管他是个手无缚鸡之力的文人，还是上阵冲锋的战士，他都是个充满阳刚之气的男人！

王安石答辩之后，司马光沉默了，他已经找不到新的发力点，仔细地找啊，王安石身上还有什么能放大的东西呢？

默默地搜寻，这注定是一项非常艰巨的任务。全世界的人都知道，王安石不管政绩怎样，人缘如何，他身上的污点几乎可以归零。这足以让司马光找白了头也一事无成。但是人算不如天算，就在司马光沉默艰辛的努力中，从远方传来了一个喜讯。

前首相韩琦成了他的战友。这位三年前独领朝纲的大宰相，从大名府寄来了一份奏章，这份文件的力量是天翻地覆级别的，它一举把宋朝当时的政局搅乱了。

这份奏章很长，为了节省篇幅明确要点，我整理了一下，把它分成两大部分。

第一，青苗法执行走样了，与发布时的原文件不符，有严重的硬摊派行为。而且韩琦说，之所以有硬摊派，毛病就在法令本身。

比如城乡居民里的上等户，本身就是所谓的兼并之家，人家有的是钱，根本就用不着借贷。管你青苗黄苗，与人家无关。于是问题出现了，他们不借，国家的利息就会少得，为了增加利润，只有硬摊派给他们。可这公平吗？

第二，强硬凶狠了一辈子的韩大相公，突然间毫无征兆地慈悲了起来。他说小民们借钱，借时容易还时难，到时肯定要皮鞭子蘸水死劲地抽，那会出人命的。皇上，那都是您的子民、您的产业，不能这样凶残啊！

这两点，把年轻的神宗皇帝镇住了。他的信心开始动摇，开始怀疑王安石各种法令的妥善性。

手捧这份奏章，他一连串地感叹："韩琦，真是忠臣。身在外地，不忘皇室。我本以为青苗法是利民的，谁承想害民到这种地步？"

接着，他自动地顺着韩琦的思路滑了下去，成了韩琦的代言人——朕想起来了，青苗法还有个大毛病。青苗法只针对农业，关城市什么事？为何在城市里也放青苗钱呢？

截至这里，可以说无论是韩琦还是神宗说得都对。本来嘛，上等户有钱为何硬摊派？城市不种田你搞什么青苗钱？还动用国家机关去追债，那注定了要家破人亡、民不聊生的！

可王安石居然还不服，他面对一脸忧愁悔恨的皇帝，怒了（勃然）："如果能满足借钱者的需要，就算是城市居民又怎样？"

好，说到这里，我们就应该换个角度来想事了，然后两方面对照，来看哪个有理。

以韩琦奏章两个论点：第一，硬摊派。这是只针对上等有钱人来说了，不许硬摊派，那就是要以国家法令的形式，来维护兼并人家的既得利益。让吃进去的再也吐不出来，除非改朝换代时天下大乱，全民成土匪去抢，才能挖出来，这就对了吧？！

明白了这一点，请允许我稍微动用些猜想，王安石到底知不知道下边在"硬摊派"，在向有钱的成为国家蛀虫的兼并人家硬摊派？我认为，他是知道的。可这有什么不好呢？青苗法的原始文件里的确有不许硬摊派这一条规定，可面对整个新法的大原则——济贫困、抑兼并来说，它是正确的！

一切都是阶级在作怪，大家要注意韩琦是什么阶级，他家世代为官，到他达到顶点，各种明暗收入多到不可思议。

请想象韩琦的收入！

再参照他在家乡买田置地，庄园大到无边无垠，到北宋末年，连岳飞都是他们家的佃户。知道为什么他要反对了吧？青苗法在砍他和他这类人的树根。

再说第二，追债。

这真能让人气乐了，国家以一年四分利来追债，在韩琦的奏章里就能达到家破人亡、民不聊生的惨状，请问民间一年七十二分利的高利贷能追到什么程度？为什么那时不见你出来说话，这时面对四分利就闹得不共戴天？！

一句话，不是国家追四分利的债有多狠，而是这断送了他们每年追七十二分利的大油水。这帮官僚，根本就是在为自己的利益摇旗呐喊！

可怜年轻的宋神宗还是太年轻了，他每天坐在金銮宝殿上遥控全国，根本就不知道底下有这么多的鬼花样，根本就不知道韩琦的真面目是什么。

他只知道，韩琦是他父亲的大恩人，没有韩琦，就没有他父亲的皇位，就没有他现在的皇位。于是，天下如果还有一个人可以相信的话，那就只有韩琦……

第十七章　士大夫阶层

宋熙宁三年（1070年）二月，宋神宗下令废止青苗法。这条命令一出，王安石立即请病假回家，不再上班。反对派们则欢声雷动。

宋朝政令下达走程序有点慢，10天之后，宋神宗来了个180度的大逆转。

再也不提变法的坏处了。

反对派们惊呆了，这样的变化实在是太不可理喻了，到底出了什么事？

《宋史》里给出的答案一共有三个：

第一，吕惠卿捣鬼。这个“阴险小人”明白自己的一切前途都和王安石、和新法挂钩，于是想方设法地指使很多人在皇帝面前说王安石的好话。这很多人，指的是太监。而太监在神宗朝里的地位，嘿嘿，那真是重新崛起，非同凡响。

第二，就与太监有直接关系了。话说神宗从来没有出过开封城，青苗法的好坏只能从文件里分析，从奏章里调查。这时他终于坐不住了，悄悄地派了两个亲信太监张若水、蓝元震出京，秘密调查青苗法到底反响怎样。这两个太监回来说一切都好，尤其是没有摊派，一切自愿。神宗心里有底了，决定把青苗法推广到全国。

第三，有一个人恰好在这时来到了开封。这个人在历史上的定位没有异议，历代史书里口径一致，把他归为“奸邪”。他的奸邪之路就从这次进京开始的。

他的名字叫李定。

李定的简历就有问题，他是王安石的学生，考中进士后，被分配到南方秀州做判官。这时由审官院长官孙觉（王安石的老朋友，后来的敌人）推荐，成为京官。进京后，他接触的第一个人是知谏院里的谏官李常。李常问：“你从南方来，那里的百姓对青苗法有什么看法？”

李定回答："他们都很喜欢。"

李常立即摇头，警告他："现在这是京城里的热门话题，你要管住嘴，别胡说八道。"

李定没说什么，转身出来就找老师王安石，说："我只知道据实说话，不晓得京城里动不动就让人闭嘴。"

王安石大喜，这时他正愁没人支持，突然间从南方来了第一手资料，简直是喜从天降。

他立即带李定进皇宫，去见神宗，把南方的推广情况介绍了一遍。

听过之后，神宗也大喜，从此他再也没有怀疑过。

李定的奸邪之名就这样产生了，是他附和王安石，去迷惑神宗皇帝，让新法这颗毒瘤从此施虐天下，没法收管。

然而，换个角度想一下呢，先不说青苗法在南方的推广效果到底怎样，就说他进京之后见李常。知谏院的功能是什么？是防止宋朝出现权臣，出现一言堂，保持住言论自由的政治风气。

那么，身为谏官，你有什么权力要别人闭嘴？何况事后找碴报复，李定实在没有工作上的失误，就拿他家里一些说不清道不明的破事恶心人。

名臣们倒了之后，他们提出各种疑问，其中最鲜明、最经典的一句是——以前认为是好的，现在都变成坏的了。像韩琦、司马光等公认的仁人君子，为什么突然间都变成了奸邪？一个例外的都没有？！

这句话对没有改革经验的神宗皇帝打击非常大，刚刚缓过来的改革热情差点再被浇湿，其实别说是他，就连后来千百年间的历史学者们也同样被震撼了。

于是，王安石的做法，新法的功能，斗争的正确与否都被画上了问号。其实这非常简单，现代知识告诉我们，判断任何事物都要有一个参照物。比如你在散步，相对于静止的花园树木，你是动的，相对于与你同速行走的朋友，你们又都是静止的。

同样的道理，韩琦等名臣是君子，那是相对于旧时代，相对于吕夷简等"奸邪"来说。到了神宗朝，新法变动时，他们不合时宜了，不是奸邪、绊脚石，又是什么？

很简单的问题，可是宋朝当时的言官们看不清，或者利益相关，懂了也不说。

后来的史学家们看不清，尤其是近现代的人还这样说，悄悄地讲，那也没什么奇怪。世界上永远有阶级存在，永远有士大夫的同族人生存，历史作为一门学问，总是会成为工具，被一代代的人所利用……

简短地说，在半年的时间里，孙觉、李常、张戬、王子韶、吕公著、程颢等台谏官被贬出京城，赵抃这位追求风度的副宰相辞职到杭州当官，司马光也被罢免官职，出任永兴军。首相曾公亮也以年老为由辞职了。

至此，变法派取得了决定性的胜利，可是后来的败因也在这里深深地种下了。提问，在双方对立的局面下，把敌人都赶到下面去，是理智的做法吗？

要知道，不管你的法令有多高明，总要中下层的官员去执行。以后发生的事证明，新法，几乎每一部新法，都在执行时走了样。这是单独存在的问题吗？和这些被贬到地方上的反对派官员们有没有关系？

上面列出的人名很少，宋朝的地域是广大的。有人会说，他们完全达不到在下面捣鬼，阻挠新法的作用。可是官官相护懂吗？尤其是学同样的文章，考同样的题目，做同性质官员的人，他们的思维有一致的方向性。

何况韩琦、司马光、欧阳修、程颢等人的号召力有多大，榜样的力量是无穷的！千百年后思量，这些王安石不见得不懂。但迫于宋朝的国情，除了贬谪之外，根本别无办法。

杀了他们？疯了吧。

留在京城里闲养着？小心这些人每天说话，舆论从京城辐射全国，效果比不贬强不到哪儿。那么说来说去，只有贬出去一途。怎样，还有人羡慕宋朝这个文人的天堂吗？人类最困难的事就是沟通思想，与这些没法动一根手指，思想又超级强大的文人们沟通，想想都是让人疯狂的事情！

保甲法出炉。

简单地说，保甲法就是全国居民每 10 家结为一保，50 家为一大保，500 家为一都保，各自选出负责人（保、大、都保长）。以大保为单位，巡行乡里，捕捉盗贼，用民间的力量来维持当地的治安。

这是当时最初颁布的内容，讨论这个法令的优劣点，其实一瞬间就能看清楚：

第一，中国人习惯事不关己高高挂起。比如说用开封城里的禁军去地方上平叛，都有出工不出力，或者搂草打兔子，既当官兵也当强盗的事发生。

那么，用当地人管家门口的事，是不是比较有效果呢？考虑到身边就是自己的老婆孩子，相信每一个巡逻的保丁们，都会尽心尽职的。

第二，要巡逻要抓人就得有设备、有功夫，这就要定期给保丁们培训。他们的武装由国家配备，定时定期一起训练，时间长了，就会出现一个必然的结果——战斗力大增。这才是王安石设立保甲法的最终目的。

干掉偷走宋朝空前丰厚国库数值的最大盗贼，减少军队数量，这才是最根本的办法。为裁军做准备，为裁军之后国防、国内治安的更加安全做准备。

唯有保甲法。

反对派说，这纯粹是疯了。让世代扛锄头的农民当兵打仗，是脑子进水了才想出来的蠢办法！这是不让正经农民干农活儿，浪费他们的宝贵时间，除了让庄稼荒芜，减少收成之外，还让一贯老实听话，说什么是什么的乖宝宝农民们变得凶狠暴戾，没法控制了！

那么提问，历史上由农民组成的军队，到底有没有用？其实这个问题不用回答，只要稍微知道一些历史事件，答案就会脱口而出。

近现代流行崇拜曾国藩，他身为文人，扬名却在武事，他的军队是由什么组成的？所谓湘军，就是他的湖南老乡们，清一色的乡下农民组成的。

不是农民他不要，因为打仗要的就是身强力壮、朴实忠诚的人，只要稍微有些滑头的，面临生死恶战时，不是逃跑就是投降，这一点百试百灵。

回到宋朝，几十年之后就有个再鲜明不过的例子，岳飞。他就是一个没受过任何官方培训，纯粹在民间自学成才的河南农民。

这个问题搞清楚之后，保甲法的可行性，它的远景规划有多美妙就明白了吧？何况自从它实行以来，有一个好处就立竿见影地出现了——宋朝的治安状况。

之前大叛乱、小造反每年都有，自从有了保甲法，州县之间因为禁军太远、厢兵太烂造成的管制空白立即被填补，终神宗一朝，没有任何叛乱发生。

这些做完之后，与青苗法同等重要的新法——“免役法”才出台。要了解这个法令，我们得先清楚宋朝之前一直在用什么法令。

那就是“差役法”。

“差”，顾名思义，就是当差。宋朝把所有国民按家产多少，分为九等。这里先不说家产多少随时会变动，比如家里着火烧光了，或者突然间买卖兴隆赚大了，只说这九等人家都要为国家做些什么。

九等中，后五等有福了，他们基本上与这件事无关。上四等人家比较惨，他们要为国出力，谁让你们有钱呢？而之所以有钱，就是因为你们聪明能干，国家正需要你们这样的人才。

嗯，忘了说要让他们当什么差。说来也简单，通常来说叫“衙前”。这个词非常形象明确，就是在各级国家衙门前打杂。具体地说，比如国家收税，收上来的各种物资，粮米绢缎之类。注意，不是钱，宋朝的货币与之前的朝代相比空前发达，可也没到能用货币转换物资收税的程度。

除了现代社会，任何朝代都没能做到这一点。

这些物资，都堆在衙门里，国家哪有那么多的公务员来管理，就由各城乡的上四等户出人来看守。听好了，不白看，看好了不给钱，看丢了你得赔。

这是看守，收齐了还得运。各位衙前同志们，你们得架着船押运这些物资，赶着驴给京城里的皇帝送东西。送的路程远近就看各位的幸运程度了，要是投胎到长江以北，那或许个把月的就回来了。要是很不巧，您是江南人、岭南人或者广东那边的兄弟，想想来回得多远的路，得吃多大的苦！

并且，还要注意那个总原则，运到了没奖，运丢了你赔……话说两年前，就是熙宁二年时，神宗皇帝偶然间翻看内藏库奏章时，就发现了这么个事。

一个外地（哪儿的没讲）到京的衙前，任务是“纳金七钱”，连一两银子都不到，这哥们儿居然过了一年都没能交差回家。其原因就是在他本地衙前得到了任务，风雨无阻地送来，被这边的衙门给忽悠了。

各种敲诈勒索，各种巧立名目，让这位兄台晕头转向应接不暇，直到回家的路费都没了。而且还不敢逃，小心逃回去全家都有罪受罚。

想想这样的日子还能过吗？让我们和宋朝人换位思考一下，就算股神巴菲特到了宋朝，他正摩拳擦掌准备进股市里痛宰散户，可是衙前任务到了，从此没日没夜地忙，根本就没摸电脑的机会，你让他怎么赚钱，怎么养家糊口？

截止到这时，问题还没有激化。因为理论上是由四个等级的家庭来分担这些任务，人多力量大，灾难均摊，问题也就小点。可是前面我们说过，宋朝的富豪级家族、中举的人家、出家人、女户（没男丁）、单丁户等都有豁免权，这些人刨除在外，剩下的基本就是第三、四等户了。

这么多的任务，这样密集的中奖律，只能造成一个结果——破产，家破人亡级别的破产。这还是次要的，更让人发指的是三、四等户破产之后的社会现象。

谁也不敢发财了。

除非您能大展神威，一下子升为第一、二等户，不然只要稍微勤劳点，赚了一头牛、几头猪，多种了几棵桑树什么的，邻居们和官府会立即来向您祝贺——您是有钱人了，至少是个三、四级，呵呵，今年的衙前就由您多费心了……

号称开明第一、富足第一的宋朝，前100多年，普通的黎民百姓就这样生活着。

觉得很难、很绝望吗？不，这只是众多差役中的一种而已，其他的还有里正、户长、乡书手等“头衔”来帮助下乡到户收税；有耆长、弓手、壮丁等“职务”去负责抓贼；有承符、人力、手力、散从等名目给正牌子的官员们服务。

其他的，有一些还比较著名，比如县级衙门里的县曹司、押录；州级衙门里的州曹司、孔目，连同各级配备的杂职，虞候、拣掏等，数也数不过来，都要由普通百姓承担。

长此以往，达到百年，这是人过的日子吗？最重要的一点，是民间的生产力发展被限制了，而宋朝之所以还能存在，就因为它一直有钱。

可以花钱去买和平，花钱养着国内有可能造反的各路饥民、暴民。所以，哪怕只从安全角度来看，差役法都要废除。于是，王安石新法集团想出了“免役法”。

简单地说，免役法的总原则就是“交钱免役”。让从前需要当差的百姓，通过缴纳与自身等级相符的钱，买回自己的自由身，去干他想做的那些事。国家用这些钱去招募想当差的人。

这个办法好不好？它形成了一个循环——百姓们通过交一定数额的钱，可以得到从前想象不到的空余时间，用这些时间可以去生财养家；国家得钱，去招募人员当差，可以扩大就业人数，减少社会上的闲散人员，不仅使国家机器正常运转，还能把各种危机消灭在萌芽状态。

这是总原则，我们看着是不是有点眼熟呢？

是的，没错，这和我们现代人的生活方式很像。众所周知，我们每天工作，只干自己负责的一摊，每月按照收入的多少缴税。这些税，由国家统一管理，招募各种公务员来管理国家。

所以我们可以肯定，这个原则没有错。下面我们看它的细节。

王安石时期的免役法有两大特色：第一，他把上等户加进来了，不管你是豪门大族、进士高官，从此别想高人一等。想逍遥，拿钱来。第二，以前没有负担的下五等户，以及单丁户、女户、僧道户、官户、坊郭户，也要交钱。只是视家产多少，与同级别家庭的缴税量减半，这叫作“助役钱”。

除了这两大特色外，还有一点最具有争议的规定，就是每年的免役钱、助役钱和夏、秋两季的税一起缴纳外，还要多收20%的钱，用来防备水旱灾荒，以及突发性的战争，这叫作“免役宽剩钱”。

这两大特色让王安石变成了全体特权集团的死敌，尤其是以前上四等户不管实际由谁来当差，都能隔年喘口气，可以轮换下由别人接替。这回可好，每年两次没完没了，这让他们实在没法适应。

更别说从前不管国家怎样，是不是闹灾了、打仗了、发大水了，都一直逍遥自在地享受的高门大阀们。这把他们的美梦彻底击碎了，并且更重要的是，王安石伤害了他们的“尊严”。

我们生来就是与众不同的，凭什么让泥腿子、下九流和我们一样的待遇！我们就是要逍、遥、法、外！好玩的是，最先提出反对免役法，说出反对派里最经典言论的，居然是刚刚进入特权阶级的两个四川人。

苏轼、苏辙两兄弟。

我们看看他们说了些什么。先说的是小苏——“役人之不可不用乡户，犹官吏之不可不用士人。”

好，以他这话，看来人生来就是有地位高下的，他不是生活在宋朝，而是在隋唐以前。那时候不管个人能力怎样，一切以出身论。你是豪门大家，那么生来就是官，不是的话，那么很遗憾，国家最多有个“九品中正制”，可以豪门推豪门，好官你我当。

想要说什么读书科考，鱼跃龙门，根本是白日做梦。那么以此为例，你苏辙现在会是个什么人生？

再看大苏。宋朝300多年间第一大才子说得声情并茂——自古以来，役人必须得用乡户，就像吃饭一定得要五谷，穿衣一定要用丝麻，过河一定要用船只，走路一定要用牛马。就算暂时用别的替换，终究不会长久，还是会回到最正确的路上来。

截止到这时，他的理论还和他弟弟差不多。最精彩、最经典的在后面。

——我们士大夫阶层，离开亲友，拜别祖坟到四处当官，工作之余，是一定要娱乐的。这是人之常情，自古一样。如果不用乡户人家来当差，我们怎么乐得起来？那肯定要弄到“厨傅萧然”，满眼所见，凌乱沧桑，和别的下等国家的劣等习俗一样（危邦之陋风），不是俺们华贵大国的太平盛况……

让人不禁要问他哥俩一声，请问兄台才脱贫致富几年，农转非之后就忘本了是不是？一时得意的小人嘴脸！

苏轼兄弟的话让人很烦，不过我们可以原谅他们。因为他们这时还只是两个小毛孩，对士大夫一族是什么还一知半解，对下面黎民百姓的苦难生活也知之甚少。最重要的一点是，他们还没吃过苦。

十几年之后，神宗死了，他们也颠沛流离过了，甚至苏轼本人还被关在牢里胖揍过，用他那四川口音浓郁的官调号叫过，那时他们才懂得人为刀俎，他为鱼肉，暗无天日，生死两难是什么滋味。

那时，苏轼说出来的话，就和这时截然相反了。因为那时，他已经叫苏东坡。现在抛开这两个缺斤少两、成色不足的士大夫，去看看正牌资深的人物是怎么说的。

免役法推行的过程非常谨慎，它最初只在京城附近试行，要一年之后看效果，才能决定是否向全国推广。这就给了反对派一线生机，留在京城里的那位硕果仅存的庆历名臣，终于走上了前台。

文彦博。

他的风格变了，也许是比他还要强硬独裁的韩琦的官场走势给了他教训，纵然强绝一时，可也时光短暂。瞧，才三五年时间就回乡养老去了。由此，文彦博变得温和起来。可是别误会，当某些一贯霸道的人学会谈心了，他的破坏力就会成倍地增长。

此后，神宗年轻的心灵时刻被他的碎碎念纠缠着，终于在几年之后崩溃了。

这时，文彦博随意找了一些经常和皇帝见面的大臣，就像平时聊天那样（宋朝君臣间很随意，经常聊），说起了免役法到底怎样。

这一点他比司马光高明，阿光和吕惠卿较量时聚众开讲剑拔弩张，弄得会场气氛随时会爆炸，搞得皇帝也紧张。就算为了朝廷表面上的和谐，神宗都不会当场决定谁对谁错。

这时文彦博非常温馨地聊天，以一个年近花甲的老人形象，对24岁的神宗劝说：“祖宗法令俱在，各项完善，擅自改变，小心失去民心。”

神宗很警觉，瞬间抓住了重点，问出了他和王安石一直愤愤不平的疑问焦点：“更改法制，的确让士大夫阶层不高兴，可是对老百姓有什么不方便的？”

这时的宋神宗一定以为戳中了反对派的要害，等待他的是胜利。满朝皆是孔孟之徒，那么“民为重，社稷次之，君为轻”这句话都懂吧？

在百姓和江山社稷面前，连皇帝都得退居三线，你们这些士大夫算什么？

却不料真正吃惊的是宋神宗自己，听完了他的话之后，文彦博根本就没像他想象中的那样张口结舌无言以对，乃至于羞惭满面重新做人。文彦博的感受是极度的郁闷。

您是皇帝，是官场的领袖，是权力旋涡的暴风眼，怎么能说出这样幼稚、这样理想化的话呢？看来真是初期教育不好，民间散养的，就是和真宗、仁宗那样从小受皇家教育的明君不一样。

他说出了官场的真谛——“陛下，您得清楚，您是和士大夫阶层共治天下，而不是和平民百姓管理国家！”

千真万确，这才是统治阶级的本质。

听完这句话，神宗沉默了。这是和王安石一直告诉他的那些管理国家、均富济弱等理论截然相反的东西，到底哪个对？

宋神宗可以混乱，他身在封建体制内，尤其是活在宋朝中叶相对平静的时代里，基本上不会知道，历代国家的灭亡，原因尽管各不相同，但都有一个大的共同点——官僚腐败。

也就是士大夫阶层的腐败。

皇帝是绝对不想改朝换代的，百姓们有口饭吃，也没有脑子一热就造反起义的。从宏观角度来说，坏事就坏在继续变坏，最后集体腐烂的贪官污吏身上。

所以身为士大夫代表的文彦博，他根本就没有资格这样大言不惭地说出他们天生就是当官的料，天生就高高在上的话来。

于是，作为现代人的我们，就没有资格混乱了。千年之间，宋、元、明、清四个朝代里，有无数的官方人士厌恶王安石，批判熙宁变法，他们有理由这样骂，因为人家是士大夫。

如果身为现代人，还动不动就说司马光是对的，王安石是错的，文彦博英明，宋神宗糊涂等言论……就太不应该了。

第十八章　北宋第一策论

时间，终于进入了宋熙宁五年（1072 年）。

在这一年里，王安石变法的真实目的，之前所有举措的核心内容，终于露出了它的本来面目。

为什么他的步调走得那样急，为什么不先把“吏治”等前期工作做足，此时都有了答案——战争——吐蕃、西夏、辽国。

这个问题表面上可以用熙宁变法的另一个常见词“富国强兵”来概括，但太不准确了。细想一下，富国与强兵有统一性吗？根本没有，甚至正好相反。

世界历史证明了一个非常有趣的现象，越穷的国家，战斗力反而越强。一旦国家富裕了，百姓们有钱了，战斗力反而直线下降。

所以“富国强兵”只是一个便于宣传的口号而已，与事实根本联系不起来。王安石变法的真实目的只有一个，那就是迅速筹集军费。

至此一个目的，别无其他。

这个结论我想会让很多人不爽，因为在此之前，几乎所有的史书，尤其是近现代的著作，都把改革的目的与王安石、宋神宗的个人追求、心性表现结合起来谈。比如他们是爱国爱民的，是有远大理想的，甚至是走在时代的前面，要改造行将腐朽的宋帝国而努力的罕见圣贤。

这些，在我看来，只有一句话的回答——没有深究。

仔细研究变法的前因后果，会发现一个事实。宋神宗、王安石肯定是深深地热爱着自己的国家，以振兴华夏为己任，尤其是宋神宗，他的目的是让国家富强，打垮西夏，收复燕云，威服辽国，恢复汉唐时代的辉煌。这是超越宋太祖赵匡胤、太宗赵光义终生成就的伟大抱负。

只是实现的步骤过程，绝不是人们平时所想象的那样，充满了传统意义上的仁爱道德，他们所选择的振兴之路非常凶险，是一个速成之法。而这个法，是一把可怕的双刃剑，自始至终，如果想成功的话，每一个环节都不能出错。

首先一步，就是要把军队打仗所需要的钱准备充足。现在我们来看一下，是怎样得出的这个结论——“变法等于军费”之谜。

研究王安石变法，一般来说，历代有两个层次：

第一个层次是就事论事。这是根据王安石新法的每条逐个细想，与旧法相对照，再结合宋朝当时的国情来分析他是错是对，是先进还是蛮干。

基于这种分析，最多只能得出宋朝当时必须得变法，不管有没有王安石，神宗都得变。只是有了王安石，变得更彻底、更矛盾、更惨烈而已。

所以，从立意上说，王安石是绝对正确的；可是从细节上说，司马光等人也有道理。这就是历代最常见的一种论调。

第二个层次就是跳到历史的天空中去，结合历代史实知识来分析，王安石新法是他独创的吗？如果不是，前人实行的效果怎样？

这种分析法一出现，王安石的高大形象就会萎缩不少。因为查查史书就会清楚，他的新法极少是他独创的，比如青苗法。总有人强调，这是他在做底层官员时在某地实行过，效果非常好，才在全国推广的。不，不是这样的。

青苗法起源于唐朝中后期，唐朝中央政权被各路藩镇分割，除了军队数量不足之外，更悲惨的是没钱。青苗法就在那时出现了，其主要目的就是为皇帝创收。

什么救民不救民的，皇帝都快饿死了，还谈什么老百姓。

再比如均输法，它最早出现在汉武帝时期，由桑弘羊推行。桑弘羊在宋史里频频出现，每次都和王安石挂钩，被反对派骂得狗血淋头。其实也该骂，均输法就是汉武帝与匈奴掐架掐得最狠，搞得军费飞涨，国库见底时搞的国家紧急状态法令。

前后一共搞了两次，国内矛盾的激烈程度比这宋朝只高不低，可真的帮助汉武帝渡过了难关。再比如方田均税法、保甲法、保马法等其他法令，也能在各代史书中找到实施过的根据。于是结论出现，王安石的学识绝不是通常意义上所说的超逸绝伦，冠盖当世。他最多只是个传道者，往好里说是集古人之大成，刻薄些说是偷窃古人成法，而且是效果不佳、名声不好的各种法。真是脑子短路，难怪把宋朝搞得官场混乱、党争剧烈、外交僵化、经济崩溃，直至几十年后亡国……

持这种理论的主要有南宋的开国皇帝赵构，以及后来历朝历代的士大夫阶级，也就是国家的官方认知。

但这就够了吗？除此两层认识之外，就没有别的疑问存在了吗？比如说，王安石、宋神宗就算再白痴，他们作为当事人，也会知道这些法令在当时朝代里的成绩吧？

有那样的前科，怎么还会玩命地推行，不遗余力，不留余地，拿自己的国家当猴耍，不耍死不罢休？

很显然他们一定有他们的用意。这就必须得有第三个层次的答案才能解释得清楚。

即“军费”说。

得出这个结论，首先要站在前两层认识的肩膀上，了解了第一层中宋朝当时的现状，再结合第二层里分析出的明知新法有弊，却知难而进的行为，再当一回事后诸葛亮，参照之后宋朝七八年间发生的事，才会得出“军费”说这一结论。

而它的萌芽，却种在宋神宗刚刚登基的时候。

我们回忆，他上台之后曾经第一时间“求言”，针对国事让大家敞开了说。就在当时众多顶级大佬们的发言里，有一个默默无闻的小角色曾经也写过一篇奏章。这篇奏章和这个人在这之前什么都不是，而之后，他成了北宋史上一段最有争议也最为辉煌的军事传奇。

有一个疑问，一直以来，提起宋朝的军人，如果要排名的话，300多年间第一人没有任何争议，是岳飞。具体到北宋，有人说是潘美，有人说是狄青。

说潘美，那是从战绩上讲，平南汉灭南唐，攻燕云战辽国，潘美是宋初汉人最强的将军，这无可争议，远比“模范军人”曹彬强万倍。说是狄青，公平地讲，更多的是出于一种悲悯苍凉的无奈情结。

自古英雄多悲剧，狄青的一生太不公平了。

但是事实上，北宋还有一个人，他的战绩堪与潘美媲美，甚至犹有过之。而他的悲情之处更远在狄青之上。狄青千年传颂，而这个人始终处在争议的旋涡里，被历代写史、传史的士大夫阶层有选择地忘记。

他的名字叫王韶。

王韶，字子纯，江州德安人。他首先是一个文人，走的是一条正统之路。考中了进士，当上了一个小官，分配在新安县任主簿，后调到建昌军当司理参军。

他很上进，任期中参加了制科试，可惜这一次他落榜了。就在这时，他做出了一个让人意想不到的决定，堪称官场不着调行为的经典。

他弃官不做，跑到了陕西，一个人游荡了十多年，时刻关注着吐蕃、西夏、羌等异族的动态。这是命运的安排，当宋朝换了一位年轻气盛、志向远大的皇帝宋神宗时，西北边疆也恰巧局势动荡，酝酿着一场即将重新洗牌，确立谁大谁小的风暴。

王韶把他观察到的情况，写成了一封奏章，呈交给了宋神宗。这封奏章名叫《平戎策》，它在历史中的地位相当高，有人说和诸葛亮的《隆中对》差不多。

《平戎策》共分三篇，它论述的主题根源于一个现状——河湟吐蕃的分裂。

河湟吐蕃的赞普唃厮啰生前和两个儿子失和，瞎毡和磨毡角分别出走宗哥城、龛谷，吐蕃实力大损。唃厮啰在宋英宗治平二年（1065 年）病死，之后河湟吐蕃的局面乱上加乱。

继任赞普的是他的第三个儿子董毡。

董毡只拥有黄河以北的河湟之地，是一个相当勉强的赞普，他无力收服两个分裂出去的哥哥，要等到二哥磨毡角死后，才能把其部属收编。至于大哥瞎毡，他没有任何办法，瞎毡死后，其子木征彻底独立，占据河湟两部中的河州（今甘肃临夏东北）。

这就造成了一个可怕的局面。分裂后的吐蕃如一盘散沙，对于宋朝来说，它不仅不再是一面抵挡西夏南进的屏障，一支牵制李元昊子孙的力量，而是一个祸胎。

王韶在《平戎策》里说，欲取西夏，必先收复河湟。我方抢先得到河湟，西夏人就有腹背受敌之忧，这是利；如果让西夏人先得到河湟，后果将不堪设想。

那时党项骑兵没有了后顾之忧，向宋朝发兵的力度会比李元昊时期更强。秦、渭两地首当其冲，兰、会两州先被割断，古渭境陷入瘫痪。这就造成了以前范仲淹、韩琦、狄青等人都不曾面对过的恶劣形势。

仁宗时期，李元昊哪怕打穿了陕西路，都只有一条路可走，那就是继续进兵，挺进宋朝腹地。这看似一条光明大道，可那会激起宋朝人陷入死地之后的剧烈反抗，除非李元昊能一战定中原，不然他得不到具体好处。

可这时就不同了，西夏人得到了河湟，可以向西南方发展，在秦州以西的重镇武胜建立堡垒，那时随时可以发兵侵袭洮、河两地，宋朝的陇、蜀等州郡都在攻击范围之内。

那时，宋朝怎么办？

等于面临了一大片新战场。如果发兵去救，陕西方面的兵力、开封附近的兵力都会被分散，那样处处皆备，等于处处松散，等于无备。

党项人随意选哪里进兵，都会让宋朝应接不暇。

局面恶劣到那一步，宋朝基本上就算死梗了。很简单，想抵抗，只有增加军队，增加军队，就要多加粮饷，多加粮饷，经济就注定了崩溃！

到时救无所救，从根子上烂掉了……偌大的文明之邦，幅员万里的大宋朝，居然被区区新兴的西夏人搞死，想想都让人恨得撞墙！

而这，都源于最初始的那一点——是否保得住河湟。

这是后来对王韶《平戎策》的最大争议。反对派们说，河湟部吐蕃一直以来都是“不侵不叛”的朋友，你放着敌人不打，先对朋友下手，搞得众叛亲离，有什么好处呢？往好里说，打赢了，把河湟抢过来了，可那就直接和西夏人对话，等同于多开辟了一个战场。

万一打不赢，或者打得糊涂，变成温吞水，那时乐子就大了，宋朝等于凭空多出来一大堆敌人，不是多一片战场的问题，是既多战场又多敌人的问题！

很不幸，这在以后成了事实。但有一点要指出，请注意，宋朝和河湟吐蕃之所以没完没了地掐来掐去，完全是反对派的错。

他们以司马光为首，把宋神宗、王安石、王韶等人连年血战抢回来的土地，都无偿地还了回去，逼得后来的君主不得已还得发兵去抢！

历史证明，河湟部只要去抢，宋朝必胜。得到它之后，虽然多出了一块战场，从数量上和西夏人抢得河湟后在宋朝的西部开战一样，但性质截然不同。

西夏得到河湟，使我们腹背受敌，应接不暇。宋朝得到河湟，使西夏人腹背受敌，应接不暇。这是最根本也是最显著的区别。

如果连这一点都看不清，宋朝当时的反对派们不是一群蠢猪，就是睁大眼睛说瞎话，为了铲除异己，连国计民生、举族安危都不顾了！

相比微妙的宋朝，西夏人永远过得精彩。李元昊死后，他最小的儿子——“两岔”即位，没多久，“两岔”就变成“谅祚”，这就是夏毅宗官方名字的由来。

李谅祚小同学的年纪实在太小，西夏的大权掌握在他妈妈和舅舅的手中，也就是被宋将种世衡用反间计害死的野利遇乞的遗孀、李元昊的情妇没藏氏和国相没藏讹庞手里。为了一直这样，他的表妹成了他的新娘。

李谅祚欲哭无泪，人生怎么能这样暗无天日呢？他一怒之下，本性勃发，展现了他爸爸妈妈留给他的优秀基因，和他舅舅的儿媳妇梁氏私通了……谁能想到，这竟然是他人生命运的转折点呢？

梁氏成了没藏家的内鬼，在她的帮助下，李谅祚把没藏家连根拔起了。

当家做主心气旺，在 1066 年，宋朝的治平三年，他亲自率领精骑数万人攻打宋朝边境重镇大顺城。连续围攻了整整三天三夜，成绩非常好，他本人都差点儿死在城下。

当时，大顺城头万箭齐发，如暴雨一样射向城下的西夏人。李谅祚的帽子做工非常精良，替他挡住了尊贵的脑袋，可身上就顾不了了，挨了好几箭，带头往回跑。

李谅祚在 21 岁时去世，没有兄弟可以继任，唯一的儿子才 8 岁，完全复制了他本人的童年。而西夏的皇权，就成了一个复制粘贴的过程。

汉女梁氏粉墨登场，成为新一任太后。同样是整个家族鸡犬升天，国相由太后的弟弟梁乙埋担任，其他的梁氏子弟以空前迅猛的速度占据西夏的各个重要职位，在短短几个月的时间里，就形成了一个系统。对内，他们掌控西夏几十年；对外，开始对河湟下手。

河湟随时会被攻破，战争迫在眉睫。宋朝当时要钱没钱，要兵没兵，再说什么按部就班、理顺关系、搞好吏治之后再改革，完全是痴人说梦。

为此，在王韶刚刚提交《平戎策》之后，宋神宗和王安石就毫无保留地支持了他。要职位有职位，把他扶上了西北秦凤路、洮河司的主管，其间把所有和他有矛盾的原领导全都撤走。要政策就给政策，王安石新法里备受争议的“市易法”，就是专门为他量身定做的。

打仗要钱，“市易法”的根本就是“均输法”的加深加细，更上一层楼地抓钱。在京城设置“市易务”这个专门部门，从内库里提 100 万贯钱作本钱，由政府接管京城内外各种物资的买卖。

具体做法是，由市易务招募牙人（商人行会代表），由他们与各地来京城做生意的商人商定货物的价格，可以卖给国家，也可以和国家之前买到的货物交换。京城本地的商人，没本钱也可以参与，用产业、金帛做抵押，向国家贷货经商。

到期归还货款，加上一二分不等的利息。

公平地说，这条新法是王安石各种新法里最失败的一条，它走了回头路，这不仅打击了之前操纵开封市场、哄抬物价的大商人，同时也把小商人赶尽杀绝了。

国家垄断一切买卖，这还有平民百姓的活路吗？在仁宗、英宗时期一直活跃的开封商市，在市易法实行之后，被沉重打击了。到后来，市易务招募的牙人主动辞职，您开恩允许我辞职好吗？为国家服务，我都破产了！

说来真是残酷，但放在边疆就是一条再好不过的政策。

王韶需要军费，需要钱，那是军队种田卖粮，自给自足所达不到的。为此，他需要经商，需要全国各地的买卖人到边疆活动。那么，就只能以国家之力去开拓，由国家拿出本钱，出专人负责，鼓励商人、保护商人去变出钱来。

有了钱，就有了一切，就会形成一条有机的运作链条——民间收财，变成军费，打赢战争，扩大国土，回笼资金。

这才是王安石变法的真正目的和手段，不然，以宋朝空前发达的商业系统，比前代先进得多的农业生产，只要像司马光说的那样节省花费，就一定能让国库充实，根本就犯不上这样折腾。

可要保卫国家安全，赢得战争呢？那样慢悠悠一条一条地节省，和士大夫、大商人商量着办事，得等到猴年马月才能积攒到庞大无比的军费？何况战争只要开打，钱就会像流水一样“哗啦啦”地流走，是座金山都撑不起几场大战。

到那时，后续的资金要怎样向各位士大夫要呢？只有抄家才能来得及！更何况，只要提到战争，各位君子们就会搬出孔夫子的圣诫，那是凶器，不到万不得已绝对不能用，我们无论如何都不能先用！

要仁义，要道德，要教化！

见他的鬼去吧，宋史写到这里，再没有人相信李元昊、李谅祚之徒能教化、能感动了！

对外开战前夕，宋朝内部进行了一些小处理。苏轼遭贬谪外放到江南的杭州，去人间天堂一样美丽的城市里当官。

在宋人文化史上占有非常重要地位的苏轼，与他的杭州之缘开始了。

吕诲病死。

司马光从永兴军日夜兼程赶赴京城，当他赶到时，吕诲已经闭上了眼睛，呼吸都停止了。司马光放声大哭，恨自己迟了这么一步。突然间吕诲强睁开眼睛，挣扎着要坐起来，说出了最后一句话。

——“天下事尚可为，君实勉之！”

吕诲临死的呼喊言犹在耳，司马光向皇帝写辞职信，他请求政府允许他从永兴军离开，到更远的洛阳去完成一生的夙愿。

写书。

去完成那套名垂千古，与汉代史学大师司马迁的《史记》同样辉映后代的史学巨著《资治通鉴》。神宗允许了，从这时起，司马光就彻底退出了官场。他远远地停留在西京洛阳，冷冷地盯着王安石新法集团的一举一动。

静静地等待着翻身复辟的时机。

这是一个可怕的对手，他绝不是放弃，而是审时度势，明白这时的王安石已经不可撼动，那么就绝不恋战。有时，后退是一种策略。有时，忍耐比当场斗出死活更有力量。

司马光的事就此告一段落，王安石的敌人们在熙河开边前的处境，也介绍到这里。最后还要再啰唆一点，前面我曾经提过的，从神宗朝开始，到北宋灭亡，一共三个主导国运、改变整个汉民族命运的政界大佬之三。

那个人，已经登上了历史舞台。

宋熙宁三年，一个兴化军仙游（今属福建）的年轻人考中了进士。他的名字叫蔡京，字元长，当时 23 岁。

第十九章　千夫所指复熙河

熙河之役，是在《宋史纪事本末》里独占一章的重要史事，它很独特，要说明白它，得先知道它包含着什么。

从狭义上说，熙河开边是指宋神宗熙宁五年五月开始的，由王韶主领征服河湟部吐蕃的战斗。它历时三年，到熙宁八年，王韶升任枢密副使时告一段落。

从广义上讲，熙河开边时断时续，要纠缠到北宋灭亡前，宋徽宗崇宁元年（1102 年）十二月，由王厚主领、童贯监军，再次征服河湟。

那时距离神宗拓土，已经过去了整整 30 年。

河湟。

河，是河州，现在的甘肃省临夏市的东北部；湟，指湟州，现在的青海省乐都。在这片广阔的土地中间，还有些别的名字，如洮州，现在的甘肃临潭；兰州，就是现在的兰州市；鄯州，现在的青海西宁市。

翻开古地图，我们向西北方向前进，在宋朝最西北的地方，是秦、凤四州，以它为中心点再向西，依次是成州、阶州、洮州。再以洮州为中心点，它的右方，也就是西方，是河湟吐蕃之外的藏地吐蕃。向下，也就是南方，是宋朝的四川。

洮州的上方，即北方，依次是河州、湟州。

王韶的根据地远在秦凤路的通远军，由这里起，他将孤军杀入千里茫茫异域，没有友军，更没有援军，每前进一步，都是吉凶莫测，无法反悔的。

他选的第一个敌人，非常讲究，不是吐蕃人，而是羌人。这就颠覆了一个传统概念，不是都说"射人先射马，擒贼先擒王"吗？为什么放着正牌的河湟部吐蕃人不打，却去打跟班的羌人？

这就是王韶的特殊智慧。

请问，战局初开，就直奔要害，和吐蕃人打个你死我活，局势会变成怎样？那时吐蕃人会纠集起羌人，抱成一团来对抗宋军。如果先动羌人呢？

吐蕃人的心理会有微妙的变化，为了奴才，主子不会轻易拼命，甚至还会作壁上观，看一下敌人的真正实力。

战局的发展完全印证了王韶的判断。他挥兵直入，迅速侵入位于秦州以北、洮水附近的抹邦山、竹牛岭一带，那里有人数众多的羌人。

到了地头，王韶和手下兵将的差别也显现出来。宋朝的标准士兵们按习惯，准备在山脚下的平原地带列阵，等着山上边的敌人冲下来。

列阵……等待……王韶觉得很头晕，看来宋军真的是被李元昊的部队打出了心理障碍，无论什么时候等的都是防守！

王韶下令——“兵置死地，敢言退者斩！”

宋军仰攻，翻开地理图册，陕西、青海、四川三省之间的山陡峭险峻，生长在内地平缓地带的中原人，要身披全副铠甲，举着兵器、冒着箭雨礌石向上仰攻，这几乎是完不成的任务。而更要命的是，攻到一定坡度时发生的事。

羌人很狡猾，生长在这片山地里，他们知道什么情况下宋军才会最狼狈，就是等宋军攻到一定位置时，前进很累、后退有点远，这时他们才突然冲下去。

宋军立即就支持不住了，开始败退。这时在阵后面，王韶开始换衣服，他脱下了文官的袍子，穿上了一身铠甲，挤进了冲锋的队伍里。

他清醒地知道，此战不胜，多年来的准备会化为乌有，甚至京城里的王相公都会被连累，变得一无所成！

殊死的搏斗开始了，没有什么计谋，没有半点侥幸，王韶带领队伍反攻得手，冲上了山顶。由此乘胜追击，“获首领器甲，焚其族帐”。

使“洮西大震”。

河州方向的吐蕃之王木征火速派来了援军。王韶率军迎击，在武胜堡大胜来敌，由此揭开了百战百胜的河湟之役。

西北决战，西南方也开始动荡。

荆湖北路，西南夷叛乱。

在宋朝的长江之南，一直都有少数民族生活在深山老林里。前面说过的侬智高叛乱只是其中一例，乱的级别很大而已。除他以外，长江边上的一些少数民族乱得小些，可乱得很有传统，经久不衰。

具体地讲，就是在长沙以西、邵阳北面，以梅山为首的一大片区域。那里交通不便，人种不同，尤其是在传统上，在五代十国时这片地方就被他们给占了。到了宋朝，赵光义、赵恒、赵祯都被辽国、西夏拖得一辈子劳碌，把这一小片地方自然扔到一边。

索性就把它划为禁区，名叫“禁梅山”。周边的汉人禁止与其中的“异族”有任何往来。这是片特区，在宋朝版图以内，却不受宋朝管辖。

章惇受命平定“西南夷”。当年临崖踏风鸣金惊虎的青年变得越发强硬，他兵分三路杀了过去，懿、洽、鼎三州之内的“异族”落荒而逃。形势喜人，但事实上没人高兴。大家吸取之前平叛的教训，知道章惇顶多就是一阵狂风暴雨刮过去，官兵所到之处，鸡犬人畜瞬间不见。宋朝形势大好，不过总有收兵那一天……

跟没打一样，所以当时就有人反对了。是当地的转运副使蔡烨，此人向中央报告，不要看章惇现在的成绩，臣预言这场仗会打个没完没了。至于怎么办，请把章惇撤职调离由我接手，我会慢慢地处理当地民族事宜。

且慢，请大家运用最初级的逻辑思维来想想。他之所以反对章惇，就是因为断定章惇没有办法迅速结束战斗，那么由他来代替，居然目标就是“慢慢地”搞定。

这人的脑子是哪儿出产的？

逻辑很混账，居然有市场。

宋神宗仔细思考了一番，决定就这么办。史书中记载，关于把前线的指挥权交给谁的问题，神宗和王安石吵了个没完没了。

两人你来我往，各说各话，谁也不让步，差一点儿就形成了当年的经典解决办法——吵到高潮时，王安石突然平静，对皇帝微笑：“陛下，臣觉得非常不舒服，想请假回南方。”

辞职不干了。

于是，年轻的小皇帝恳切、亲切、动人、动情地挽留。但王安石仍然回家躺床上喘粗气，直到皇帝动用官方人员送去官方文件形式的慰问信，以及私人认错道歉保证，介甫兄才起床上班做事。

之所以差了一点儿，是因为王安石遇到信任危机了。

王安石识人用人真是有问题。前面说过，他是新生势力，与之前的士大夫阶层水火不容，连带着和学习传统经书、考上的进士们也注定水土不服。这就要求他定新课本教材，培育出合乎他使用标准的新一代人才。

只是人才正在培育中，办事已经没有人手了，所以各地只要有向他靠拢的人，他都会先拉过来再说。比如之前说过的李定。

李定之所以被定为小人，理由是他不给生母服丧。听起来真是罪大恶极，人神共愤。但为什么不细打听内幕呢？李定的生母姓仇，在嫁给李定父亲之前已经生过一个儿子，就是大名鼎鼎、神秘莫测、处处高出苏东坡一筹的诗僧佛印；再嫁李家，生了李定；三嫁郜氏，生蔡奴。

这样在仇氏死时，已经是三嫁之人。当然嫁多少次在北宋时都很正常，再嫁之妇，论尊贵有仁宗的妈刘娥，论贤淑有300多年间第一人范仲淹的妈妈，从来没人半点歧视。但这都不适用于李定的妈妈。

因为儒家的有关规定。

话说儒家所有的规定都与孔夫子当年的行为准则有关。比如孔子前三代个个休妻，而且休出去之后就彻底翻脸不认，生时不问，死后亲子也不为之服丧。《礼记》中有明文规定——孔子不丧出母。

以此看来，李定有什么错？

所以，这就算是王安石运气好，撞上了个冒牌的“小人”。其他的就不好说了，比如邓绾。

邓绾，字文约，成都双流人。此人相当有才，当年考中进士时是礼部试第一名。也就是说，远远高出苏轼的成绩。

在熙宁三年的冬天时，他在宁州（今属甘肃）当通判。副市长的级别，相当高，可是地处大西北，他相当不安逸，比起老家成都真是差太远了。于是，他开始想办法。

他向朝廷上书，极力赞美新法。当时王安石正处于最艰难的起步阶段，一见大喜，立即向神宗推荐。神宗也很重视，派专车把他从西北接到开封。

金殿见面，君臣相谈甚欢，神宗一高兴，把心里的话都说了出来。

“邓卿，你知道王安石吗？”

“不，臣未曾相识。”邓绾的回答很诚实。

神宗面露向往之色：“那是当今的古人啊！”注意，古人，是中国历代封建王朝时最被推荐、最令人神往的完人形象，相当于道教的太上老君，佛教的释迦牟尼。

神宗又问："卿识得吕惠卿吗？"

"也未曾相识。"

"那是当今的贤人啊。"神宗又爽快地给出了评价。

年轻的小皇帝，他没有察觉到诚实的邓绾的真面目。他给出的答案太早太快了，直接违背了当初富弼告诫他的为帝总原则——不可让臣子知道皇帝的喜好！

摸到实底的邓绾，立即就有了前进的方向，王安石都是古人了，还等什么？他走出皇宫后第一时间去拜会了王安石。这时他真的感觉到命运女神对他微笑了，步入官场，要有多大的幸运，才能直接找到皇帝无私依赖的大臣做靠山啊！

在这种激动下，他像见到了久别的亲人那样亲切、热情地对待王安石，一点都不认生（退见安石，欣然如素交）。实事求是地说，王安石被他蒙蔽了。我们将心比心，当一个人要做全国性改革，正面对满朝文武反对的时候，突然间有人充满了热情、激情地从远方赶来支持你，你是什么感觉呢？

看看邓绾是怎么说的——"……以臣所见宁州观之，知一路皆然；以一路观之，知天下皆然。诚不世之良法，愿勿移于浮议而坚行之。"

多么好的同志啊！

王安石被感动了，告诉邓绾下去听信。邓绾满怀希望地回到了驿馆，就等着任职诏书下达。结果等来的是官升一级，原路返回。

也就是说，他从宁州的通判，晋升为宁州知州了。

这个气啊，邓绾心灵深处对官职富贵的渴望赤裸裸地爆发了出来。他到处宣扬："如此急促地要我来，怎么就这样打发我回去？"

公开场合讲，当然就有人问："想留京啊，估计能给你个什么官？"

"当个馆阁人员总可以吧？"

"能当谏官吗？"

"那正是我的愿望！"

史书记载的对话就是上面这些。大家的第一感觉是什么呢，可笑？也许吧，邓绾此人也太简单粗暴了，身在宋朝，哪有这样明目张胆地要官当的？其实就算在现代，这都是官场大忌。

但是，要看到这件事的结果和内幕，就会知道邓绾实在是太聪明、太胆大了。

此人正中要害，逼着各方面不得不答应他的要求。

看内幕，王安石接见他之后，就去休假了，他的任免决定是由当时的宰相陈升之做出的。明摆着打击王安石，警告全国官员，不许向新法靠拢，不然就发回原籍，邓绾就是例子！

邓绾如果忍了，就会被当成皮球被踢回大西北，那样他就真成了出头鸟，什么好处都没捞着，还成了反面典型，以后的小鞋就等着成批定制吧。而他绝不认命，偏偏反其道而行之，我就是要把这件事挑大，到处宣扬，让王安石没法躲起来不管。

只要你不管，就会承认你没法庇护向往你的人，就没法建立起自己的团队！

结果邓绾得逞了，不久后圣旨传出，他被任命为集贤校理、检正中书孔目房公事。这是怎么回事呢？全世界的人都知道，能驳回宰相的任命，让皇帝重拟诏书的，只有王安石一个人能做到。从此之后，天下人都知道邓绾是谁的人了。

邓绾是粗暴愚蠢，还是聪明得惊人呢？从这件事里，可以看出他对官位富贵的渴望程度，还有他做事时的突发性。这些让他极快地登上官场的顶峰，可也埋下了日后失败的种子。

连王安石也身受其害。

不过，这和唐坰比起来，就小巫见大巫了。

唐坰是一个很奇妙的人，进入官场靠的不是文凭，而是接了父亲的班。但《宋史》中的列传里，却没有点明该老爹的名讳。

升官不是靠政绩，而是两句话。他先对皇帝上书，说："秦二世胡亥被太监赵高控制，导致亡国，错误不在于强硬，而是他太软弱了。"

这句话无论怎样看，都只是一句很普通的读书心得，有什么大不了的？就此得到了宋神宗的欢心。

也许是当时朝臣一片声地要求神宗忍住脾气，变得温馨可人，使外邦、国内都如沐春风吧，惹得神宗大怒，才觉得唐坰这句话特别地顺心。

第二句，是针对怎样迅速推行新法的。唐坰说："事情很简单，只要杀了韩琦、司马光等反对派大臣，新法立即风行天下！"

老天在上，他这句话半点错处都没有。自古以来哪有不见血的改革？对待宋朝恩养了一百多年的养尊处优的士大夫们，除了杀几个为首的，再把脑袋挂到城墙上去，恢复五代十国时的风气之外，根本就没有其他办法。

可是，正确的不等同于合理的。法子虽好，可惜不能用，但这并不妨碍让王安石非常受用。真爽啊，终于有人说出了症结所在！

唐坰平步青云，赐进士出身，到崇文馆校书，成了馆阁人员。只是再想更进一步时，却出事了。几个月的时间里，他的本性就让王安石非常不安。这个人太自私，做事目的性太强，而且毫不掩饰，比邓绾更加不顾一切。

王安石只能轻轻地把他放下，不贬官，也不调走，让他慢慢冷却。这是当时最正确的选择了，试问一国首相，只是把提拔一个人的速度放缓下来，有什么错吗？要知道只是几个月的时间而已，之前可是让这个人一步登天的！

事情完全出乎所有人的意料，唐坰的本质就是个疯子。他就是那条著名的寓言《农夫与蛇》里那条冻僵的蛇，一旦它醒过来了，就要为所欲为，反戈一击。根本不管后果怎样。

这个官场白丁，一个靠父亲当官的废物衙内，觉察出王安石的冷淡之后，第一时间反目成仇，写了 20 多道弹劾奏章，一定要把王安石告倒搞臭。可是都被宋神宗扣下了，留中不发。

一般来说，换成另外任何一个人，事情到此就算结束了：

第一，再有怨气，官场的规矩之一就是不许欺师灭祖，王安石是他的直系靠山，如果这都要造反的话，小心成为官场公敌。

这倒不是说官场有多道德，而是面对一个忘恩负义的人，大家都会心冷，都会躲得远远的。

第二，发火有时像自杀。别管气多大，跳过一次楼不死的，基本不会再跳第二次，动力不足了。可这些都不适用于唐坰。他是个疯子。

第三，20 多道弹劾奏章都被皇帝压下来了，再明显不过，这是皇帝不想把事情闹大。就算不把王安石放在眼里，皇帝的面子总得给几分吧？不，在唐坰的心里，根本就没有第二种利害观念。

只有他个人的心情、前程才最重要。

话说宋朝承袭了晚唐时期的制度，开封城里每隔 5 天，官员们会在宰相的率领下进宫面见皇帝请安，这叫“起居日”。事情就在熙宁五年八月的某个起居日时发生。

那一天正常的程序正在进行，突然间唐坰站了出来，他跪在大殿中心，要求皇帝正式升朝，他要奏事。神宗一下子就明白了他要做什么，20 多道弹劾奏章，这不是一般的力度。

神宗摇头说："换个日子。"他仍然想大事化小。可是唐垌跪着不起来，一定要今天立即处理。没办法，神宗只好升座，再纠缠下去，别的大臣们会往别处想的。

比如误会唐垌是要像从前的谏官那样，经常性对皇帝私生活之类的事进行批判。

神宗升朝，唐垌的机会来了。他开篇第一句话就暴露了他的疯子本性："臣要说的，都是大臣们不法的事，请让臣在陛下面前一一陈述。"

好，所有的大臣，包括王安石、文彦博，谁也别想走。

接下来他把笏板插好，展开了奏章却没读，突然间转脸瞪向了王安石，说了句北宋百余年间最牛的话——"王安石到御座前听取札子！"

王安石愣了，他搞不懂的不是唐垌怎么会突然翻脸，而是宋朝从来没这个规矩。你要念什么就念好了，哪有让当朝首相出列恭听的？你当你读的是罢相制啊！

可沉默是不管用的，在一个彻底翻脸、成心找碴的人面前，只会让耳光来得更猛烈些。就在王安石稍微迟疑中，唐垌已经变命令为呵斥，吼出了这样一句话：

——"在陛下面前尚且这样，到外边可想而知！"

这句话的威力无比巨大，天不怕地不怕祖宗也不怕的王安石立即听话，乖乖地站了出来，到御座前躬身听命。唐垌说得很明白，他再犯倔就是蔑视皇帝了。

唐垌展开奏章开始读，大家的耐心要好一些，回忆下前面吕诲的弹劾，一共才 10 条，而唐垌先生居然总结出了……60 条。我们挑其中的重点介绍：第一点，直指中心，王安石专作威福，和曾布、吕惠卿等人表里为奸，窃国大权，天下人只知道有王安石，而不知道有皇帝。第二点，王安石烦人，传统士大夫阶层也很讨厌。文彦博、冯京等两府高官什么都清楚，可胆小怕事，别说对抗，连说句话都不敢（知而不敢言）。尤其是王珪，他对王安石恭敬得就像家里养的奴仆一样！

说着将无敌的目光瞪向了王珪，王珪当即承认真的没有唐兄你的魄力，俺认输，他低下了羞愧的头颅。

唐垌的重磅打击留在最后的第三点——元绛、薛向、陈绎，这三个人是王安石的家奴，根本不是朝廷命官，由着他颐指气使；张琥、李定是王安石的爪牙，四处无事生非，陷害忠良；台谏官张商英是王安石的鹰犬，随时咬人，入骨三分。他们紧紧地团结在王安石的周围，已经是朝中之朝，一个分工明确的犯罪集团了，宋朝就要坏在他们的手里！

一封奏章，60 个要点，唐坰先生旁若无人地读完，之后谁也没理，异常潇洒地下殿走人。他走后，史书记载满殿的侍卫们相顾失色，目瞪口呆。

值班这么多年来，头一次见这样的猛人！

其实不只是侍卫，当天大殿上所有人都非常郁闷。王安石就不说了，没有任何心理准备，突然间破了 100 多年的官场纪录，在皇帝面前被人呼来喝去，骂了个狗血淋头。

首相欤，真丢人！

反对派也不好过，按说敌人的敌人就是朋友，可唐坰这人就是不按常理出牌，骂王安石连带着文彦博，谁的面子也不给，哪边的队伍也不站。

最愤怒的还是皇帝。神宗真是搞不懂了，他和唐坰到底谁是皇帝？理论上应该是他，可是被人强迫升朝，又被人借用头衔去砸王安石。

“在陛下面前尚且这样，到外边可想而知！”

这句话听着好像是在维护皇权，可就这样把首相喊立正了？我是皇帝也从来没这么牛过！

之后的事情更衰，唐坰长篇大论滔滔不绝，其间神宗多次喝停，可人家理都没理。直到读完，终于理了，唐坰指着御座说了一句：

——“陛下不听臣言，不得久居此座！”

宋神宗的脑子“嗡嗡”作响，当皇帝也有几年了，还从没被人当面这样诅咒过。不听他的，连皇帝都当不成？！正在迷糊中，唐坰已经走出大殿，下班了！

以上三方的怒火，决定了唐坰这个人的政治生命。他先被贬到潮州当别驾，罪名是渎乱朝仪。接着一贬再贬，到广州军资库去看仓库，到吉州酒税去当科员，最后彻底贬成平民了……

这就是我说这人是个疯子的原因，为了不该发火的事，向所有大佬开火，一点退路都不留。这样的事做出来，除了精神病之外，好像没有第二个名词可以解释。

这些事都发生在“熙河开边”“荆湖平蛮”期间。王安石的新政集团，既要在七八十年间一直萎靡不振的外战纪录里打出一片新天地，更要在内部顶住各方面的反对压力。包括像唐垧这样独特、不常见的非典型疯子的突袭。

王安石的形象再一次被弱化，尤其是他在神宗心里的高大感，也开始悄悄地松动。在荆湖方面，神宗就一再坚持己见，不用王安石的嫡系章惇，而去选择对立面的蔡烨。

好在朝廷里在争论，章惇却在不断地进军，将在外，君命有所不受，他就敢在有限的时间里打出漂亮的成绩，让上面不得不按着他打出来的节奏走。

章惇这样，王韶也一样。他们都清楚，1072 年是改革派气运的分水岭，如果他们打不出好成绩，之前各种新法就真的成了百分之百的横征暴敛，短期见效、长期有害的本质都会暴露。如果打出来了，一切都好办。就好比先秦时商鞅得到了河西之地，清朝时雍正初期年羹尧扫平青海。

仗打赢了，什么都好说！

可谈何容易呢？不说河湟地区汉人已失去了 200 余年，早成了塞外异域，也暂时忽略掉荆湖南蛮的崇山峻岭，这些都是可以克服的困难。当时宋朝真正的危险，其实不在西北与西南，甚至也不是西夏。

而在东北。

按照王安石的灭敌步骤，是河湟——西夏——辽国。从简单容易的下手，直到最后收复燕云降服契丹。计划蛮好的，可也要看辽国人愿不愿意。就在这段时间，辽国人在边境蠢蠢欲动，巡境兵都过了拒马河！这是宋、辽的传统边界，那么看一下宋朝的准备如何。

哪有什么准备，河北方面的宋朝百年无战事，军队早就都退化了。宋朝要在河湟开打，同时牵制西夏，没有半点余力去支援北方。

好有一比，北方疆界，就像一只庞大的虎皮蝴蝶。它张着翅膀，露出可怕的花纹，以这种姿态暴露在足以致命的敌人面前，那是一种怎样的胆战心惊，又无可奈何的心态！

只要辽军敢于强攻，宋朝四面受敌，转眼就会崩溃。

在这种情况下，各路宋军开始主动出击。论艰险，论危难，首推王韶主攻的河湟之战。进入深冬十一月，王韶一路强攻，西域重镇香子城、河州接连陷落。宋军的战力强得出乎所有周边国家的预料，原因之一是武器精良。

第一，斩马刀。

这种刀由皇宫内臣领工制造，做出样刀交给神宗，由神宗向边臣传样。它刃长三尺，柄长一尺，刀头有大环，精钢雪亮，无坚不摧。这段时间里造出了数万把，装备给边防部队。

要说明的是，斩马刀虽强，并不算宋朝独有。

第二，神臂弓。

这才是宋人智慧的结晶。神臂弓一直存在争议。由于它的功效过于强大，工艺又超级复杂，在当时宋军部队里就有严令，无论是追敌还是退兵，就算情况再危险，也必须带着神臂弓退。实在来不及，也必须砸毁。

绝对不能让敌人知道它的原貌。

这就是它的奇妙点所在，一旦把它拆毁，就算原件都在，也无法组装起来。这在清代大才子纪晓岚的笔记中可以得到证实。

神臂弓最后的制作图本在《永乐大典》里，有图、有尺寸数字，可是纪大才子仍然没法复制它。于是一直流传着一个说法，神臂弓只是一个传说，它并不存在，或者被夸大了。

但又怎么解释后来金军、元兵在神臂弓下的狼狈呢？号称善射的游牧民族，在它面前死伤累累，在两军对射中一败涂地！

好了，现在就介绍一下它的出处和基本数据。

按照各方面史书记载，它是在熙宁元年时，由一个归降宋朝的西夏羌族首领李定研制出来，献给了神宗皇帝，再由内侍入内副都知张若水、西上阁门使李评加以改良制成。

弓身三尺二寸，弦长二尺五寸，箭木羽总长加在一起只有数寸，1 宋寸为 3.12 厘米，按 6—8 寸计算，就是 19—25 厘米。射程在 340 余步，合现代 520 米。520 米之后的威力是“入榆木半笴”。

这样的威力，源于构造。它不是单木体弓，而是复合的。由多种材料，“以檿为身，檀为弰，铁为登子枪头，铜为马面牙发，麻绳扎丝为弦”。成品之后，弦力之强，根本没法用手臂拉开，要把弓放在地上用脚踏住，才能上箭。

所以，实际上它不是弓，而是弩。

由于它的力量过大，在后来弦力有所减低，射程控制在 240 余步。但工艺仍在，射距随时可调。240 步也足够了，大名鼎鼎的完颜宗弼，也就是地球人都知道的金兀术，在四川就被它射得躲在岩石后边喘粗气，连头都抬不起来。

武器精良，更重要的是战士的素质。在这一点上，宋朝的军人，乃至整个五千年里汉人的军队，都有一个非常奇异的现象。

以宋军为例。在王安石变法之前的岁月里，仁、英两朝的军队战斗力普遍低下，以最强的西军来说，每次与西夏的战斗，都只有为数不多的忠勇士兵。

为数既少，而且忠大于勇，实战起来真是让人摇头。

怎样才能提高呢？春秋战国各诸侯国为了富强、生存来练兵的成规，至少10年才能有一支崭新的军队出现，基本上等同于一代新人成长了。宋朝却彻底打破了这个纪录，熙宁改革至王韶开边之战仅过去了5年，短短几年之间宋军的战斗力脱胎换骨，完全不同。

到后来靖康国破，金兵视宋人如草芥，往往是以一胜千这样的比例打垮宋军。可是仅仅过去了两三年，局面就开始反转，再过些时间，宋军岳飞、韩世忠、吴氏兄弟的军队就能威慑对手，取得完胜。

这是怎么搞的？

宋人的血气始终都在，只要混账糜烂的文官、皇帝不加压制，随时都会暴涨！宋之亡，不在武将与民间，真正的祸害就是一些祸国殃民的文臣宰相，外加几个百世难得一见的“精彩”皇帝。

熙河开边之战，以攻克河州为第一阶段胜利，王韶转战1800里，拓疆近3000里，招附番人30余万人，是北宋建立以来最大的一次开边行动，同时完成了对西夏的侧翼包围。

面对大好形势，王韶得赶回开封述职，向伟大的文官集团汇报工作以及自己的思想活动。让他们相信，自己在西域出生入死，只是想让吐蕃人死，绝没有自立为王的心思。

镜头切换到西南方向的荆湖北路，看章惇在做什么。三路发兵夺取懿、洽、鼎三州的过程很顺，梅山峒蛮最大的氏族苏氏来归降，这是个空前的好消息。

梅山14800余户，26万多亩山田划入宋朝户籍，章惇细心走访定下了各地的赋税，为了招抚优待，这些山民的赋税比内地减半，每年只缴一税。

主将离开战场，吐蕃人反攻倒算，河州危急。

消息传进开封城，反对派终于找到了机会，他们建议神宗直接放弃河州，把所有占领的土地都还回去。保持原样，不是很好吗？

真不知他们当的是宋朝的官还是吐蕃的官。失落了200年的领土，抢回来都要拱手送回去！

神宗命令王韶和一个叫李宪的太监日夜兼程赶回熙河，主持大局。

李宪，这是一个在历史里留下了名字的宦官，他本身就决定了宋朝熙宁改革的成败。在他身后，还有一位更加有名的徒弟，该徒弟创造了宋史里一项独一无二的纪录。

太监受封为王爵。

王韶破敌十余堡，焚烧帐篷七千余座，斩首两千余级，把湟州外围的坛坛罐罐砸了个稀巴烂。这一次王韶行军 54 日，跋涉 1800 里，先后斩首七千余级，焚两万帐，获牛羊共八万余头。

河湟大定。

短短 5 年间，新法使宋朝内外一新，焕发出前所未见的新气象。如果要比拟的话，只有宋初立国时赵匡胤时期才有这样凌厉风发的事迹出现。到赵光义兵败燕云之后，近百年间宋朝一直在沉沦迷茫中度过。

神宗在紫宸殿里接受群臣的祝贺，当众解下了腰间的玉带，系在了王安石的身上。这条玉带名叫“玉抱肚”，有 14 粒稻谷宽，为稀世之宝。王氏子孙一直珍藏，直到南宋绍兴末年，才献给皇宫。

王安石在这一刻登上了人生的顶点，谁能想到呢？四面八方如此辉煌的成果，换来的，是他第一次的罢相。

第二十章　王安石罢相全景回放

这时准确的时间是宋熙宁七年（1074年）四月。新政改革已经进行了5年，有必要进行总结了。以职能划分，可归为三个方面：军、政、财。

这是一个国家最基本、最重要的三元素。5年间，最先做的是“财”。通过各种新法，宋朝的国库赋税翻倍增长，皇家内库也从仁、英两朝的见底状态陡然间拔升，景福殿里分成了三十二间库房，每一间以其中一字为名，每间都装得满仓。神宗特写了一首四言八句诗。

诗曰：“五季失图，猃狁孔炽。艺祖肇邦，思有惩艾。爰设内库，基以募士。曾孙守之，敢忘厥志。”其中五季，说的是晚唐以后的五代，梁、唐、晋、汉、周；猃狁，本指西周时的西北少数民族，这里特指西夏与辽国。艺祖，大家都知道，指赵匡胤。

全诗意思是说，当晚唐离乱，五代时国家失去了土地，异族猖狂欺凌。宋太祖于千险万难中创立国家，重振声威，要惩罚入侵者，所以设立了内库财富，用以招募壮士。现在到我这个曾孙了，怎么敢忘记祖辈的夙愿伟志？

诗成后意犹未尽，神宗继写了一首五言诗：“每虔夕惕心，妄意遵遗业。顾予不武姿，何日成戎捷。”

大意是说每晚都虔诚忧惧地入睡，体会祖先的遗志，以他并不英武的天赋，何时才能达到目标。

这首诗贴在每间内库显眼的地方。

说这些，是要证明王安石新法关于敛财的成功。反对派们会说，这完全是横征暴敛的结果，民间都怨声载道了！我们站在21世纪里，公平地讲，每项逐条分析可以得出精确的结论。这在前文都详细探讨过，这里就不予赘述了。

需要列出的是一些数字。这些数字，可以体现王安石和他的新政给宋朝带来的实惠。通过它来佐证，要远比用空洞、各执一词的理论说事，更让人信服。

《文献通考》卷四载，熙宁年间诸路共垦田数计 460 多万顷，合 6900 多万亩。这是什么概念呢？有个对比，以新中国 20 世纪超过宋朝版图近三倍的国土面积，可耕地也只在 18 亿亩左右。

这是开垦荒地，再用农田水利法等有效措施增产，每亩单产从三斛增至四五斛。宋朝一斛为五斗，两斛合一担，每担合现代一百余斤。大家可以计算一下，6900 万乘以亩净增额 100 多斤，是多少产量。

除非《文献通考》里的数字是假的，不然以这样的财富相积累，王安石敛财用得着逼得人家破人亡吗？再结合熙河、荆湖、四川三地的接连大胜，无论怎样看，王安石的变法都处于顺风满帆、乘胜前进的时候，他怎么会突然间丢官罢职的呢？

我不太好选取形容词，是可悲，还是可笑，或者可怜呢？居然是天气。

准确地说，其理由既有远古圣人的训言，又有近代圣人的发现。

——谓之“天人合一”。

郑侠，字介夫，福建人。宋英宗治平年间考上的进士，先到光州（司马光出生地）当司法参军，后调进京城，在安上门当差。他是王安石的学生，刚调进京时王安石非常器重他，可是交流了几次之后，发现时隔几年，心灵变迁，郑侠已经不是当年的弟子了，而是一位坚定的反对改革派。

两人不再往来。其过程未出恶言，未见恶行。

这时中原大旱，各地的灾民涌向都城。郑侠站在城门上，一眼望去，只见瘦骨嶙峋、衣不蔽体、流离失所的灾民无边无际，他心里顿时极其痛苦。

这都是王安石的新法害的啊！灾民就是证明，人民在受苦；大旱更是证明，连老天都愤怒了！于是他写出一份奏章，里边历数王安石新法的弊端，声称罢免新法，苍天必雨。如果 10 天之后还不下雨，可以把他砍了。又把千万灾民的苦难状画成了一幅图画，名为《流民图》。写好之后，他开始发愁。怎么才能让皇帝看到呢？这是个问题！

他职务太低了，尤其是走正常途径必须得先由中书省王安石过目，这不行。他想了个办法，先到开封城外，声称这是密奏，以加急驿马送进银台司。

神宗第一时间看到了，这个年轻的小皇帝被《流民图》震撼，史书称，神宗彻夜不眠，第二天早晨也没和谁商量，就下令全国罢免所有新法。

这是事情的基本始末。现在简单分析一下：

第一，神宗为什么被震撼了呢？貌似我在说废话，灾民可怜呗。但是有一点，有资料显示，此皇帝终生没出过京城。也就是说，他根本就没见过灾民啥模样。

第二，郑侠为什么这么激动？又是废话，灾民可怜嘛。但是，我们抛开新法是否混账可恶，只提一个问题，请问，新法时遇到天旱，和从前旧法时遇到天旱，两种情况下的灾民有区别吗？

新法时瘦骨嶙峋、衣不蔽体、流离失所，旧法时大家满面红光、穿绸裹缎、开着房车出来旅游？！见他郑侠的活鬼，难道你活这么大只见过一次大旱，只见过这一群灾民不成？

以前怎么就不见你画什么《流民图》？！

此谓之“天”。

再看“人”。

司马光从远方加急送了一份奏章，一共总结了新法的 6 个问题。我们实在有必要一条条地详细研究，才能看出大名鼎鼎的司马温公有多么高明。

1.“广散青苗钱，使民负债日重，而县官无所得。”——不知他从何得出的这种结论。宋史的资料残破离乱，深究文字绝对没法证明出谁对谁错。可是后来人从宏观上就能辨明真伪。比如这一句，就算是民间因为青苗法苦不堪言，而官府居然一无所得？

那 32 间封桩库的钱帛是从哪儿来的？

2.“免上户之役，敛下户之钱，以养浮浪之人。”——说得不准确。上户的役是免了，可一样交钱。真要是不让上户交了，可能就没这样唠叨了。敛下户之钱不假，可按户分等，各有税款，只要不是东明县事件里别有用心的人，把等级故意搞混，有什么不公道的？养浮浪之人，这句是最脑残的一句话。

按司马光说法，那些无正当职业，无不动产实业的，都是浮浪人。好，东京城里做小买卖的，夜市上的人，是不是都是浮浪人了呢？这些人就算都浮浪了，是社会的不稳定因素，那么国家出钱雇用他们做事，一来让他们有了正当职业和身份；二来这样做，他们都不浮浪了，从此社会加倍安定，难道有什么不好吗？！

3.“置市易司，与细民争利，而实耗散官物。”——简直逻辑混乱。市易法的确与民间贸易抵触，在很大程度上遏制了北宋自由商业的高度运转，走回头路了。可是要注意，市易法对国家快速积累资金却有着极大的好处，军费这个最重要的问题，无论是均输法还是青苗法，都没有市易法来得快。

司马光居然选择性无视了，“实耗散官物”，说梦话吧？

4.“中国未治而侵扰四夷，得少失多。”——最让人忍无可忍的就是这一句。敢情只有自己的国家治理得尽善尽美了，才能走出国门，去收复失地吗？那样还需要关注敌人动态，寻找最佳的出兵良机吗？最起码的战争常识都没有！

另外，“侵扰”，用词多好。作为历史大师，河湟之地与中国是什么关系，他居然不知道！“得少失多”，他住的洛阳离边境更近，吐蕃人和西夏人走得有多近知道不？不知道，那么闭嘴。知道，说了这些话就是该死。王韶开战前，这两国的首脑贵族都开始通婚了！

5.“团练保甲，教习凶器以疲扰农民。”——凶器，看来农民的本分就是种地，刀枪之类的东西一律禁止触摸，以免变得暴戾。嗯，这个想法很好，和后来元朝的蒙古人不谋而合，最好是让农民们提前 100 多年就七八家合用一把菜刀，那样就真的“淳朴可爱、便于蓄养”了。

他怎么就看不见，没有保甲法之前，北宋每隔几年就会闹一次民变或者兵变？实行保甲法后这几年里，没有一起造反事件，连带着民事犯罪率都在下降。在他的眼里，居然是“疲扰农民”了。就算是疲，也是疲了有特殊身份，知法犯法的人。就算是扰，也只是扰了司马温公这样的“圣贤”！

6.“信狂狡之人，妄兴水利，劳民费财。”——让数字说话吧：“起熙宁三年至九年，府界及诸路凡一万七百九十三处，为田三十六万一千一百七十八顷有奇”，合计三千六百多万亩。其中官地约二十万亩。这些土地都是假的？哪来的什么狂狡之人，怎么能说到“妄修水利”？！

多余的话还用再说吗？大家一起欢呼，司马光万岁万岁万万岁——祝您身体健康吃嘛嘛香，不多不少就比王安石多活一年，好把北宋的大好乾坤像童年的那口缸一样砸碎……

皇宫深处有一次著名的家庭谈话。

史书记载某一天阳光明媚，天气良好，宋神宗到后宫去看望老妈和奶奶。几句家常话后，从前的曹太后、现在的太皇太后说了句话：“我从前只要听到民间的疾苦事，都会告诉仁宗皇帝的，仁宗都会批准我的奏疏，让民间好过些。

现在也应该这样。”

神宗非常警觉，回答了四个字：“今无他事。”奶奶要干政，立即就堵死了。

但是奶奶继续说：“我听说现在民间青苗法、助役钱都不合理，你应该罢免它们。”

神宗回答：“这是利民，不会苦的。”

老奶奶直接提出最重要的要求：“王安石的确有才，但得罪的人太多了。你要真爱惜他，就让他暂时出京补外职吧。实在想用，过一年再召回来。”

神宗再次驳回了：“不行，现在的大臣里只有王安石能‘横身为国家当事’。”

每句话都被驳回了，太皇太后的老毛病发作，她泄气了，像当年被韩琦等人欺压一样，不再说话。这时，神宗的弟弟岐王站在旁边，插了句嘴：“太皇太后说的都是至理名言，真理啊。皇上，您得多想想。”

这时，神宗的满腔怒火再也控制不住，对弟弟吼了一句：“是我败坏天下吗？那就换你来当皇上！”（汝自当之！）

岐王哭了，他非常伤心，说：“至于这样吗？”（何至是也。）

大家看完上边的记载有什么感想，觉得神宗小题大做吗？我们来真正映射神宗的真实感受。无论是他的奶奶，还是他的弟弟，都在做着封建时代里最危险、最恶毒的一件事。

——干涉皇权。

居家是父子，临政是君臣，这才是皇权的意义。在这个层面上说话，曹老太太和岐王小弟，都是在找死，犯了祖宗的家法。

自赵匡胤开始，到赵光义成熟，宋朝的制度就是皇族不许插手政务，连当上了驸马的人，也终生只有闲职。就算是宋朝的皇帝超宽容，不会因此而治他们的罪，他们自己也要明白犯的错有多大。

可好玩的是，老奶奶无动于衷，心安理得。而小弟弟居然哭了，貌似他哥对他太残暴，让他伤心了，真是活见鬼。

上面这些事，有的王安石知道，有的不知道，他每天都正常工作，直到熙宁七年元月的花灯节。

当时神宗下令登城观灯，百官一齐出席。作为宰相，王安石显得很特殊，他骑着高头大马带了很多从人，到了皇宫的宣德门还不下马，进了城门仍然不下马。再往里走，将要出城门进入皇宫内部了，终于被当值的侍卫喝止了。

侍卫非常生气，在怒喝的同时，出于愤慨抽伤了王安石的马。是不是应该说侍卫们的举动非常合法呢？毕竟皇权至高无上，哪有做臣子的骑着马进皇宫的道理？侍卫们就算粗鲁了些，也是忠于职守的表现嘛。

有功无罪。

而王安石的反应，就与之相反了。不仅不悔过，反而变本加厉，化骄狂为撒野了。

王安石大怒，下马去找皇帝，要神宗把值班的侍卫都送交开封府治罪。不知什么原因，还牵连到一个御药院的太监，也一起扭送。

神宗都答应了，可是开封府尹蔡確却不同意，其理由就是上面所说的那些，侍卫忠于职守而已，真要处罚的话，以后还有谁敢为皇帝站岗呢？

尽管说得有理，可仍然有 10 个侍卫被打了板子，与之相对应的，王安石骑马擅入皇宫之罪却不了了之，皇帝根本没过问。

上面就是流传得最广的上元夜宣德门王安石骑马入皇宫事件的始末。公道地讲，要真是这样的话，王安石没有什么好说的，真就是骄狂成性，不知羞耻，做出这样的事，真是太丢人了。但是，非常不巧的是这件事的版本很多，有各种各样的内幕，哪一个说起来都和这个版本截然不同。

第一个，是对宣德门前是不是必须下马的讨论。

事发之后，王安石在宣德门的通道里被打伤了坐骑，连同他的从人们也被打伤了。当时他并没有发作，而是想着或许真的犯错了，等见到了神宗，他先是回忆往事。在他执政之前，他跟着首相曾公亮入朝，从来都是进了门才下马。

他执政之后，这些年里也一直是进门才下马。为什么偏偏这一天，侍卫们突然间找事，不由分说，面对当朝首相先是喝骂，接着鞭打，出手之重，让从人和马匹都受了伤。

这是怎么搞的？

神宗听了也很疑惑，也回忆了一下。当年他做皇子时，入朝的班序在宰相之后，也是进门之后才下马。可见，城门内外之争根本不存在藐视皇权的罪名。

君臣二人都在努力想事，这班侍卫是怎么突然间抓狂的呢？枢密使文彦博大人照例在旁边插了一句："老臣俺入宫上班几十年，从来都是在门外下马……"只此一句，再没其他。

宋神宗和王安石一起郁闷，这明摆着是说，你们两个小毛孩子知道什么惯例，记得哪些往事，就算你们一直都是门内下马，也只能说明你们一直都是错的！

事情到了这一步，谁是谁非必须得有个说法了。不然，王安石不仅是白挨了一顿臭骂，创下了首相上朝挨鞭子的纪录，还得被扣上无知蠢材、犯法都不自知的丑名。

回来之后，王安石先翻史料，在浩如烟海的各部门记录中，他终于找到了宋仁宗嘉祐年间行首司的工作日记，里边记载着所有大臣都在门内下马。有了书面依据，他又去找副宰相冯京。

冯京，字当世，鄂州江夏（今湖北武昌）人。与王安石同龄，迟两届考中进士。考中时天下轰动，为北宋年间科场的传奇人物。在三级考试中，连得解元、会元、状元，号称“三元及第”。这份殊荣，远超一切名臣，是北宋年间首屈一指的。这样的青年才俊，连富弼都动心了，把自己的女儿许配给了他。

说来真是非同小可，看他在这件事情上的表现。冯京仔细地回想，想了又想，一想再想，终于开口说道：“安石，非常遗憾，我忘了。”

“三元及第”的脑子，居然把每天上朝的礼仪忘了！最绝妙的是他又加了一句：“……我又隐约记得，曾经在门外下过马。”

多么成熟的政治修养，先定下原则——“我忘了。”就此推开所有可能的罪名，接着又表明自己的立场，他赞同文彦博。

王安石面对软中带硬的牛皮糖实在无可奈何，只好再去找线索。这次他得到了一个非常切实、有用的第一手资料。有线人说，中书省驱使官温齐古曾经亲耳听见宣德门当天值班打人的侍卫们事后聊天。一个说：“把宰相的马和从人打伤，这罪名可不小啊。”

另一个叹了口气说：“我难道不知道吗？只是上面逼得紧，无可奈何！”温齐古听到后，立即报告给了另一位副宰相王珪。

王珪，是王安石的同年进士，资历相当深厚，在翰林院里一干就是18年。文章写得非常漂亮，“其文闳侈瑰丽，自成一家”，在文字高手不计其数的宋朝能得到这样的评价，其能力可想而知。呵呵，看他的做事风格。

此人后来当上宰相，有个外号叫“三旨相公”。即上朝“取圣旨”、在朝“领圣旨”、下朝“已得圣旨”，是一位再乖巧不过、听话好使唤的好同志。

这样的妙人遇到了宣德门宰相被抽事件，只会有一种反应，那就是王安石得赶紧跑，最好一瞬间就出现在温齐古面前抓紧时间问。要不然，王珪就有本事把证人同化了。

事情果然是这样，等王安石赶到时，温齐古已经神情痴呆，一脸懊丧，恨不得抽自己两嘴巴。怎么就这么多嘴！那是多大的火坑，自己跳进去注定尸骨无存！

王安石无论怎样问他，他的回答都只有一个，我记不得当时说话的是哪两个侍卫了……王安石凝视了他一会儿，什么也没说就走了。

何苦为难一个芝麻官！王安石不再追问什么，让这条线索断掉了。

这个版本也就此打住了，王安石是否应该在门外下马，查遍史料、证人都没有正解，成了个无头公案。下面看第二个版本。

上一个有头无尾，看得很闷。这一个就机灵巧诈，显示了当事人聪明伶俐的一面。话说在这个版本里，王安石不是一个人进宣德门的，而是由一位地位显赫的亲王殿下半拖半拉带进去的。

这位亲王就是前面提到的岐王。当天上元夜君臣欢聚赏花灯，不仅邀请了宰相重臣，连亲王、太后、太皇太后等皇族也一起出席。王安石来的时候，正巧遇上了岐王，不管王安石是想在门里还是门外下马，岐王"挽"安石先入。

亲王赏脸，总得接着吧，王安石就这样被拖进了城门洞里，接下来就发生了抽马事件。考虑到皇宫深处奶奶、妈妈、弟弟强迫神宗贬王安石的过程，岐王这种"挽"扶举动是不是早有预谋呢？事件的结果也证实了这一点。

岐王被送交开封府等待处理，王安石自动请求离职。

耶！目的达到了！宋朝的宰相必须温文有礼，举止端庄，大家都应该记得。两个宰相互相吵一架，都得各自贬职，何况是和亲王发生了打斗场景！

如果真的是两败俱伤，也就没什么了。有趣的是岐王的等待处理等出了别的花样，不仅没有罪，还能坏事变好事，给另一个人铺出一条升官之路。

事情交到了开封府，府尹是蔡確，每天里各种公务忙得没完没了，突然间被皇帝召见。神宗问他："岐王的罪名定了没？怎么处理啊？"

蔡確突然间怒了！他愤慨地说："陛下你错了。举办花灯节，为的是让太皇太后、太后欢乐，顺便友爱兄弟，给天下臣民做表率。王安石是首席大臣，应该带头响应。现在反而因为打伤了几个从人，就治亲王的罪，让太后们怎么乐得起来？"

注意最后一句话——"若必以从者失误，与亲王较曲直，臣恐陛下大权一去，不可复收还矣。”他是说，不管王安石有没有委屈，都不能处罚岐王。不然，神宗本人的地位就会受到威胁，会达到从此失去至尊无上的地位的恶劣程度！

神宗大吃一惊。是啊，不仅是他，每个看到这段的人，相信都会大吃一惊。因为蔡確说得太有逻辑了。以他的论点，若是这次处罚了岐王，王安石会加倍地飞扬跋扈，宋神宗再也治不住他了，皇权不再权威。多有趣，换个角度来想呢？

如果不处罚岐王，这次亲王的地位会发生怎样的变化？连国家首相都敢欺侮，且没有责任，他得牛到什么程度？还会畏惧自己的哥哥，神宗皇帝吗？

要知道亲王与皇帝只有一线之隔，都是同一血脉，要篡位，有亲王的也没有王安石的。就以当年王莽篡汉为例，他是当时太后王氏的亲侄子，以王安石这种光杆资历来说，哪有说篡就篡，说成功就成功的？由此可知，蔡確纯粹是颠倒黑白。

可是回到史书里，神宗的惊讶非常耐人寻味，一惊之后他很喜悦。

——“卿乃敢如此言安石耶？”

蔡爱卿,你竟然敢这样说王安石？宋神宗大大地欣赏蔡確,认为其有胆有识，忠于皇权，体贴皇族，是个不可多得的好臣子。

从此之后，决定重用他。

综上所述，非常无语。抛开蔡確的言论正确与否，单看宋神宗的反应，就知道这个版本的真假。改革5年以来，宋神宗对王安石言听计从，以国家兴亡相托付，要说大权旁落，早就已经旁落了，会用这点小事、5年的光阴之后才猛醒？

不必再浪费笔墨了，混乱的逻辑，加上不符实情的“忠贞”，只能证明这是宋史编纂过程常见的无耻勾当——造假。用来毁掉王安石的形象，为日后宋神宗推脱改革干系做准备。我们忽略它，再看第三个版本。

这个版本是最刺激、最微妙的一个。在这个版本里，王安石带着从人来到皇宫宣德门左边门外，正要往里走（将入），侍卫执事官出现了，他拿着一种叫骨朵的仪仗，吆喝王安石下马。注意这个骨朵，它形状像个长把的小铁锤，其功能也相似。在赵光义的时代里，它曾经出过一次风头。

在辽国那边，萧太后的情人韩德让曾经在金殿上用骨朵把一个辽国皇族的脑袋打碎。这时侍卫老哥拿着这种东西走向王安石，命令他下马。王安石很明显没意识到将要发生什么事，拗相公性格发作，继续向前走（马势不止）。

这时一个重要人物出场，是一位大有来头的大太监，名叫张茂则。大家还记得这个人吗？回忆下宋仁宗最后几年里，有一次突然发疯，披头散发地冲出皇宫门口，他当时大喊："皇后和张茂则谋逆！"

皇后，就是现在的太皇太后，上次皇宫谈话里的主角儿；张茂则，近 10 年之后再次登场。此时他突然出现，对王安石大喝，王安石立即就停下了马。这不是胆小，而是规矩。皇宫里的太监说话，绝大多数不是他本人在说，而是在转述皇帝的命令！

这时，张茂则用目光命令侍卫官把给王安石牵马的从人抓住，拿骨朵狠打。打的过程中没有记载王安石的反应，他反没反抗，求没求饶都不清楚，记述的重点是那位打人的老兄，该侍卫官打着打着突然间转移目标，大叫了一声："相公马有何不可？"

举骨朵把王安石的马也打伤了。

张茂则非常欣赏这个举动，他及时地发表了打人打马的合理性解释："相公怎么了？他不是臣子吗？这样蔑视皇帝，是不是想当王莽一样的人？！"

堂堂首相被一群侍卫和一个太监突然横加侮辱，并且是暴力式的侮辱，是可忍孰不可忍？可事发时，王安石忍了，他选择见了皇帝再说。

见到神宗，王安石说了经过，陈述张茂则等人打伤了他的坐骑和从人。宋神宗的回答让每一个精研宋史的人都愕然。当然最愕然的还是王安石本人，宋神宗居然说："哦，打伤了？真的打伤了？好，派人去验伤……"

王安石立即如坠冰窖，这是比宣德门打马事件更大的侮辱。以首相之位，位极人臣了，受到这样的欺侮，皇帝居然还不相信！此朝廷再没有立足之处。

王安石立即提出辞职。

宋熙宁七年（1074 年）四月底，王安石一家轻车简从，悄悄离开了京城开封，没有惊动一个官员和百姓。

飘然而去，不慕浮名，走得非常潇洒。只是他和宋神宗两人都不知道，宋朝就此失去了最后一次振作的机会。来日大难，不仅是宋人就此沉沦，就连华夏民族，也从此一蹶不振。

第二十一章　陌上花落怨阿谁

他们千算万算，还是算漏了一个弱点。

体制、办法再好，也比不上人性的劣根性更重要。

吕惠卿抢班夺权，挑起变法派的内部争斗，他打压曾布、吕嘉问之后，向外部动手，扩大矛盾。话说有两个人一直是吕惠卿的死敌：一是冯京；二是王安国。冯京是公事上的矛盾，这位三元及第的状元郎总是温文尔雅，轻声细语地和王安石谈话。由于学识渊博，态度良好，所以说了什么也不受处罚，于是就变成了改革派脚下一条细腻温存的绳子，无论做什么事都绊腿。

吕惠卿、曾布、邓绾、李定等人恨透了他。

王安国是一个有趣的人。他是王安石的亲弟弟，可是处处和哥哥作对，无论是政见，还是私下的交际往来。比如他总是在公开场合和新法唱对台戏，刚开始人们总因为他是王安石的弟弟，给首相点面子，不去计较。可是时间长了，谁也受不了。

终于有一次，曾布说话了："你是安石的弟弟，国家变法，与你何干？（何预足下事？）"这句话半点错都没有，曾布说得非常堂皇。因为国有国法，官有官职，你只是一个私人身份，就算宰相是你哥，你也没有干扰政务的权力。

可是王安国勃然大怒，说出了另一番理由。他说："宰相是我的哥哥，宰相的父亲是我的父亲。宰相都是因为你们这班小人的搬弄才做了错事，将来家破人亡，全族遭祸，甚至会波及先人，连坟墓都保不住，这还不关我的事吗？！"

某天，吕惠卿在王安石家里商谈政务，两人谈得正欢，突然间院子里有人吹笛子，曲调相当讨厌，以王安石的涵养都受不了，探头一看，正是三弟王安国。

王安石在屋里说了一句："宜放郑声。"

院子里的王安国回了一句："愿兄远离佞人！"说完笛声依旧，该吹还吹。佞人，小人也，当时吕惠卿恨得咬牙，明知是说自己，可没法发作，只能都记在心里。

这个版本比较多，还有一种说法是王安国在西京洛阳做国子监的小官时，被司马光等遗老排斥在当地主流社会之外，和向往已久的正人君子们不得相见，痛苦之余，开始放浪自弃，主要就是烟花柳巷、声色犬马什么的。王安石很生气，以大哥的身份从京城寄去一信，里边写着"宜放郑声"。

而王安国回了那句"远离佞人"。不管是哪个版本，都明文记载了吕惠卿大怒。

其实吕惠卿真的没必要大怒，王安国不仅对他们这样，对自己的亲哥哥也没有手软，说出来的话、办出来的事堪称人间少见。

据伟大的历史学家、严谨的私人笔记记录者司马光在《涑水纪闻》里说，王氏兄弟曾有次争吵。王安国把宋朝改革的局面归纳为天下汹汹，大祸将成。而这一切都是他哥哥的错。于是他苦口婆心地劝，要哥哥一定要听他的，停止变法，最不济也要抽身而退。

要不然会家破人亡的！

王安石没听，王安国太伤心了，他转身泪奔，跑到影堂里向祖先们哭诉——"不是我不孝，实在是大哥太固执，才让咱们家灭门的啊！"

这件事要先确定是不是真有。两种可能：

第一，有这回事。

如果真有这回事的话，王安国以宰相弟弟的身份，不管官职够不够，都可以在家里以私人的身份干扰国事，这还有半点国家公务的严肃性吗？

在这个前提下，王安国不管以什么理由，哪怕他真的有理，也说错了场合。他完全可以在办公场合公开反对，尤其是到影堂里向祖先哭诉，我不知在他身后的王安石是什么心情。

一般来说，农村妇女掐架时这招常用。

第二，没有这事。

为什么会这么说呢？大家转念一想就明白了，事情出自《涑水纪闻》。请问一直隐居在洛阳写书的司马光是怎么知道王氏兄弟在家里、影堂附近的争吵的呢？除非是当事人向外界宣扬，那样就会尽人皆知，何以只有司马光的笔记里才有？

像苏轼、苏辙等日记一族为什么都没录用？

此外，最可疑的一点就是“影堂”。影堂，即家庙，祠堂，供奉祖先遗像、牌位的地方。这时王氏兄弟是在开封京城里，他们的祖先祠堂也搬进京城来了？这事是需要考证的，从常理来说，宋朝官员的升迁谪落是很频繁的，尤其是宰相。不管是谁，赵匡胤定下的制度，宰相必须快速轮换，防止专权。

这样注定会调动，估计不会有人把祖先随身带着的。那样“回乡祭祖”一词就失去了意义。

综上所述，这事如果是假的，诚信的代表、伟大的史学家司马光先生的人品就有大问题了。捏造事实也就算了，难得的是他借王安国之口说出了如此恶毒的话——王安石一族家破人亡！

这是怎样的诅咒啊……

抛开这件事的真假，王安国和郑侠之间有来往，这人尽皆知，都是因为他们太潇洒，太倜傥了。话说王安国一直用心良苦地拆自己哥哥的台，拆来拆去没效果，所以对能拆他哥台的人极其欣赏。

《流民图》事件之后，郑侠某次上街，正遇上王安国骑马出门。骑得高，看得远，王安国先看到了郑侠，立即眼前一亮。

他在马上举鞭示意，深施一礼：“君可谓独立不惧！”

郑侠的表情很遗憾：“我也是不得已嘛。想不到宰相被小人所误，到了如此地步。”

“不，”王安国出人意料地反驳了，或许他这时才想起来那是他亲哥哥，他说，“我哥哥做官，总是忠贞不贰，他认为做臣子的必须为朝廷做事，有成绩归陛下，有怨恨自己承担。这样才是尽忠于国家，所以现在九州四海之怨，都集于我兄长一人之身。”

郑侠冷冷一笑：“你说得古怪。我从没听说过皇帝是尧、舜，臣子是夔、契，九州四海会有那么多的怨恨。”这时满大街的人都在听，不由得一起点头。

好啊，郑侠说得好啊，有道理！

这段谈话，把王安国和郑侠拴在了一起，这就是罪证，他们是同党。可仍然不够，冯京还逍遥法外呢。再想办法，吕惠卿从郑侠的第二封奏章里看出了破绽，那里面除了民间疾苦之外，还谈到了一些宫廷内部的隐秘事件。

吕惠卿找到了神宗，说：“这很奇怪。像青苗法、免役法、市易法等，都是举国皆知的事，郑侠知道不奇怪。可宫廷内部的事郑侠是怎么知道的？我得到了确切消息，是冯京告诉他的，副宰相指使他人诽谤皇帝，不信您把郑侠召回来问问就知道了。"

郑侠走到半路被押了回来，三堂会审，揪出了郑侠的门人吴无至和集贤校理丁讽。就是这两个人给郑侠和冯京来回通信。

这四个人无一例外，都被贬到外地。郑侠最惨，在英州编管，人身自由都没了。冯京被踢到四川，瞬间从官场顶峰跌落到剑门关外，彻底歇菜了。

为了真正拥有天下，吕惠卿在个人声望提高、实力加强之后，做了一生中最重要的一件事，这成了他命运的转折点。

在年底的冬至日郊祀大典时，宋朝有惯例要赦免一些有罪犯错的官员，特殊情况的还有些恩赏，以表示朝廷的仁爱。这一次，吕惠卿显得非常忠于老领导，他微笑着提醒宋神宗，王安石的官职有点低，在这普天同庆的好日子里，您给他加上节度使的头衔吧。

节度使，这是唐朝时实力凌驾于皇帝之上的各地诸侯，可在宋朝只是个荣誉头衔，没有半点的实权。唯一的好处就是工资高于当朝首相。

乍一看真是件好事，毕竟王安石这时只是江宁知府，最大的头衔是观文殿大学士。可是神宗猛然间惊醒，吕惠卿已经站在了悬崖边上，而且把整个朝局都扯过去陪着他一起冒险！

那一天，神宗盯着他，缓缓地说了一句话："王安石离职不是有罪，为什么要用赦免复官？"这才是问题的焦点，如果真的答应了吕惠卿，王安石就变成了罪人，从此之后，就永远失去了当首相的资格。

吕惠卿的心沉了下去，他知道自己在做什么，也知道皇帝的话代表了什么。这一步踏出，再也没有回头路了，他成了宋朝 100 多年历史里极其罕见的一个特例，他成了叛徒，从里到外地背叛了自己的领导——王安石。

从这一刻起，注定了他是王安石的敌人。此后，不管是改革派当权，还是反对派复辟，都跟他再没有半点的干系。

他只剩下自己另起山头、自负盈亏的命运！

不久之后，宋神宗派人到江南去召还王安石。王安石这次没像第一次出山时那样，在路上游荡四五个月才进京，他进京的速度空前迅猛。

7 天，王安石就从江宁赶到了开封，开始了他的第二次任相之旅。

第二十二章　生锈的镔铁

很久没有提到辽国人了，这时他们聪慧、精明、善于敲诈勒索的耶律宗真先生已经成了辽兴宗，有了自己的庙号，融入了契丹人伟大的历史长河里……他死了，早在1055年，宋至和二年就死了。如果要找个参照时段的话，很简单，那时宋朝正在闹水灾，为六和塔减水计划吵得鸡飞狗跳。

综观耶律宗真的一生，他实在是很有趣，可以归纳为一句话——贪小便宜吃大亏。仔细想，他的成就来源于贪婪，比如每年从宋朝多收20万两银子的保护费，比如他不管仗打得怎样，始终让李元昊俯首称臣。

可他还存在致命的缺陷。

不守信用，让宋朝人一直记着辽国人的仇，几十年后突然爆发，让辽国人还本付息；对西夏轻易动武，打破了契丹人天下无敌的神话，让背后各个少数民族悄悄地打起了小算盘。

辽兴宗死后，他的儿子耶律洪基继位。

耶律洪基在位时的辽国，最有特色的东西是他的大臣耶律乙辛。耶律乙辛，字胡睹衮，辽国五院部人。出生在一个极其穷困的家庭里，穷到他老爸的外号就叫“穷迭剌”。耶律乙辛出生的时候，父母正在赶路，没有水给他洗澡，可是就在他降生之后，刚刚辗出的车辙里居然冒出了一股清泉！

这仅仅比佛经故事里，释迦牟尼降生时天降甘泉为之洗浴差了一点点而已！

最奇妙的是耶律乙辛长大后放牧时的梦。某一天，天色将晚，他还没有回家。他父亲在草丛中找到了他，发现他睡得正香，就把他叫醒了。耶律乙辛醒来后大怒，说他正梦见一个神人手捧日月给他吃，已经吃掉了月亮，太阳才吃一半，突然被吵醒了，真讨厌！

不管这事是真是假，从此耶律乙辛的命运改变了。他父亲不再让他放牧，而是学了一些别的本事。他放鹰行猎，在武事上是契丹人中的一等男儿，这还很普通，顶多能当个出色的军人。可他还有另一项在契丹人中非常罕见的素质。

耶律乙辛风度翩翩，仪容出众，外貌温文尔雅，尤其举止动态很有教养，根本就不像是野外生长的穷家子弟。

他先以勇武当上了耶律洪基老爸的亲兵侍卫。职位是文班吏，掌太保印。这是个俏活儿，就像宋朝的馆阁人员一样，可以随时见到皇帝，甚至陪皇帝出入宫廷。某一次进到内宫，耶律乙辛的好运来了。当时的皇后立即发现了这个与众不同的小伙子，他“详雅如素宦”，就像一个经过专门培训的太监一样，既温顺又雅致。他被留了下来，做笔砚吏。

辽兴宗对汉人的诗词歌赋很有造诣，他画的山水丹青、翎毛花鸟境界很高，曾经特意送到宋朝给他的皇兄看。宋仁宗以飞白体书法回赠，在当时是一段风流佳话。

耶律乙辛在这种风流环境里如鱼得水，官职很快升到了护卫太保。到耶律洪基当皇帝时，他爬升得更快，只几年的光景就升到了北院枢密使、赵王的高度。一个穷小子真的当上了王爷！

到了耶律洪基当政时，他登峰造极了，先毁了皇后。

皇后名叫萧观音，容貌出众，诗词造诣更是不凡，到底有多高由于资料的缺失不好界定，只是几百年之后，清朝第一才子纳兰性德对她都非常推崇。

她也死在了诗词上。

话说当时耶律洪基奔跑在白山黑水之间，快乐地当上了野生动物终结者。没多久，他突然间收到一封紧急公文。这份文件很有名，叫《懿德皇后私伶官疏》。相信这个题目映入眼帘的一瞬间，耶律洪基头上的青筋就会暴突起来，懿德皇后是萧观音，伶官指的是皇宫里的御用乐手，私……只有一个解释，私通！

公文详细记录了萧观音和伶官赵惟一私通的全过程，起因是皇帝让皇后寂寞了，多才多艺的皇后很悲伤，她像汉武帝的陈皇后那样，想写些诗词感化丈夫那颗疏远的心，于是她写了《回心院词》10首。因为是写给丈夫的，可想而知非常的香艳私密。

比如其中有：“铺翠被，羞杀鸳鸯对。犹忆当时叫合欢，而今独覆相思袂。铺翠被，待君睡。”“展瑶席，花笑三韩碧。笑妾新铺玉一床，从来妇欢不终夕。

展瑶席，待君息。”

10首词，词牌规格都是一样的，为节省篇幅不予赘述。要说明的是，写诗不要紧，香艳也没问题，怪就怪在太追求完美。萧观音想给这10首词配上曲子，亲自唱给丈夫听。那就需要找专门人才，伶官赵惟一出场。

赵惟一进入深宫，好戏开场。在这份公文里两人见面、调琴、互唱，进而饮酒、入帐，甚至床上的谈话内容都一一记录在案。

其香艳程度，比那10首《回心院词》强太多了。我不想复述，大家如果有兴趣，可以去翻阅一些明清香艳小说。总之一句话，是相当的限制级啊。

萧观音死。

接下来是皇太子耶律浚。

阳光下没有新鲜事，皇太子谋反，证据确凿。至于证据是怎么来的，耶律乙辛来了一次公审，在衙门的院子里摆上了刑堂。当时是三伏天，不动都冒汗，他命令把犯人都押在大太阳底下。

这些太子党被戴上超重的枷锁，每人的脖子上套着一条细麻绳。一声令下，开始狠勒，等到犯人眼球突出、呼吸困难、眼看要被勒死时，绳子放松了。别高兴，这只是开始，喘上几口气后，绳子再次勒紧，再一次勒到窒息。

如此翻来覆去没完没了，换谁都得崩溃。这时犯人们异口同声地承认他们真的谋反了，真的是太子党，随便怎么定罪，只有一个要求——让他们马上死。

皇太子死。

耶律洪基很悲伤，就想知道儿子最后的岁月是怎样的，于是宣召皇太子妃觐见。这实在是逼着人犯罪嘛，皇后害死了，太子害死了，难道还留着一个太子妃？耶律乙辛一不做二不休，派人等在半路上。

皇太子妃死。

只剩下皇太孙了，耶律洪基才醒悟过来，把耶律乙辛浑身绑满了大铁链，囚禁在来州，最后被一根牛筋勒死结束。

辽国就是这样衰败的。

第二十三章　飞扬的梦

开封城比变法前更乱了，起因是王安石写了一本书，这本书的书名叫《三经义》，准确点叫《三经新义》。

三经，指《周官》《诗》《书》。这是儒家学术的核心经典，王安石以自己的理解为之注释，阐述他心目中的道理。官要怎样当，人要怎样做，怎样才能团结在一起进行改革。可以说，这是用来改造当时知识分子心灵的武器。

神宗很高兴，做事要同心同德，有个总的规范才有前进的目标嘛。他给了王安石一大笔稿费，同时加官晋爵，加封王安石为尚书左仆射兼门下侍郎，同时给他儿子王雱一个龙图阁直学士的头衔。

事情坏就坏在这个头衔上。按照惯例，王雱要推辞一下，可是就在他推辞的时候，突然间吕惠卿跳了出来，劝皇帝答应。说王雱一介青年，没有贡献，何况以王安石的博大胸襟、无私性格，怎么能让长子走这样一条侥幸富贵的路呢？

王安石听了哈哈一笑："惠卿说得对，就这么办吧！"事情就这样办了，在他们身后，王雱愤怒的目光紧紧地盯着吕惠卿。

一个叛徒居然嚣张到了这种地步，居然敢主动挑衅！如果不把这样的人渣打倒在地，狠狠踩进泥里，这世上还有天理公道吗？

王雱，字元泽，王安石长子。在宋史里他是个无恶不作的不良青年，但是也没法否认他的聪明才干。中国有一个著名的神童传说，相信大家都听说过。说有客人送来两只野兽，一只獐一只鹿，关在同一只笼子里。

问家里的小孩儿："哪个是獐，哪个是鹿呢？"

小孩儿不知道，可是想了想，就回答说："獐旁边的是鹿，鹿旁边的是獐。"反应敏捷，无懈可击，让周围的人一片惊叹。这个小孩儿就是王雱，当年他只有5岁。

简短地说，王雱18岁以前就著书立传，在王安石第一次拜相之前就考中了进士。这很重要，免去了他拉关系走后门才考中的衙内恶名。之后，他帮助父亲改革，主管军械司，做出了很多切实的贡献。可是这些对他的名声没有半点帮助，他就是一个邪恶父亲所生的暴戾儿子，做了太多太多的混账事。

比如著名的对程圣人的不敬事件。

话说圣人程颢在熙宁变法的初期还是王安石的手下，关于怎样变法才能成功，两人经常商量，有时程颢会去王安石的家里。某一天，两人座谈，突然间王雱从内宅出来了，只见他披头散发光着脚，手里拿着一顶女人戴的娇艳帽子问他老爸："你们谈什么呢？"（雱囚首跣足，携妇人冠以出，问父所言何事。）

这个形象就足以给王安石父子定罪了。不说古代，就是现代开明社会里，长辈们在谈正事，儿子衣冠不整，手里拿着非常私密的东西出现，这是什么样的家教？更何况没有经允许就直接插话，问长辈们聊天的内容。

王安石身为首相、大儒、名臣，家教到了如此地步，御史们可以有活儿干了，直接弹劾他家教不严，房帏不修，就算不到罢免的程度，也从此没脸做人。

可是绝的是，王雱问了之后，王安石居然回答了。他老老实实地讲："因为新法推行不利，正和程君商量对策。"

王雱大笑："这有何难？把韩琦、富弼的脑袋砍下来悬挂闹市，新法自然推行顺利。"

王安石长叹一声："儿子，你说错了。"

且不说王雱的办法是对是错，当然我们都知道他是对的。前面早已分析过，自古没有不流血而成功的变法、不颠覆而达到的利益重新分配。我们跳过这一段，直接看下面的故事发展。

王安石家教混乱，程颢看不下去了。他是圣人，最见不得的就是世间伦常次序的颠倒、非法不良的事件发生。

他正襟危坐，对王雱训斥道："方与参政论国事，子弟不可预，姑退。"这时圣人的威力出现，王雱如被当头棒喝，灰溜溜地走了。

这段逸事一直被当成真事历代流传，其实根本不值得一驳。看程颢的身份是什么，他只是王安石当年变法前派往天下调查各地农田、水利、赋役等情况的八个人中的一个，再以后，是制置三司条例司里的办事员。小官而已，在宰相家里能坐着谈话都是优待，有什么资格训斥宰相的长子？

从另一方面考虑，不以官职，那么以学识、以年龄论，他是王雱的长辈，所以才能说出这样的话而王雱不得不听。只能以这个角度来说事了，仅此一个原因，再没有其他。

可是那时程颢根本不是什么圣人，连他的老师周敦颐也只是一般货色，拿什么在王安石父子面前抖架子呢？再说两者的年龄，程颢生于 1032 年，王雱生于 1044 年，只相差 12 岁，程颢顶多是个大哥哥，从哪儿也论不出个长辈来。

如果程颢真的说了上面那句长者谈话小子速退的话，王雱能一个耳光抽过去，你是哪门子长辈？真是皮痒犯贱！

不过凭良心讲，这件记载在《宋史》王安石父子兄弟本传里的“史实”，和程颢的本质无关，仍然与《邵氏闻见录》有关，与邵伯温的人品有关。

仔细查资料，王安石在熙宁二年二月当上了参知政事，八月程颢当上了条例司官，第二年五月因政见不合被罢免。

熙宁二年至四年时，王雱在江南当官，即便程颢有在王安石家里论政的事，王雱也不在京城。直到熙宁四年时，王雱才进京当上了太子中允崇政殿说书。这时程颢已经被踢出开封，到外地去当官了。

两人没见过面，哪来的交谈，哪来的争执，哪来的训斥呢？至于“囚首跣足，携妇人冠”，这真是无耻之言。邵伯温一心一意盼着王氏父子绳捆索绑名誉扫地，蹲监牢吃死人饭。只是想了做不到而已，写进书里意淫一下也是好的……

可笑的是，之后的历代史书居然就信了。

回到事发现场，吕惠卿的行为无论怎样解释都是挑衅，王雱的愤怒里夹杂着大量的屈辱感，这让他忍无可忍。宋朝的大臣们过个年都能给子孙们赚来一些恩荫，有很多衙内都是以这条路走上了官场。

官做到了王安石的地步，长子还是自己考上的进士，已经非常少见了。这时只是个龙图阁直学士的头衔，居然被以前的下属、现在的叛徒给搅黄了。是可忍，孰不可忍！

王雱要邓绾找吕惠卿的错。

立马就有了。几年前，吕惠卿兄弟曾经合谋在南方向华亭县（今上海松江）

的富户强借了500万贯钱，还曾在秀州勾结知县张若济强买民田。

吕惠卿被弹劾。

同一时间，王安石也被吕惠卿弹劾。

变法派领袖与二把手内讧，瞬间毁了一切。

王雱事后痛悔，英年早逝。

王安石再次萌生退意。熙宁九年（1076年）十月，王安石罢相，回到金陵江宁府。

王安石来时是一块许愿石，满足了宋神宗所有的愿望；王安石走时变成了一块肥皂，经过反复搓洗，他自身变小了，混合着众多的污垢。

留给神宗皇帝的，是一个相对干净健康的宋朝。在这个基础上，宋神宗做了一件真正伟大正确的事。

话说某天他早起散步，站在高处往下看，总觉得哪里不顺眼。

世界实在是太乱了，三省、六部、二十四司秩序井然、功能齐全，可是无数的办公职员闹哄哄地串来转去，在各个办公室乱走，根本分不出谁是哪部分的，应该干什么活儿。如果谁有心情抓住其中一个人问：“你是哪儿的？”

“俺是兵部的。”

“好，你在干什么？”

“俺在调配澶州的大白菜进京……”这就是北宋一直以来的办公方式。你是兵部的人，可管不了兵部的事，兵部只是他领薪水的衙门。其余的状况以此类推，就连宰相、枢密等顶级高官的职能，也被层层分割，别说办点实事，就连提高效率都做不到。

想改？那就要小心晚上做噩梦了，上至赵匡胤，下至赵光义，连同真宗、仁宗、英宗都会集体莅临，给乖乖重孙子神宗上教育课。

这是宋朝制约臣子、保住江山的重要手段。内部叠床架屋把职能名分搞混，外部强干弱枝把兵权收回，只要这两点在，神州大地就会永远姓赵。

历史证明，这一点绝对正确。唯一的例外，就是危机从外边来了……现在神宗要做的事，就是把祖宗家法拆散了，把这一整套内外结合自我阉割、毁灭民族血性力量的办法重组，让行政机构重新焕发活力。说来汉民族在古代之所以能屹立在世界之巅，凭借的是什么？不是财富，中国人的生存空间就决定了他们永远不可能是最有钱的人。哪怕是宋朝，也只是一些浮财，一旦战争、水旱灾发生，财富链条立即崩断；同时也不是战斗力，从总体上分析，汉民族与周边民族的战斗中一直居于劣势。

之所以能一脉相承，屹立不倒，成为四大文明古国之一，中国人最强大的武器是行政机构。它的健全和有效运行，最终让中国一直以大国的身份存在。

如果还有什么别的原因，或许是因为每个中国人灵魂深处的民族情结。

海洋国家极力向外部开放，勇于冒险，哪怕起步很晚、土地贫瘠，这种精神注定会给他们带来发展和财富。并且他们很单纯，就是奔着钱、利益去的，没什么善恶、道德、天理之类的自我约束。例子是欧洲大陆最早发达的几个国家，如西班牙、荷兰。岛屿国家更生猛，它们是三种环境里最恶劣的，纵观世界，它们带来的破坏是最大的。例子是英国和日本，这两个国家面积超级小，自然资源少得可怜。

回头看中国。

我们的特色是“地大物博，人口众多”。这是从小学课本就一直在宣扬的骄傲点，可惜危机也伏在这八个字上。地方太大，人口太多，直接后果就是一盘散沙，窝里反。托秦始皇嬴政的福，中国在别的国家还在树上睡觉时，就有了统一的中央集权。

有了这个，才变成了人多力量大。其间哪怕经历了多少次朝代变更、外族入侵，统一的格局都没有变，家国认知感一直牢牢地存在。

宋神宗时期，以行政机构本身就有缺陷的特性，加上赵匡胤等人故意加上去的毛病，大家应该明白精简部门重新规划的必要性了。宋神宗想来想去，创建了一个有宋朝特性的唐朝官职社会。

他拿出一本书，名字叫《唐六典》，里边写的是唐朝的官职功能表。以这个为蓝本，重新规划宋朝的官职。我们把超级啰唆、规范的名词都扔到一边，可以精简出两大原则。

第一，以阶易官，减少等第。

官，指的是寄禄官。就是上面说过的兵部的人管户部的事，但还要在兵部开工资。那么，兵部的职位就是他的寄禄官。现在取消了，一律以相应的阶官代替。

新的阶官一共有二十五阶，比旧的寄禄官少了十七阶。新官品仍然是九品制，每品分为正、从，共十八阶，比旧官品少了十二阶。

第二，三省六部，循名责实。

顾名思义，就是各个衙门从今往后叫什么名，就去办什么事。权力回归，谁也不许越界。要注意的是，有些名称也从此变了。

比如三省，元丰年间改制之后恢复到了唐朝的中书省主决策、门下省主封驳、尚书省主执行的旧制。宰相们的办公室不叫中书门下，改称“都堂”。同时中书门下平章事和参知政事这两个名称也取消了，以“尚书左仆射兼门下侍郎”为首相，“尚书右仆射兼中书侍郎”为次相。

左为首，右为次，看着很传统，可是实际情况正好相反。沿用唐制，中书省取旨，门下省复奏，尚书省施行的原则，实权在右相的手里。

其他的就没什么好说的了，除了最大的一个原则，东西两府分权，军政分开这点宋朝最大的立国之本，宋神宗是没动的。东府宰相，西府枢密，仍然分庭抗礼，没像唐朝那样集中在宰相一人身上。

做完了这一点，实际上宋神宗已经同时完成了司马光、王安石两人心中各自最完美的社会。熙宁改革之前，这两人一个说要开源，一个说要节流。

现在王安石的开源全国铺开，各项新法所产生的巨大利润向国库滚滚而来；司马光的节流，减少开支、削减官位也已经达到。

一出一入之间，形势是开国以来最好的。同一时间内，政、财两项之外的军事也逐渐完善了。这一点的重要性，半点都不比行政、财务两项的改革轻松。

宋朝原来的军制是“更戍法”，赵匡胤为了不让任何将军掌握士兵，规定全国每支军队都要定期换防，兵走将不动，造成“兵不识将，将不识兵”，永远别想拥兵自重。后果大家都知道了，除了赵匡胤亲自率领的第一代宋军之外，军队素质直线下降。

这一点最初是被范仲淹打破的。为了对抗李元昊，西北长期驻扎重兵，几十年间兵将紧密配合，形成了西北军团独一无二的战斗力。熙宁变法期间，这个成功的例子推向了全国，它就是著名的“将兵法”。

将兵法实行后，天下总分为两大防区、92 员大将。

第一防区在京师附近，辖有 25 名指挥使 20 员大将，约占全国兵力的四分之一；第二防区在西北、东北两方面，配有 42 员大将，其余军队散布全国，岭南地区也照顾到了。除了这些正规军之外，保甲法的推行越来越顺利，民兵总数量在 70 万以上。

这改变了宋朝以前军事力量的分配，除了边关、京城两点最强之外，各个州县城市也不再是空白。时间一天天地推移，每过一天宋朝的实力就增长一分，它完全不是传统史书里所说的，王安石第二次罢相之后新法改革就失败了的一片惨淡光景。

哪里来的失败？直到宋神宗死了，司马光才跳出来废除新法。在这之前，宋朝全国都在实行新法，不管民间的经济变化怎样，国力、军事、行政三点立国之本空前旺盛。

人强命也强，关键时刻连老天都帮忙，改革之前王安石和宋神宗最盼望的机会也适时到来了。

第二十四章　最伟大西征or最沉痛西征

新法改革——积聚财富——出兵熙河——扫平西夏——征服辽国——产出利润。这个改革总链条的重中之重，扫平西夏的机会到了。

这机会是自己送上门的，说来也是党项人从李继迁时代开始就养出来的老毛病，他们姓错姓了。为什么要姓李呢？翻唐朝的老黄历，结果连民族命运也跟着变得和李世民的子孙一样。堂堂皇帝受制于后宫，每一代都活得窝窝囊囊的。

李元昊的儿子李谅祚死时年仅 21 岁，西夏第三任皇帝李秉常即位时只有 8 岁，走到前台的人是他妈妈，当年没藏讹庞的儿媳妇梁氏。命运是多么光怪陆离，李谅祚最初勾引她只是为了得到政敌的情报，没想到一旦成功，这个女人便牢牢地占住了西夏皇后的宝座。

一个汉族女人，不到 10 年的时间竟然成了西夏第一实权人物。

有这样一个妈妈，李秉常的命运可想而知。他是一个皇帝，可起步的位置比一个平民都不如。没有自由，没有权力，到 1076 年，他 16 岁时，名义上开始亲政了，却发现他比他爸爸当年还要惨。汉人天生就是政治高手，梁氏家族比没藏氏强大多了，除了把持京城大权之外，连同整个国家各个部门都安插进了自己的亲族。

李秉常想了又想，明白想要夺回皇权，绝对不是在京城发动一场政变那么简单了。怎样才能成功呢？他非常聪明，内部既然不行，只能寻找外援。外援只有两个，辽、宋，选哪个？辽国是不能轻易招惹的，请神容易送神难，近 200 年以来辽国从来没对周边邻居善良过，除了狠狠打了 50 多年几乎两败俱伤的宋朝。

而宋朝，文明美丽善良稳重，从哪一点上看，都是唯一的选择。

可是怎样打动它呢？宋朝什么都不缺，除了土地……一个 16 岁的孩子是疯狂的，谁在这个年龄都没法精细稳重。为了可贵的自由，他付出的代价让整个世界都目瞪口呆。

有两点：第一，西夏全境从此废除李元昊制定、梁氏推行的蕃礼，推行汉礼。这一点看似轻松，实际上和他妈妈已经势不两立了。梁氏苦心经营，她身为汉人，为了得到党项人的认可，在各个角度和宋朝作对，尤其是把她丈夫李谅祚当年推行的汉礼废除。现在她儿子竟然跟她唱对台戏，向宋朝示好。第二，就是让全世界都疯狂地开价了。李秉常派人通知宋神宗，为了两国友好，他愿意把“河南地归宋”。河，指黄河。河南之地，指的是黄河河套平原以南，包括西平府和党项人发迹祖业的定难五州！

这片广袤富饶的土地是西夏立国之本，只要宋朝帮他，就都割让出去。

这个价码让人直接想到了李秉常的老祖宗——李继迁的哥哥李继捧。李继捧为了稳固在党项人中的地位，把定难五州无偿地献给了赵光义。

可现在不止是定难五州了，黄河百害唯富一套，河套平原是党项人生存的根基命脉，真的割让出去，在历史上只有一个例子可以对比——石敬瑭割让燕云十六州。

但是细想，燕云十六州的最大作用是防守，失去它汉人没了军事基地，可财富数量并不受致命影响。而党项人丢了这片土地，从此吃饭都成问题。

当然了，这片土地的面积在史书里记载得非常模糊。“以河南地归宋”，一直以来都存在很微弱的小争议，说并非指上面所说的那么庞大，而是指河、洮等州与黄河以南原属宋朝秦凤路的一些历年战争所失领土。理由是，这个价码高到了火星上，李秉常应该不会这么疯狂。

李秉常为了皇位、为了生存，只是割出去一些土地就很奇怪吗？何况河、洮等州一直是吐蕃的，这时更是早被王韶拼回版图，关西夏什么事？李秉常有什么权力决定这片土地的归属？

不用怀疑，土地就是那么大，诱惑就是那么强。消息传进东京城，神宗惊愕得就像当年辽国的皇帝耶律德光。

真是肥猪拱圈，送上门来的肉！还等什么？宋朝积极响应李秉常的提议，一方面派出使者商量接收，另一方面积极备战。历史无数次地证明了，这种买卖不死几万、十几万甚至几十万人绝对没法成交，就是当年的耶律德光也得御驾亲征，替干儿子石敬瑭砍人。

果不其然，宋朝正在准备中，有新消息传过来了。宋朝的好朋友、火星少年李秉常被他的妈妈梁太后一顿胖揍，赶出皇宫，关押在皇宫七里外的木寨。

堂堂的西夏皇帝从城市到乡村，混到了最基层。

但是没关系，仔细分析，形势却比之前变得更好：第一，宋朝出兵有名了。友好邻邦，与宋朝关系空前密切的西夏皇帝被废，这是耸人听闻的噩耗，巨大的丑闻。宋朝绝对不能坐视不管，必须要帮他夺回皇位。第二，李秉常就算再无厘头，也是西夏皇族的代言人。他被老妈关禁闭，不是关起门来母子之间的事那么简单。从李元昊死就开始的皇族、后族的争权变得更加惨烈，让惨烈来得更猛烈些吧，最好两败俱伤，一起瘫痪，让宋朝不劳而获。

李秉常在宋元丰四年（1081 年）七月被关押，在同一月份里，宋朝就积极动员军队，做出了宋初雍熙北伐之外的最大军事行动。

集中包括熙河在内西北军团的全部主力，分五路进兵西夏：

第一路，由熙河、秦凤军总管宦官李宪率领，步骑近 3 万，会合吐蕃董毡军 3 万，攻击兰州、灵州。如果灵州被友军攻破，变目标为凉州。

第二路，由鄜延军种谔率领。鄜延军共 9 将 54000 人，另拨调东京禁军 7 将 39000 人，总计 93000 人，出陕西攻米脂，再攻击夏州，最终目标是与河东军围攻怀州。

第三路，河东军由宦官王中正率领，步骑总数 6 万人，民夫 6 万，马 2000 匹，驴 3000 头。另有民夫 5 万人作为后备。先攻取怀州，后渡黄河，进入西夏腹地。

第四路，环庆军由高遵裕率领，蕃、汉步骑总计 87000 人，民夫 95000 人。他们是攻击的重点，先攻取清远军，目标是原宋朝重镇灵州。

第五路，泾原军由刘昌祚率领，由 51062 名步兵，5000 匹马组成。会同环庆军攻占灵州。

综上所述，一个个数字罗列出来，稍微计算一下就让人瞳孔放大，全身发麻。五路西征，全军总计超过 35 万人，民夫 20 多万，全加在一起是 56 万人左右。

想想当年雍熙北伐怎样，只不过 30 万人左右。毫不夸张地说，这是宋朝有史以来最大的一次军事行动，同时也是空前绝后、唯此一次的攻击。宋神宗压上去的筹码，不仅是军队的数量，更是自王安石改革以来所产生的财富。

做出这些决定，宋神宗本人也惴惴不安，他找来枢密院的人，问：“你们觉得怎样？”军方一片沉默，很久之后，枢密副使孙固才慢慢地说了 8 个字：

——“举兵易，解祸难。不可。”

宋神宗很烦躁，像是在说服孙固，更像是在说服自己：

——“西夏内乱，我不取则辽国取。难道我们要坐视辽国做大吗？”

军方再次沉默，宋神宗说的是对的，以耶律洪基没事都敢向宋朝勒索土地的贪婪，近于分裂的西夏算什么？好一会儿之后，他们提出了最后一个问题：

——“请问陛下，这次西征的主帅是谁？”

李宪。

这是宋神宗的答案，听到这两个字，军方代表觉得一阵阵的头晕，很多很多的话堵在喉咙里，一时之间不知先说哪句好。

因为根本就没有必要说，这个问题是常识，从古至今从来没有人犯过这种错。李宪，是一位军事型的太监，王韶收复熙河时他曾经做过副手。这是资历，并且不讳言地说，宋朝的太监与唐朝的不同，与清朝的不同，与明朝也不同，他们中间有一些人足以称得上是真正的男人。

比如真宗朝的秦翰。

秦翰谦恭，《宋史》记载他“翰性温良谦谨，待人以诚信”。秦翰勇武，前后战斗，身被四十九创。在成都平叛时，身中流矢五战五捷，攻克益州，却把战功让给了部下；秦翰坚韧，在决定北宋命运的澶渊大战，身在最前线，七十余日不解甲，直到辽军退兵。

当他病逝时，禁军以父兄之礼葬他，他是一位合格的军人。

可就算是秦翰此时复生，也不能担当元丰西征的主帅。枢密院说得好，此次西征是为了平定西夏，这是图谋灭国之举，这种程度的战争，从来没有让一个太监来担当的！

而宋神宗的答案，居然是不止一个太监，而是两个，外加一个外戚。

另一个太监是河东军主将王中正，鄜延军种谔由他节制；外戚是高遵裕，这是宋朝此时天字第一号衙内，他是高琼的孙子，高继宣的儿子，论身份是宋神宗的外叔祖。这样大的来头，怎么能落在王中正的下风呢？于是乎泾原军刘昌祚就由他指挥。

五路大军中，只有种谔、刘昌祚是主战宿将，居然连自主的军权都没有。

此时此刻，相信大家都想起了王韶。

王韶已经死了，就死在战争爆发的前夕。他以军功报国，收复熙河是多大的功劳，可是在他的传里，是这样结尾的。

他的朋友多是南方的楚人，所以立身不正。晚年时颠三倒四，像个精神病一样，得的病是“疽”，身体溃烂，连五脏六腑都能看见。为什么这样呢？就是因为他杀人太多了……（韶晚节言动不常，颇若病狂状。既病疽，洞见五脏，盖亦多杀徵云。）

这个世界还有半点的公理道义吗？！

不过，这怪不到神宗的头上。《宋史》成稿时，他早就死了多年了，别说区区一个王韶，就连他本人虽贵为皇帝，也一样被篡改生平。

宋元丰四年（1081 年）八月八日，鄜延军种谔突然发动，冲出守地绥德，击破一支西夏军，斩首千余级。开门大吉，神宗却紧急叫停，种谔的老毛病又犯了，其余四路还没有准备好，你先杀出去干吗？

这就是种谔的风格。

“仁不统兵，义不行贾”，这是战场上的真理。因为与这次举国伐西夏无关，所以把细节省略掉，不说。

回到正题，在元丰四年的八月末，宋神宗展开了巨大的地图，向西北方向凝视。一个比雍熙北伐更加庞大、精细、有层次感的战略出台了。

抛开一连串的地名、人名，以最直观的方式解构，可以发现宋朝的五路大军在西夏的国境线上一字排开。从左至右，依次是李宪、刘昌祚、高遵裕、种谔、王中正。

看格局，最外围分别是两位大太监，宋神宗还是充分考虑到了谁的战斗力最强，把灵州这个攻击重点留给了刘昌祚、高遵裕两位将军，甚至扫荡定难五州的种谔，也能起到牵制的作用。那么，为什么还要把斗志旺盛不可遏制的种谔强行留住呢？

这涉及战略的重点。

主攻在中央，那么偏偏在最旁侧启动，一定要把西夏的主力军团吸引过去。在这个战略思想下，最左侧的熙河兵团李宪部最早发起攻击。八月下旬，李宪出熙河，绕过兰州，向西市新城挺进。行进中，每个宋朝士兵都清楚，他们很快就能遇见西夏人。

因为王韶。

王韶熙宁开边时，把吐蕃人打垮了，连带着把西夏人也牢牢地压制在边境线上。巨大的威胁让西夏时刻警惕着，两方面都知道难免一战，只争时间早晚。

两军相接，宋军名义上是 6 万余人，可惜只有近 3 万是宋朝人，另外 3 万是原来熙河的吐蕃部人，而遇上的西夏军团是 2 万余名纯骑兵。内部有问题，面对的又是重兵，李宪的任务是必须取得压倒性的胜利，只有这样，才能达到战前的目的。

激战开始，算是这股西夏军倒霉吧。他们都知道熙河兵团厉害，是宋朝最近一次在实战中有过辉煌大胜的部队，可是很不巧，几年不见，熙河兵团又长能耐了，不再只是好勇斗狠，血腥拼杀，熙河兵团在旷野中摆下了一个奇怪的阵势。身为开化不久的民族，西夏人当然不知道这阵势的来历，或许连原创者是谁都不知道。

唐将李靖，六出雪花阵。

这几个字本身就是千年的不朽传奇！

说实话，千年以后，六出雪花阵到底有什么奥秘已经没人知道了。只是从这次的成绩来看，李宪没有给前辈丢脸。西市新城外的野战宋军大获全胜，斩首两千余级，夺马五百匹，接着乘胜追击，一直杀到了女遮谷。在这儿发了笔横财。

这里是西夏的一个军需库，装满了军粮、军械，宋军打仗怕的就是缺粮，得到这笔外财，比杀了一万敌军还有利。

大胜之后，李宪的前方空空荡荡的，西夏的军队跑光了，他完全可以一马平川地杀进西夏腹地。可是他停了下来，就近把兰州城夺下，把它建成了自己的帅府。时间一天天地过去，很快大批敌军迅速杀到，在兰州城外八九处险要地段驻扎，对他形成了包围。

八九股敌军，每支数万人，李宪完美地达到了宋神宗的战前要求，把西夏军队牢牢地吸引在了自己的身边。条件成熟了，到九月中旬时，包括李宪的熙河部在内，五路宋军终于一起发动，展开了声势空前浩大的元丰西征。

最先出彩，也出了最大彩的仍然是种谔的鄜延军。鄜延军总计 93000 人，是五路宋军中实力最强的一支。种谔在九月十五日祭旗，二十四日出绥德，沿无定河北上，按原计划攻打米脂城。

这一战注定会很有趣，在西北有句流传很广的老话，叫“米脂的婆姨绥德的汉”，是西北最有特色的男女组合。现在近 10 万个绥德的汉子来攻打米脂城，效果怎么样呢？很遗憾，不怎么样，种谔连续强攻了 3 天，米脂城却纹丝不动，里边的婆姨们长什么样一点没看着。

可是西夏的援军却杀到了。

来的是西夏正当红的大将梁永能，带来了 8 万大军。这时种谔身在敌境，背靠坚城，以 9 万多步骑参半的宋军对 8 万党项骑兵，从哪儿看也找不着半点优势。最要命的是，鄜延军不是熙河军，上一次兵团野外决战还是在李元昊时期。就在那时，双方兵力总和也没有达到这时的近 20 万。突然之间，宋夏战争史上规模最大的野战就此拉开了序幕。

当天是九月二十七日，破晓之前，党项大将梁永能悄悄接近了米脂城。他非常有信心给宋朝人一个惊喜。

全军 8 万铁骑，在凌晨进攻，加上对地形的熟悉，还有米脂城内的守军，各种因素加在一起，宋军的命运已经可以确定。不是失败的问题，是想逃都没有路。8 万骑兵，这是张覆盖百里、伸缩不定的大网，天生就是以步兵为主的宋军的克星。

随着梁永能的前进，天色渐亮，又一个惊喜让梁永能加倍兴奋。大雾，这一天竟然天降大雾，达到了对面不见旌旗的程度。太棒了，完美的闪击偷袭天气。

大雾中西夏骑兵接近了无定河，再向前是一座山谷，过了山谷就是米脂城……之后一马平川，党项骑兵会像洪水一样铺开，把宋军挤在米脂城下变成一团团肉饼。可惜的是，浓重的大雾里，他们突然间遇到了伏击。

激战瞬间炽烈，山谷沸腾了，西夏人从偷袭变成了应战。这让他们很懊丧，这只能说明宋朝人比他们先进入了阵地，甚至准确地掌握了他们的行动。开战即被动，可是也无关紧要。庞大到 8 万人的骑兵军团一来没有避战的可能，二来如此规模的马军在山谷中回旋撤退本身就是自乱阵脚，找死。

梁永能命令全力攻击，不惜一切代价冲过去，他相信实力就是实力，在米脂城下他有信心把宋军打垮，在山谷里也一样。战况验证了这一点，尽管非常艰难，可是阵地在前移，渐渐地宋军顶不住了，战线松动，终于被党项骑兵突入腹地。

这个过程用去了两个多小时，后来梁永能知道这期间他面对的敌人叫曲珍。

他的心情变好了，这样强烈的抵抗说明宋军也尽了全力。全力之余不可能再有别的花样，只要继续突破，胜利就在眼前！

近在眼前的东西，他抓了整整四个小时，太阳升起，大雾都散开了，西夏人仍然没能冲出山谷。这时视野明亮，梁永能看到了一个惊人的现状。他发现自己的前军被宋朝人分成了两段，首尾不能相顾，只能各自冲突，骑兵的优势在相对狭小的谷地里根本没法施展。

激战6个小时，一个上午快过去了，再骁勇的士兵也开始疲劳。正在梁永能犹豫是不是要撤出战斗另想办法时，突然间山坡上传来了一阵鼓声。

后来他知道，那是宋军主将种谔在亲自击鼓。听到鼓声时，西夏人在疲劳懊丧中一下子变得惊恐，最讨厌的就是这种事，鼓啊锣的突然敲起来肯定有危险，却不知道危险从哪里来！

危险从四面八方涌了过来，直到这时梁永能也不能相信，与8万铁骑硬拼了6个小时的宋军居然没用尽全力，宋朝的西军鄜延部到底是群什么样的疯子，竟然有那么多的士兵一直静悄悄地埋伏着，冷眼旁观，直到他们筋疲力尽……太狡猾了，也太疯狂了。这样的布置如果被骑兵突破，整个埋伏圈都会被甩到身后，成为一个空摆设，米脂城边将没有半点阻碍。

可是鄜延军做到了，整个上午的煎熬换来这时压倒性的优势。伏兵四起，最致命的攻击发生在山坡上，宋军一支精锐骑兵冲了下来，居高临下，名将郭景修身先士卒，两军相接“手刃两巨酋”，把党项骑兵冲得七零八落。

战斗再没有悬念，党项人“奔丧两道边”，在无定河水里浮尸成片，“血染银川为之尽赤”。鄜延军追杀20余里，斩首八千余级，夺马五千匹，其余旗甲等不计其数。

梁永能跑了，上万骑兵给他做肉盾，就算潘美复生想砍他也不容易。在逃跑的过程中，他惊恐、迷惑、不解，更带着巨大的怨气，他搞不懂米脂城里的人都在干什么，这边打了整整一上午，很显然宋军都参战了，为什么米脂城没有人来应援？

前后夹击的话，绝不会出这种事的！

他不知道的是，米脂城里的西夏人比他还郁闷。米脂城得天独厚，内外良田不下两万余顷，被誉为“七宝山”。多大的基业，怎么就是等不来救兵？山谷里的厮杀声他们听见了，可是让他们冲出去里应外合？这个难度还真是不小。

种谔临走前在城门外挖了一道壕沟，又深又长，一大排宋朝大兵拿着明晃晃的大刀站在沟边上，想出城？很明显动作顺序是先跳下沟、爬、挨一刀、再掉回沟里……这种运动，实在得仔细想一想。结果等他们想得差不多了，种谔也回来了。

带着党项骑兵血淋淋的战利品，接着亮出来矛盾、洞车等专业攻城器械，宋朝的大兵们开始竖云梯、过壕沟，不过他们都白做了，没等开打，米脂城的大门就从里面开了。

投降。

鄜延军大胜后，从时间上顺延，第二个出战的是主帅李宪的熙河军。熙河军团从兰州出发，东进女遮谷。它周围有至少 10 万西夏部队监视着，刚从兰州城出来就被发现了。

西夏人输急了，没等全部主力集结就迎头扑了上去，他们惯性地得出个结论，好不容易宋朝人主动出城了，野外是骑兵的天下，是党项人的天下，女遮谷就是扭转局面的转折点。

李宪给了他们这个机会，想要野战，熙河兵团最开始就是从野战起家的！女遮谷之战没有大雾，没有算计双方赤裸裸地列阵肉搏。近 3 个时辰之后，熙河兵团硬生生地把西夏人击退了。在击退的结果里，还附带着难度极高的技术性。

严密地控制住方向，把西夏人挤向一条深沟大涧。

西夏人扔下一大片死尸漂在水面上，狼狈逃到大涧对岸后还不死心，他们觉得无论如何都不服气，野战怎么会输给宋朝人？！这不可能。于是，他们做出了一个非常“理智”的决定。

不逃了，隔着这条大涧先恢复一下，等体力缓过来再和宋朝人较量。在恢复的过程中，他们也没闲着，派出大批的弓箭手向宋军发射。

……与宋军玩弓箭，这是以后金、蒙军队都不敢想的事。自神宗朝开始，直到晚清末年被西方的坚船利炮打开国境，近 800 年间东亚的大地上，宋军的神臂弓举世无敌。

隔着大涧，两军对射，西夏人像一个个靶子一样被点杀。结局没有任何悬念，党项人跑路了，有多远跑多远，根本没有理由再受折磨。

李宪率领熙河军继续向西夏腹地挺进，他们的目标是李元昊时期精心打造的党项核心——西夏皇宫所在的天都山。

时间进入十月上旬，战火终于烧到了最焦点的地方。在一系列的外围激战之后，宋军的真正主攻方向，集泾原、环庆两军实力攻击灵州之战终于展开。

刘昌祚，字子京，河北真定（今河北正定县）人，出身于军旅世家。这个人特点非常鲜明，如果说种谔是一匹狡猾的狼，充满了危险，那么他就是一只凶猛的老虎。有他在战场上，敌我双方的光芒都会被他夺走，他是一个天生的斩关夺隘之将。

在西征之前，他曾经与西夏人作战。当时夏兵入侵刘沟堡，刘昌祚领两千骑兵迎敌，西夏人很有策略，把他引进了设在黑山的包围圈，那里有一万骑兵埋伏。

一万对两千，并且以逸待劳，占有天险。这样的仗换谁来想都是必胜之局，可是发生在刘昌祚的身上就郁闷了。他的确被包围、陷入苦战，可是西夏人怎么杀都搞不定他。一直打到了黄昏快天黑了，西夏人的主帅终于忍不住亲自领军冲锋，想来个了断。

真的了断了，刘昌祚一箭射去，把这名勇敢的主帅射了个对穿，趁此机会，他冲出重围，啥事没有回家睡觉去了。

这就是实力，在战场上最不讲理也最有道理的东西。想一想，如果前面的梁永能有刘昌祚的功夫，种谔再能埋伏又怎么样？只要被打穿，计谋设计得越精密，后果就越悲惨。

按照原计划，刘昌祚的泾原军沿葫芦川北上，在中段左右与环庆军会合，两军合力突破西夏军队，围攻灵州城。实际行军跟计划中差不多，比如说沿葫芦川北上突破西夏军，他真的在磨脐隘和敌人对上了，可是环庆军却左等右等都没见人影。

高遵裕失约了，他跑哪儿去了？这是个秘密，这人打仗是非常奇妙的，到他出场时大家才会知道他是什么动物。悄悄地说，这个衙内不简单。

87000 汉蕃步骑、95000 名民夫的环庆军不见踪影，全军只有 5 万余步兵，5000 匹马的泾原军有点犹豫，这是五路大军中实力最弱的一支，在实施最后强攻灵州城之前，保住实力是很理智的想法吧。本着这个理念，部下们劝刘昌祚躲躲风头，前往韦州附近寻找强大的环庆军。

刘昌祚听完了一大堆的啰唆，下达了一个命令——全军分成 4 队，盾牌手在最前面，第二排神臂弓，第三排弩手，第四排骑兵。全军迎敌，战胜之后赏金三倍！

说完，他提起了两块大盾牌，一手一个，走向了最前列。

战斗开始，刘昌祚因地制宜快速地摆出了这个阵势。它看似简易，实则层次感分明。由他站在第一线，和盾牌手们组成了第一道，也是唯一的一道防线。

这注定了这首防线很脆弱，如果西夏的骑兵冲击过来，比如铁鹞子等重甲骑兵，这道防线很快会崩溃。可是后边两排的组合就大有学问了，先由神臂弓超远距离狙击，有漏网的由弩手再次齐射，这样能冲到盾牌手跟前的人就算有，也是强弩之末了。

战况证明这个设计是非常成功的，两个时辰之内，宋军阵地固若金汤，而对面的敌人不论多么精锐，4 个小时不停地冲击，都难免精力不济。这时刘昌祚的底牌，宋军阵内一直隐藏着的第四排队伍，由郭成率领的 800 名精锐骑兵终于等来了机会。

郭成出阵，决战决胜，之前包括主将在内全军近 4 个小时的苦熬，都在为他创造这个机会。他率领 800 名骑兵冲了出去，片刻之间，敌我双方都血肉横飞。郭成身被数创，可越战越勇，720 名敌兵丧生刀下，他一下子冲垮了西夏军的阵形。宋军乘胜追击，一直赶出去 20 余里，生擒 22 名将领，阵斩 2460 余首级。

胜利之后，宋军没有修整，继续赶路。到赏移口时他们有两条路走：一条是正北方到黛黛岭，一条是西北方到鸣沙川。走哪条呢？刘昌祚派出探子，很快一个意外的好消息传来。

鸣沙川里有宝贝，西夏人在那儿有座军需库。那还等什么？杀过去。身在敌境，粮食第一，先抢了再说。到了鸣沙川之后，他才知道这个惊喜有多大。这个仓库里面物资的丰富程度堪比“御仓”。

泾原军一下子精神百倍，齐心协力把御仓洗白，带着大包小裹满载启程，向灵州城进发。

与此同时，种谔的鄜延军占领了西夏的起家资本、定难五州中的银州、夏州。这期间并没有什么值得大书特书的艰难过程。之前无定河畔谷地里的野战，让这一片的西夏军力变成了真空，种谔横行无忌，处于想怎么打就怎么打，打到哪里都是必胜的局面。

当然，他记得原计划是什么，五路大军的总攻点在灵州，最后的目标是灵州背后的西夏都城兴庆府，拿下它们才是胜利。

为此，种谔只是扫荡了银州、夏州城里的西夏残余军力，毁掉敌方的行政部门，并没有派兵留守，仍然是全员进发，向下一个目标盐州挺进。

战争的焦点从中路向西边转移，李宪的熙河兵团突破女遮谷之后快速行军，在十月下旬时到达屈吴山，再向前就是西夏曾经的核心——由李元昊建立的天都山皇宫。

尽管都城在兴庆府，可这里是党项人的精神圣地。不说战略意义，只说山上美轮美奂庞大的宫殿群，就是集西夏三代皇族才修葺完善的财富积累。那是钱，那是可怜的、贫瘠的、只出产青盐马匹等土特产的党项人几辈子才攒下来的。

无论从哪一方面来说，李宪都触到了西夏的底线。就算另外四条战线再吃紧，也绝不容许他侵犯天都山。

十一月上旬，西夏紧急调集了数万精兵集结在天都山下，与熙河兵团决一死战。又是一场野战，战争打到这时，相信西夏方面已经对宋军有了新的认识。种谔、刘昌祚军是在野外击败了他们，这时面对宋军中野战最强的熙河军团，他们有没有什么新办法呢？

答案是没有。

这不是想有就能有的事，军队的能力、特色，决定了它只能打什么样的仗。宋朝的西军是经过痛苦的换血、改进，才达到了现在的高度，西夏人想瞬间赶上，那是个不切实际的梦。事实上，他们连打法都扭转不过来。

这一次的战斗是种谔无定河畔谷地之战的翻版。当天又是一场大雾，弥漫的大雾里李宪命令前锋诈败，把敌人引进了包围圈。西夏人只逃出了后队，整个前锋都被歼灭。之后的事是西军前辈们如范仲淹、狄青、韩琦、张亢等人一生的梦想。

李宪冲上天都山，把李元昊留下的西夏皇宫烧得片瓦不留，变成一块寸草不生的焦土！

至此，宋军的熙河、鄜延、泾原三大军团已经和西夏军正面对决过，无一例外大胜过关，相继向西夏腹地挺进。其中，动作最快的是最先决战的鄜延军。

种谔在战场上兜了个大圈子。他夺米脂、银州、夏州逐步推进，翻越横山，逼近灵州、兴庆府，而不是从绥德出发，走最近的直线。那条线抛开了米脂等城，直奔灵州。

有些书籍上归结为种谔的战略思路，说他曾经宣称，西夏的主力集结在东路，即他所走的这条线上。如果他避开了走西路，那么势必会前有灵州坚城，后有西夏主力，自己是往死胡同里钻。与其那样，还不如“迎其锋败之，军声既振，千里行无敢抗者”。

遇强愈强，正面决战，何其壮哉！只是稍微翻阅地图就会发现种谔的不得已。他的确有迎其锋而败之的勇气和实力，不过命里注定了没法走捷径。

西路，是留给第一衙内高遵裕的。五路大军各有路线，你一个边将，想和高衙内争道？想都不要想，种谔、刘昌祚只是给大太监、大衙内们保护侧翼打前站的跟班儿。

尽管如此，英雄有自己的战绩为人生注解。种谔丢开所有的枝杈向灵州疯狂进军，他不顾一切了，西北严寒，进入十一月后已经冰封大地，必须要快，再拖延下去光是严寒就会终止这次战役！

月初进占麻家平，不等休整，8天后攻占盐州，鄜延军团迅雷不及掩耳，再向前不远处就是灵州城了。可是突然间天降大雪，种谔的军队里满是战争军械，连御寒的衣服都没有。他眼睁睁地看着士兵们被冻死，雪后清点，减员五分之一。

更要命的是开始缺粮了。第一他不是主攻部队，粮草的接济本就不如李宪、高遵裕等人；第二他跑得太快，这让西夏人猝不及防，也让后面的运粮队追不上。

怎么办，当此关头，种谔没有畏惧，他相信有敌人吃的，就有自己吃的，只要能打胜仗夺过来！鄜延军团继续前进，下一个目标是白池，再下一个目标就是灵州。

应该说一下王中正了。同样是太监，李宪长驱直入锐不可当，他却一直没消息，真是让人着急。

王中正一直非常顽强地……坚持着。

他所率领的河东军出发得很早，比种谔还早了一天，在九月二十三日从麟州出发。说实话他是五路西征军里最幸福的一支，首先出发点就独一无二。麟州在河东路，与其他的西北军有天壤之别，有钱有粮兵力强悍，之前的折家军等部队都在他的辖区里。

出发前管运粮的转运使庄公岳还专门赶过来请示：“您需要多少天的粮？”王中正很认真地想了想，说：“要半个月的。”

庄公岳当时就沉默了，这也就是说，灭掉西夏国这样重大的任务只需要半个月就能完成？心里有这样的问号，可庄公岳什么都没多说。他是个成熟的公务员，你要多少我给多少，只是需要您亲笔签署这条命令。

王中正也真的写了，之后点兵出发。

出了国门之后，这位大太监充分表现出一个军事工作者的“谨慎”。他的谨慎是其他四路指挥官所望尘莫及的，是拍马都追不上的，是做梦都想象不到的。比如他不许士兵生火做饭，不许牲口鸣叫，全军不许发出任何响动。

以免暴露军队的行踪，招来敌人。

可是他身在最外线，种谔走的又是东路，既让出了高衙内的道儿，又提前把他前方路上所有的敌军都砍倒，已经是一马平川没有任何危险了，真不知道他还紧张什么？

如此这般，一路之上没遇到任何敌军，冷、饿两点就折磨死了宋军两万主战部队。勉强支撑到了神堆，随军的民夫一听这里和种谔的绥德城非常近，立即就散伙了。

根本没法控制，民夫虽然这样，但河东军的素质还是很高的。他们听从王中正的命令继续前进，只不过到了奈王井后，粮食全部吃光了，不想死就只有退军。

十月底，河东军退回宋境，进行休整。步骑总数6万人，民夫6万，马2000匹，驴3000头。另有民夫5万人作为后备的强大部队，出兵40余天，只是进行了一次野外徒步，就结束了使命。

另一方面，刘昌祚的泾原军已经把战火烧到了灵州城门。

没错，不是城下，是城门。泾原铁骑狂飙突进，行动路线的选择，时机的把握空前成功，当他们出现在灵州城前时，守城的西夏人半点反应都没有，他们不懂，为什么层层堵截，宋朝人还能突然出现。

惊愕中，西夏军队做出了一个非常英勇，也最失算的决定。面对泾原军，他们立即派兵出城迎战，而不是第一时间坚守。

这是自信，可惜脑子太蠢，未能衡量出双方力量的起码对比。自古以来，最好的城防部队也别想和野战部队平地交锋。泾原军既然能突破一路之上那么多西夏的野战兵团，其战斗力可想而知，是你们这些防守型的城墙兵能对付得了的吗？

可西夏人就这样冲到城外了。刘昌祚瞬间狂喜，苍天在上，这是他事前不敢奢望的好运，透过涌出来的西夏大兵，他看到的是大开着的灵州城门！

他命令前锋把敌军拖住，后军一拥而上，直接抢关。那一天眼看人马踩踏，灵州城的大门被蜂拥而上的宋军逼近，只差一点点就冲了进去。只要冲进去，无论是战略意义，还是部队的给养，都迎刃而解。可是就在这时，有一匹快马发疯一样地从后面冲进了泾原军的队伍。

从后面来的，是自己人。这匹快马不惜一切代价，以最快的速度带来了西征主将的命令。一直隐身的高遵裕终于现身了，他不知用了什么样的侦察力量，居然能这样准地把握住泾原军的一举一动，在最关键的时刻，送来了决定整个西征大局的命令。

他命令，泾原军停止攻击，不管战争进行到了哪一步，立即停下来。理由是他身为主将，正和西夏谈判，宋军就要不战而胜了。

刘昌祚瞬间僵硬了，他简直不敢相信自己的耳朵。稍微有一点点战争常识的人都知道，破门而入是唯一的硬道理，与之相比，什么见鬼的谈判都是骗人的。退一万步讲，就算真在谈，也会随着战争的进程而发生改变。很明显，高遵裕是要抢功，他不愿刘昌祚攻下灵州城。

但是刘昌祚不敢违令。主将在做什么，副手没权力过问，不管是不是真在谈判，他必须得立即停下来……如此，之前的艰苦作战，百里疾行就都作废了，有了准备的灵州城，绝对是一个空前坚固的堡垒。

刘昌祚严格执行命令，泾原军后撤，把西夏人让进了城门，再远远地退回去。天赐良机就这样随手扔了……泾原军全军将士垂头丧气地往回走，真是来时威风，走时稀松，来的时候狂风暴雨，回去的时候慢慢腾腾。

沮丧之余，大家的心里都浮上来个问号，高遵裕高大衙内，按他的生平履历来说，应该不会出这样的昏招，不会有这样低劣的人品才对啊。

高遵裕，字公绰，亳州蒙城人。看以往的战绩，他是个乱七八糟，邪恶狡诈，让敌人一个头八个大的角色。

熙宁元年时，他在西北榆林做防御使。从这一点可以看出来，这位衙内很能吃苦，榆林那地方别说宋朝，就是现在也是个既艰苦又危险的地方。尤其是这一年，西夏发兵 10 万，其中有 3000 名铁鹞子，看实力已经相当于李元昊时期的好水川之战了。

高遵裕手边的兵力是 2 万，硬拼显然不行。在这种紧要关头，他向四周看了看，他看到了一条河——石门河。再向上看一眼天空，当时是盛夏，热得不动都一身汗。很好，这两个条件加在一起，高遵裕的心灵习惯性地变得邪恶，一条阴谋诡计浮了上来。

他先是高挂免战牌，憋了对方十多天，之后派人过去约定日期，3 天之后，石门河畔一决生死，不见不散。

西夏人很亢奋，终于可以打仗了，宋朝人终于不当缩头乌龟了。只是他们高兴得早了点，决战当天，高遵裕再次发挥了磨人本性，让西夏人在毒太阳底下整整等了一上午才露面。

西夏人都快晒出油了，临近中午时再也忍不住，挤到河边去饮马喝水。凉森森的河水让他们非常享受，每个人、每匹马都尽情地喝了个够。高遵裕就在这时出现在战场上，接下来事情的发展顺序是这样的：西夏人抖动身体，甩开成片的水珠，古铜色的肌肤在烈日下非常性感——他们举刀砍了过来，真是英姿飒爽。只是下一瞬间，突然集体头晕目眩、恶心呕吐，有的还拉肚子了。

这仗还怎么打，反应快的拉过马来就想逃跑，结果发现马比人还要狼狈，软得像一团团的烂柿子。

没错，他们集体中毒。高遵裕让他们晒了一上午的日光浴，效果差不多了，派人到石门河的上游去下毒，掐时间快发作了，才领人杀了过来。在这样的阴谋诡计下，胜负一点悬念都没有，西夏人当天死了一万多，被俘虏 4 万多，跑回去不到 4 万人。马匹、骆驼、辎重扔得遍地都是，根本数不过来，尤其是 3000 名铁鹞子，刀都没见着血就被集体活捉了。

这一战之后，高遵裕在敌我双方的眼里都变成了一个混账东西。

不过，不管黑猫白猫，抓到耗子就是好猫，高遵裕这种无原则打法，在元丰西征时再次发挥功效。

他率领的环庆军出了国境之后，突然改变了方向。原定在葫芦川附近和刘昌祚合兵的，他向旁边闪了闪，在韦州、清远军一带进入了瀚海沙漠。

这一招不仅大出西夏人的意料，就连宋朝的友军也没想到。结果就是沙漠外边打得鸡飞狗跳的，每天都死好几千人 ，而他老人家带着大队人马悠闲自在地走了十几天，突然间出现在重要地段。

时间刚刚好，所有的途中麻烦都躲掉了，所有的重要情节都没上演。什么，已经上演了？那不行，立即掐了这段重播！

结果刘昌祚的泾原军在灵州城下被自己人挡住，眼睁睁地看着西夏人躲回城里，一切恢复原状……那天泾原军窝了一肚子的火往回走，天黑了正想休息，突然间又接到一道火速传来的命令。

这次的快马比上次还玩命，很明显高大将军真急了，命令居然是——我在30里以外遇袭，立马来救我！

泾原军气得一屁股坐在地上，全军郁闷到要死。不是说正和西夏人谈受降的事吗？怎么突然间被袭击了？

部下们决定不去搭理高遵裕，让他继续谈，没准能沟通出奇迹，那些西夏人自动就停止攻击了。可是模范军人刘昌祚太厚道，他想都没想，就下令亲自率领为数不多的骑兵连夜支援。

一直疯狂赶路玩命抢城的泾原军骑兵又上路了，跑了30里之后终于看到了环庆军。只见一片凌乱，的确是发生过战斗，可是西夏人不见踪影，早跑光了。

刘昌祚下马求见，按说一路上把所有的敌人都吸引在身边，孤军奋战，灵州城前被黑了一道，这时又深夜赴援，怎样说刘昌祚都是个难得的好同志、一个好哥们儿吧？作为前面这些操蛋事的始作俑者高遵裕是不是应该满脸堆笑，亲自迎出帐门呢？

不，这样做了是人之常情。而所谓衙内就不是常人，尤其是做了这么多出格事的高大衙内。

高遵裕让刘昌祚在帐外站了大半夜，才让他进来。第一句话不是问候，而是质问："说，你为什么来得这样晚，西夏人都跑光了你才到，贻误战机了你知道不？"

刘昌祚头晕了，可是他的职业素养真的是太好了，为人真是太厚道了，不仅没发火，还决定将厚道进行到底。

历史证明，厚道有时是最要不得的。但这时，刘昌祚道了歉，以行动表达了自己的诚意。他说："关于灵州城怎么打，他已经有了成算。比如灵州靠着黄河，西夏援军无论是从水路还是从旱路，支援起来都很快速。我们应该先把黄河的就近渡口都控制住，来个围震打援，把灵州牢牢地孤立起来。这样，以灵州为点大量杀伤西夏军队，时间稍长，灵州不攻自破。

实话说，这个办法是正解。如果当年赵光义打幽州时也这样，就不会腹背受敌了。可是刘昌祚怎么也想不到，高遵裕接下来的反应居然是——大怒。

“你一个偏将，主攻大略是你可以决策的吗？！明天我只要带队冲到灵州城下，每人带一包土堆在那儿，马上就能登上城墙，用得着旷日持久地围什么城打什么援吗？”

此言一出，满帐安静。这办法四五年前成功过，交趾人打邕州时就是这样进城的。这次也能成功吗？事没验证，话很难说。不过，既然主将这样决定了，大家只有服从命令。刘昌祚想了想，决定告退。可是临出帐门又被叫了回去。

高遵裕一脸的不耐烦：“刘昌祚你这人太笨了，还不听指挥，你不配当一军的统领。现在你被撤职了，由……”老天在上，他没在环庆军里选，而是指定了刘昌祚的副手姚麟。

“姚麟，就由你来接替刘昌祚。”

怒火升腾，面对衙内，服从和礼貌只会让衙内变得越来越不是人。军人之间的友谊是由鲜血和生命凝结而成的，不会像商贩或者文痞那样，为了升官、利益随便抛弃。

姚麟严词拒绝了，就算是下级，也不是随便欺侮的！

一顿大吵，事情有了结果。刘昌祚还是泾原军的主将，只是泾原军退出了灵州争夺战，他们远离灵州城，在外围防守。

走出帐门时，刘昌祚心里很难过。不是为了遭遇才悲愤，他发现自己还真是笨啊，明知道对方怕他抢了头功，才在紧要关头下令停止攻击，这时还献什么策？在他想来这是本分，可在高遵裕的眼里就是继续地争，不停地争。

明摆着是不服嘛……

有必要说说灵州城的城防了。灵州在宋朝名下时只是塞外的名城，有一些战备意义罢了。从宋真宗能把它随便就扔了，就能看出它的地位。

到了党项人手里就不一样了，这时的灵州城城高三丈，以黄河作为护城河，数十里周长的墙头上用浸了水的毡毯包裹，各种城防器械一应俱全。

平心而论，这种防卫体系除了军队的数量不如宋朝都城东京、重镇太原之外，中原各地的其余名城还真是都不如它。这时高遵裕手握环庆、泾原两军的主力，居然事先自废武功，抛开了一半的兵力不用，独自去攻打，这种自信真是让人没话说。

攻城开始，只见环庆军全军出动，各种办法齐上阵。土堆、爬城、放火、挖洞等全部出笼，热火朝天地忙了一上午，突然觉得身后边不对，声音居然比这边还大。

回头一看，在后边旁观的泾原军比他们还忙。只见从黄河的东关渡口拥进来无边无际的西夏军，像蚂蚁一样扑了过来。事实证明被刘昌祚猜中了，不管宋军想不想围城打援，敌人的援军转眼间就杀到了。

这一次西夏方面是真着急了，这是他们自建国以来面临的最大危机。之前就算辽兴宗耶律宗真痛打李元昊时，也没惨到这地步。定难五州基本上全丢了，天都山皇宫也被烧了，灵州城再保不住，都城兴庆府就有陷落的可能。为此，他们派出了最后的底牌。

大将仁多零丁。

这个名字从这时起和宋朝人结下了不解之缘，他的故事很多。在最起步的时候，起到的作用和辽国的一位战神很像，那个名字很久远了，但一直鲜活地闪耀在历史的长河里。

——耶律休哥。

回到正题，刘昌祚憋了一肚子的窝囊气，所以他看到西夏援军觉得非常舒畅。闷的时候有人打，是每个男人的梦想。他带人就砍了过去，摆下了上次野战中大获全胜的阵势。

盾牌墙、神臂弓、弩手、骑兵队，这些设置仍然起了作用，西夏人几乎是踩着自己的尸体往上冲，冲到后来终于上了岸，突破了泾原军的前三道阻截之后，遇上了郭成的骑兵。

那天郭成在灵州外围露了这一生里最大的脸，同时也遇到了最大的失败。当时有一个西夏武士骑一匹白马在战阵中纵横无敌，刘昌祚一看非常不爽，大叫："谁去把他砍了？"

郭成拍马就迎了上去，一个回合就把对方斩于马下。这是一个骑兵最大的荣耀，战马交肩过，英雄闪背回，敌人身首异处。这不是战绩，这是艺术。

可是没等他高兴，铺天盖地的西夏人涌了上来，他玩了命地砍杀，竭尽全力之后，发现潮水过去了，他还活着。可西夏军已经越过他，突破了泾原军的防线，冲向了环庆军。

泾原军的心情很复杂，没拦住敌人，说明他们失败了，可这给环庆军造成了非常好的效果。这次阻击战还是很成功的，连仁多零丁本人都中了好几箭，想必西夏军整体战力也大幅度下降了，高大衙内只要凶狠点，不用独自都杀光，只要背靠灵州城顶住了，泾原军就能再推上去，里外夹击吃了这股援军。

可转眼之间，整个泾原军就都傻眼了。高主将就是一个创造奇迹的人，见西夏人扑过去，消失了，灵州城门大开，西夏人进去了，门又关上，环庆军仍然在城下……也就是说，不仅没吃掉、没拦住仁多零丁，连对方的城门都打开了，居然也没能冲进去。

这还围攻个什么劲？根本就不是打仗的料，只是几万个废物聚在一起而已！

虽然是废物，仍然是上级。刘昌祚把抢下来的西夏援军的辎重都收集起来，送到了高遵裕的大帐，希望能搞好关系。很可惜，他又撞到了枪口上。他不懂，一个善良的人和一个邪恶的人，从根本上就不同。同一件事，往往是两个理解。

就比如这时送礼，不仅他错了，连以后的岳飞也这样错过。邪恶的长官正在火头上，送来的东西越多，就越觉得部下在炫耀，在打他的脸。

高遵裕大怒，说："刘昌祚你在外围防守，为什么没拦住敌军，坏了俺的攻城大事？来人，推出去砍了！"

这条命令下达之后，整个军营沸腾了，泾原军拔刀子就冲了过来："高遵裕你这个腌臜匹夫，忒煞是欺负人，弟兄们做了他！"眼看就要哗变，说实话，真要哗变了的话，对宋朝的命运来说还是件好事。

可惜啊，刘昌祚的性格特点是顾全大局。他主动出去劝部下，一切以国事为重，不能内讧。

内讧没有发生，宋朝继续攻城。只是不管多么努力，注定了一事无成。机会错过了，上天曾经给过宋朝两次绝佳的时机。

一次是刘昌祚快速闪击即将突破城门，那时本可以一了百了；二是阻击仁多零丁，就算不能借机抢城，起码不能让援军进去。

两次都错过之后，灵州城不仅城坚池厚，连守军人数也急剧上升。此消彼长之后，宋军已经没有半点优势。可是高遵裕还不死心，他要继续尝试。

结果是屯兵坚城之下围攻18天。看时间是不短了，应该给城里带来很大压力，可惜从实际效果来看，宋朝人只是自找苦吃。他们千里奔袭，需要速度，没法带重型攻城器械，勉强从周边收集资料想做一些，可都是些不成材的小树，想搭个云梯都费劲。

半个多月过去了，高遵裕急火攻心，拿灵州城没办法，继续拿刘昌祚出气。没有任何错，他就要杀只比他低一级的副手。结果可想而知，泾原军再次暴走，人没杀成，军心士气进一步低落。

经过反复这样的欺侮折磨，刘昌祚终于忧愤成疾，病倒在军营里。

郁闷中又一个致命的消息传来，粮道被劫了。离边境那么远，西夏这个穷地方，十一月底了天寒地冻，没有了粮想找片绿树叶子吃都没有。还敢耽误吗？立即撤退。

高遵裕这次没有犯晕，部下们怎么劝他就怎么听了。可是他忘了城里面的人是谁，仁多零丁，这人是西夏自李元昊之后最有军事天赋的人，继承了党项人的狡诈残忍。他没有率军趁机杀出来，而是做了一件狠到了家的事。

扒开黄河……

十一月底的黄河水冰冷刺骨，带着冰凌冲向了宋军营地。在撤退之前，宋军终于被淹到了。幸运的是，这个季节黄河的水量不是最充沛的时候，人马辎重并没有一下子全毁。

宋军紧急撤退，边走边回望，几十年前丢掉的灵州城就这样留在了身后，它本应被夺回来的！可是管不了这么多了，这时最重要的是警惕四周，随时注意追兵。

他们多虑了，这时仁多零丁还是没有出城，黄河给宋军带来的厄运才刚开始。灵州一带为了发挥黄河的水利效益，修建了众多的水渠。这些水渠纵横交错，铺满周边大地，只要黄河的水流出来，就会一个个注满，是天然的阻挡路障。

宋军想越过去，只能毁了各种军械搭浮桥，分期分批地慢慢过。想提速的话，除非下渠里游泳。就这样，高遵裕率领环庆军在前，领头先跑，刘昌祚的泾原军给他们殿后，在他们的背后，灵州城的城门终于又一次打开了。

仁多零丁的出现，迫使宋军加快了撤退速度，一小半的泾原军真的跳进了冰水里游过了长渠。等爬上来之后，百战精兵也冻得开始打哆嗦。而他们的前方，长渠复短渠，水渠何其多！某一天的晚上，他们被迫在一条大渠、一条小渠之间扎营。

环庆、泾原两兵团分开了，仁多零丁等待的机会终于到了。天晚时，西夏兵大举进攻，泾原军独自应战，一边在寒风里瑟瑟发抖，一边拼老命地挥刀子，终于打退了西夏人，可全军没有一个人高兴。

都是老兵了，这个都懂。仁多零丁不是要一次性吞掉他们，而是在寒冷、缺粮、冰水、撤退中不断地消耗，一点点地折磨死他们。

形势逼人强，看懂了也得走上这条路。好不容易越过各条水渠，第二次攻击在一个隘口发生，这次前边的环庆军良心发作，派了大将俞辛、任诚来支援，结果全部战死。泾原军主将刘昌祚的副手姚麟出战，才勉强过关。第三次攻击在韦州城下，饥渴劳累的宋军抢着进城，被西夏人捡了个大便宜，死了很多人。

直到十二月的上旬，两支队伍才撤回宋境。这时，他们已经用枪杆和弓箭来烧火取暖，全军冻饿伤病，损失惨重。

环庆军托了高大衙内的福，损失率是五分之一，受到重创的是泾原军。从始至终，它几乎冲杀在前，撤退在后，把西征重担独自扛在了肩膀上。这样巨大的消耗，让出塞时的 5 万余士兵、5000 匹马，只回来 13000 人、3000 匹马。

减员超过了三分之二。

刘昌祚悲愤交加，劳累过度，在灵州城下就病倒了，勉强挣扎着回到国内后很长时间卧床不起，一代猛将从此意志消沉，再没有什么作为。

最失望的人莫过于宋神宗。从战争开始后，他日夜处于紧张的守望中，他传令西北战报不分昼夜，只要传来必须第一时间告诉他。这样，他在一个深夜里得到了灵州城失败的消息。希望越大，失望越大，宋神宗在震惊中计点整个战役走向，发现倾全国之力发动的西征竟然继续不下去了。

高遵裕失败，王中正误事，李宪虽然节节胜利，但迟迟不能到达主战场。这时再孤军深入，已经没有意义，反而是送给西夏人的厚礼。

局势竟然急转直下，到了这步田地。

宋神宗在深冬黑暗的皇宫里一个人独自徘徊了一晚，内心深处无数的念头升起又旋落，100 多年的宿怨，近 10 多年以来的努力，国家的命运，竟然就这样失败了吗？

这不只是军事上的失败而已，连带着的是千辛万苦才挣扎起来的经济国力，民心士气。这时失败，不知何年何月才能重新振作！与之相对应的，反对派的呼声，甚至皇宫深处的阻挠，也会随之而起……难道真的是天不佑大宋吗？

这个念头让他痛苦不已。坐以待旦之后，他咬紧牙关签署了命令李宪撤军的指令。从这一刻起，他深深地知道，真的失败了，堂堂大宋煌煌天朝，真的又被西北的跳梁小丑给羞辱了。他，宋神宗赵顼，与太宗、真宗、仁宗一样，并不是什么天纵奇才，中兴名主，只是个志大才疏的庸人罢了！

对人严，对己更严，这让宋神宗极力奋发，年轻有为。可是这种性格有着巨大的自我折磨性，让他不能忽略失败，快速恢复。他陷入了低落的旋涡，无力也不愿剥离出来。

转机没多久就出现了，种谔的鄜延军回来了。鄜延军在十二月中旬竭尽全力抵达了白池，这是最后的极限，他已经用了所有的办法，再也没有半点前进的动力。

这期间军队曾经分裂过，从京城调给他的3万余名禁军受不了西北的苦寒，在饥饿中他们逃跑了。为了能活下去，这股巨大的逃兵不仅带走了鄜延军的战斗力，还把种谔的后方搅了个乱七八糟。

他们饿，为了找到吃的，已经顾不到是西夏方还是本国居民，他们全都抢。

这股乱兵被沈括解决了，他是西征部队的后方总负责人。只是迫于严寒、路远，他实在是供给不上种谔的给养。深冬时节的西北大地上，鄜延军已经身陷绝境，如果再不及时脱身，等西夏人包围过来，注定会全军覆没。

实战检验出种谔的军事天才，进攻时机变幻百出，撤退同样是一门艺术。面对一向不讲信义、狡猾凶残的西夏人，种谔玩了个小花招。

他派人向西夏挑战，3天后决一死战。

西夏方面立即就全面动员了起来，集结兵力，保持警惕，鬼知道狐狸一样狡猾的种谔会不会突然偷袭。熬过3天之后，他们冲出营门，到了约定地点。结果左等人不到，右等还没来，派人去催才发现宋军的营地早就空了。

种谔在发出挑战书后第一时间就跑了……回到国内，他给宋神宗带来了最好的消息。五路大军中只有他这一路攻城略地带回了战绩。比如说兰州、米脂两城，义合、吴堡、塞门、浮图等寨。至于银州、夏州、盐州等地，鄜延军虽然攻下来了，可是兵力有限，没法保住。

这些只是收获的一部分，他带回来的更重要的东西是宋朝的信心。请问，五路西征真的是失败了吗？这要看怎样来定义。

如果说以灵州论成败，那么宋朝的确是输了；如果以战争本身为定论，宋朝无论如何都占据了上风。

与党项人近百年的恩怨，宋朝在战争方面打出了几个阶段：

最开始是大炮轰蚊子，以宋太宗赵光义时的充沛军力，抓不住像泥鳅一样滑溜的李继迁。这是机动性不足。

后来在野战时期李元昊打遍东亚无敌手，宋朝尽管出现了范仲淹、韩琦、张亢、狄青等大批名将也处于下风，勉强维持边境不倒而已。这是野战能力太差。

李谅祚在宋朝面前占不到半点便宜，野战没机会，攻城时被射得跟刺猬似的往回跑。只是可惜，宋朝那时国力下降，没有远征的资本。

宋神宗这次五路伐西夏，不管在传统的史书里是怎样评价的，比如他惨败了，损失兵力、民夫总和近 20 万了。抛开这些看战绩，宋军的战斗力，尤其是野战能力全面压倒了西夏人。五路之中，除了王中正之外，宋军除了没能攻下灵州，其余所有战绩一律全胜！

即使是灵州之役，宋军的失败也不是西夏人造成的：第一当然是高衙内的脑子有问题，一个人玩死了帝国的梦想；第二，也是最重要的原因，宋军其实是败给了天气。偏偏选在西北苦寒时节出兵，除非摧枯拉朽、毫无阻碍地击破西夏的全部防线，不然就得面临塞外的大风雪。不过，这也怪不了宋神宗，谁让西夏国偏偏在这个时候内讧呢？

看过战绩，再看得失。

这是个相对的问题，不是说宋朝有了损失就代表失败了，要看看西夏人同时期怎样了。双方的军队损失基本是相差无几的，不同处在于西夏人是宋朝人杀的，而宋朝人是天气、黄河水杀的。抛开这些之后，由于战争是在西夏境内展开，所有恶果都由西夏方独自承受。

史书记载，战争过后的西夏“虏中匹帛五十余千，其余老弱转涉，牛羊堕坏，所失盖不可胜数”。

翻译成白话文，就是物价飞涨，经济崩溃，民众流离失所，西夏立国之本的牲畜一片一片地死去。

客观地讲，元丰西征是西夏军事、国力走向衰弱的转折点。

所以，宋朝决定继续进取。

第二十五章　永乐城之殇

宋元丰三年（1080 年）三月，鄜延军经过短暂休整之后再次出击，种谔派大将曲珍率 2 万步骑出东川攻击宥州，夺取葭芦寨。

葭芦寨只是一个建在荒山上的战斗堡垒，没有什么油水。可就是在这里，改变了宋神宗的心灵走向，甚至扭曲了宋朝的历史。

它建在横山上。

横山，今陕西横山东南之横山，是党项人的立国之本，像一条天然的长城一样耸立在宋、西夏两国之间。

对宋朝来说，拿下横山的制高点，就像辽国掌握了燕云十六州一样，从此居高临下,一马平川,随时可以进入西夏腹地。而拿下葭芦寨之后,制高点到手了。

种谔进京，提出——横山延绵千里，出产战马，易于耕种，有盐铁之利，百姓骁勇善战。夺得横山，再沿银、宥、夏、盐、会、兰等州一线修建城寨，筑垒推进，一步步稳扎稳打，围逼灵州与兴庆府，迫使西夏就范。

这是与之前五路西征截然不同的计划，从战略思想上来说，与当年范仲淹的思路一脉相承。虽然见效慢，可每一步都没有风险。西夏的国土面积并不大，以这时宋朝空前壮大的国力，对西夏压倒性的军事实力，绝对可以把党项人的生存空间挤干挤尽。

最优越的一点，是根本就不用和对方的主力军团野战对决，只要发挥宋军最传统的守城优势，就足以让西夏眼睁睁地看着被蚕食，却没有半点办法。

如果要说缺点的话，就是见效慢，花费大。这要筑多少座城池，盖多少处寨子，何日才能见到党项人俯首称臣？

可刚刚挣脱了失败情绪的宋神宗不这样想，他又一次看见了希望。

种谔，你真是带来惊喜的人，你真是我心中的喜悦！为了让喜悦升级，宋神宗迅速派出了两个特派员，跟种谔回西北，实地考察操作难度。

种谔像一团春风，从西北吹向京城，当再吹回西北时，他却觉得春天离他越来越远了。他的心里变得忐忑，不安的感觉往上升，这两位特派员太奇怪了，让他看不懂，尤其是其中姓徐的那位。

两个特派员，一个是太监李舜举，另一个叫徐禧，官衔是给事中。李舜举就算了，他只是宋神宗的贴心人，一起在皇宫里生活嘛，无可避免地，敏感的神宗皇帝觉得太监值得信任。

徐禧正相反，他本来离神宗无比地远。

徐禧是一个没有文凭的人，能混进公务员队伍，完全是托了改革的福。这位仁兄从小志向高远，不屑于读书，当同龄人都在钻研科考时，他已走遍大江南北，边塞绝域，积累了一脑子新奇古怪的想法。这些想法让宋神宗大为倾倒。

神宗说："朕阅人多矣，未见如卿者。"单从这句话来看，徐禧比王安石都厉害。

这时派徐禧上前线，正是发挥他的特长，忘了说，这位徐先生虽然没当过一天兵，可超级喜欢军事。当年他游走天下时，最爱干的事就是蹲在一个个危险地段，脑子里急速旋转，想着怎样杀人。

种谔的不安感就来自于这些，徐禧走走停停，不按照种谔当初提出的计划考察，很明显他的脑子里有了别的想法。3 个月之后，种谔的不安终于变成了现实，徐禧完全破坏了他之前的构思。

为什么要沿银、宥、夏、盐、会、兰等州一线修建城寨呢？这是一片多么巨大的土地，和新修一条长城有什么区别？何况建好了也只是第一步，要逐步向西夏腹地挺进，宋朝的国力会被这些土寨子抽空的！

并且人寿有限，得由几代人才能完成，很可能神宗皇帝本人都见不到覆灭西夏的那一天。

他提出了一个新想法，攻其全面不如一点，在广阔的两国边境上找到最敏感的那一点，全力以赴盖出一座坚城，在那里设重兵把守，它可以成为进攻西夏的桥头堡。在现在夺取横山制高点的前提下，起到的作用要比种谔之前的泛攻强得多。

根据他的考察，最佳的筑城点就在银、宥、夏三州的交界点永乐川（今陕西米脂西北）。

主意很好，种谔气晕了。因为……整个永乐川都没有水！

但是徐特派员不顾一切开始了筑城。至于种谔，可以走了，鄜延军换了主人，成了徐禧的队伍。

宋元丰五年八月时，北宋决定修筑永乐城。由徐禧、李舜举、沈括率领鄜延军除种谔以外的所有大将、4 万步骑，以及禁、厢、蕃各军 8 万，民夫 20 万出边界，至永乐川筑城。

每个人都知道，西夏人随时都会出现，这是扎在西夏人心头上的一根刺！宋军全力以赴，30 余万人只用 40 天就造出了“三面阻崖，表里山河，气象雄壮”的永乐城。

站在这座城下，徐禧感慨万端，这是他的计划，是他的业绩，他百分之百地肯定这会是西夏人的噩梦。宋神宗也很激动，他给此城赐名为“银川寨”。

为了毁掉这座新城，西夏掏出最后一点家底，他们动用了 6 个监军司的兵力，唯恐不够，又在民间征兵时达到十丁抽九的程度，共 30 万兵力，带足了 100 天的粮食，向横山挺进。至于永乐城中，兵力不到 4 万。这个数字对比是不是很熟悉呢？对，和李元昊时期的好水川、三川口等战役一样。

都是 1∶10。

战前、战中、战后都有无数机会让宋军免于厄运，可都被徐禧强行放弃了，当永乐川的天然缺陷暴露之后，宋军之惨，无以名状。

全军缺水！

最后整个永乐城里只剩下了两壶水，一壶在徐禧手里，一壶在宦官李舜举手里。徐禧想用当年麟州城骗李元昊的老法子骗西夏主将仁多零丁，把整壶的水倒了下去：“没水？这是什么？”

仁多零丁大笑道：“也只有这么一点了吧。”转身回营，立即强攻。

干旱在继续，强攻在继续，直到九月二十日，这一天是鄜延军的命运日，天上乌云滚滚，电闪雷鸣，眼看一场瓢泼大雨就要下了。

鄜延军的致命干渴就要解决。

仁多零丁疯了，眼见功亏一篑，他命令不惜一切代价，哪怕都死光也要攻进城去。雨，终于下了，雨势变大时已经到了深夜，一片漆黑之中除了闪电没有半点光亮，没有火把可以在这时点燃。城内外数十万人在黑暗里殊死搏斗，他们看不清自己杀了谁，或者谁将杀了自己，黑暗终将吞没一切，这一时刻终于到了。

宋元丰五年（1082 年）九月二十日深夜，永乐城沦陷，随即被西夏人拆毁，留下来的只是一些数字资料。

李稷死了，这位军需官冲到城门口，死在了乱兵堆里；蕃军指挥使马贵死了，他力杀数十名西夏人，倒在了血泊里；大将高永能也死了，他本来是可以逃生的，他的孙子高昌裔在危急中牵马过来，告诉他有条小路能逃出去。可高永能悲愤难抑，在黑暗中大叫："吾结发从军，未尝一败，今年已七十，受国大恩，今日就是我报国之日！"

也有死得平静的，城破之时，宦官李舜举拒绝了侍从牵过来的马。他撕下了衣襟，小心地在上面写了一行字："臣舜举死无所恨，愿陛下勿轻此贼。"

这是他写给神宗的临终报告，他至死也没有忘记自己的职责，忠告神宗千万别再小看西夏人。

活下来的军官只有 3 个人，他们没有走城门，而是从城墙上跳了下去。他们是吕整、李浦、曲珍。曲珍是鄜延军二号人物，早就上了西夏人的名单。当他只身逃亡，快被追上时，奇迹发生了，他在路边居然看到了一匹矫健的白马。

这匹白马驮着他逃到了米脂城，之后他将这匹白马命名为"天赐白"。

最后要说一下徐禧，他的结局和他生前一样奇妙。有人说他死在了战场上，可是找不到尸体。不管是宋朝人还是西夏人，都没能找到。那么他没死吗？可是之后再也没有这个人的任何消息。

如果他还活着，应该痛不欲生，再没脸见人；如果他死了，灵魂也不得安宁。他扭曲了一个国家的命运，更亲手造成了 20 多万同胞的冤魂。

3 万多百战精锐的鄜延军将士，10 多万无辜的宋朝民夫，都死在了永乐城里……

战报和李舜举的遗表传到京城时，又是一个深夜。宋神宗一直在黑暗的皇宫深处等待着，他万万没有想到，等来的居然是这样的消息！

一战死难 20 余万人，这是自宋朝建国以来从来没有过的事，居然被他这个最有理想、最有抱负的人创造了出来。多么讽刺，多么悲哀！

这一夜，神宗绕床苦郁，整夜未眠。第二天早朝时，和臣子们说到永乐城之败，突然间他痛哭失声，无法自抑。

他实在没法原谅自己，极端高傲敏感的心灵，让他迅速坠入自责、自伤甚至自虐的情绪里。这一年他仅 35 岁，是一个男人最风华正茂、精力旺盛的时段，可他的健康快速地毁了。

思路越想越窄，情绪越来越低落，要命的是他还非常聪明。不用别人指责，他自己清楚两大战役败在了哪里——用人不当。

五路西征时王中正是个废物，高遵裕在重任面前居然变得自私，永乐城里的徐禧更是个千古笑话，他本该活在春秋以前的三代里，当个古人多好！

回想安石先生还在时，复熙河、平荆蛮、征交趾，战无不胜，王韶、章惇、熊本、郭逵每个人都独当大任、始终其事。两相对比，他找出来的这几个都是些什么动物……现在说什么都晚了，国力损耗、军队凋敝、士气低落。如果说他登基以来还有什么贡献的话，就只剩下了熙宁改革。

但是，那条产业链条，必须要通过外战成功，收复土地，才能创造出更大的利润，来回报被压榨的国内经济。现在外战打到这个程度，链条已经崩断，之前改革的弊病立即就会显露出来……这样一来，一生所为，没有一件事是成功的。

甚至连正面的意义都没有！

宋神宗深深地感到了绝望，以后的路还要怎样走呢？就在这时，又一个噩耗传来，种谔死了。种谔郁怒淤积，得了背疽，死时年仅 57 岁。

威名赫赫的鄜延军至此全灭。而这还不是最绝望的事，永乐城之败后半个月，更大的灾难降临到汉人的头上。

宋元丰五年（1082 年）十月十日，宋神宗在皇宫里闲走，偶然心动去了秘书省的藏书阁。他在里边看到了一幅画像，画中人欣秀风雅、微微含笑，虽然纸迹已黄，年代久远，可那人竟然像是与他早有前缘，让他久久凝视。

神宗问：“此是何人？”

——“回陛下，乃五代时南唐国主李煜。”

……原来是他，不愧是风流才子。

当天夜里，神宗在梦中见到了这位百余年前的风流才子伤痛国主，他向神宗深深施礼，向他缓缓走近……就在这天夜里，他的第十一皇子出生了，这个孩子名叫“赵佶”。

第二十六章　我好孤寒！

苏轼在元丰年间完成了一生的蜕变，和从前截然不同了。在那之前，他只是个脑子超灵、读书超多、记忆力无比好、情感很杂乱的小伙子。经此蜕变之后，他变成了名垂千古的苏东坡。

是一次锥心之痛和两次严重欠扁的猪头行为，让他蜕变成功的。

在那次痛苦之前，苏轼连个三流的诗人都算不上，看看他写的那些诗吧，怎么看都让人烦。比如《初发嘉州》：

> 朝发鼓阗阗，西风猎画旃。故乡飘已远，往意浩无边。锦水细不见，蛮江清更鲜。奔腾过佛脚，旷荡造平川。野市有禅客，钓台寻暮烟。相期定先到，久立水潺潺。

标准的记叙文，标准的 6 副对联组成了一首没咸没味的所谓诗。这一水平的东西在中国五千年历史里就是地摊货，随便扔进明清诗人的集子里都找不出来。它最致命的毛病就是立意太水了。

整首诗里除了“佛脚”二字能确定在乐山大佛之外，其余所有的意境和文字可以任意安在中国各条水道上。可以说是在长江上坐船，也可以说是在珠江上坐船，还可以说是在黄河、辽河任意一条河上坐船。

但是这场痛苦过后，苏轼突然间完成蜕变，成了一条遨游八表无所羁绊的苍龙，俯视人间无数诗人，独立一方天空。

那是在宋熙宁八年（1075 年）正月二十日的夜晚，苏轼在梦中忽然回到了眉山老家，故园亭台，归来无恙，他突然看到了自己死了整整 10 年的结发妻子——王弗。

心灵剧痛，醒来后泪流满面，一首没有任何雕饰的词自动浮现——

十年生死两茫茫，不思量，自难忘。千里孤坟，无处话凄凉。纵使相逢应不识，尘满面，鬓如霜。

夜来幽梦忽还乡，小轩窗，正梳妆。相顾无言，惟有泪千行。料得年年断肠处，明月夜，短松冈。

这首《江城子·乙卯正月二十日夜记梦》之后，苏轼的各大代表作如泉涌般出现。同年，苏轼在密州写下了另一首《江城子·密州出猎》。

这首词的意义比上一首更加重大，是苏东坡一生奠定词性的作品。如果他一直沉浸于追悼亡妻的痛苦里，那么就算再真挚深邃，再“有声当彻天，有泪当彻泉”，也只是在婉约伤感的旧体词老路上走得更远而已。

而“老夫聊发少年狂，左牵黄，右擎苍，锦帽貂裘，千骑卷平冈。为报倾城随太守，亲射虎，看孙郎。酒酣胸胆尚开张，鬓微霜，又何妨！持节云中，何日遣冯唐？会挽雕弓如满月，西北望，射天狼。”一出，苏轼开创了自己的时代。

宋词豪放一宗，自苏轼始。从此，词这种起源于小调弹词市井级出身的艺术，上升到了与唐诗并存的地位。

天才一旦爆发，就再也无法遏制。第二年，宋熙宁九年的中秋佳节，中国历史上最经典、最成功的一首《水调歌头·明月几时有》出世了。

——“明月几时有？把酒问青天。不知天上宫阙，今昔是何年……”苏轼正式成为一代词宗大家，地位无法撼动。

以上是中华民族的幸事，他的才情、激情、哀伤、苦郁，每一种心境转变感悟，都成为中国人永恒的心灵映射，甚至会影响民族的性格。比如，他为什么会变成“坡仙”。

但是才情归才情，苏轼的正当职业还是国家的公务员。有了这个身份，一般说来衣食无忧，社会地位很高。可是相应地就要受些约束。

最重要的一点，就是不能乱讲话。语言文字是思想的具化，代表了一个人的政治观点，搞不好就会犯错误的。

苏轼不在乎这些，他有句名言，是对弟弟苏辙说的。说他有话要说出来，就像是吃饭时看见碗里有苍蝇，必须得吐出来。

那就可劲地吐。

他随时得罪人，尤其是针对变法派。王安石一走，剩下的变法派没有一个是好相与的人，于是苏轼开始倒霉。

在李定、沈括的努力下，苏轼攻击新法，诽谤朝廷，甚至影射皇帝的罪名终于成立了。

宋元丰二年（1079 年）七月，湖州。难得的艳阳天，苏轼正想晒一下自己珍藏的书画，一匹快马狂奔而来，给他捎来个信儿。这是开封城里的好朋友、驸马都尉王晋卿的小道消息，告诉他抓他的人就快到了，能跑快跑。

苏轼愣了一会儿，苦笑一声："普天之下，莫非王土，皇帝要抓人，能跑到哪儿去？何况自己跑了，这一家老小怎么办？"

他索性穿好官服，静等官差上门。之后的事就是御史台抓人流水线操作，苏轼被押解进京，等待他的是御史台的审问。更确切地讲，是李定的怒火。忘了说，李定这时就是御史台的长官。

面临大险，苏轼的心情是与众不同的。临走前，他看着自己的第二任妻子，也是王弗的妹妹王润之笑了："夫人，前朝真宗年间有位隐士名叫杨朴，应召入宫。真宗问他能否做诗，他说不能，可临行时夫人给他作了一首。你想听吗？"

王润之点了点头。

苏轼笑道："呵呵，听好。'且休落魄贪杯酒，更莫猖狂爱吟诗。今日捉将官里去，这回断送老头皮。'夫人，今日我也进京，你不能像杨夫人那样写首诗为我送行吗？"

苏轼越潇洒，李定越喜欢，要的就是你这样的，不然折磨起来还没意思呢。苏轼一路车马颠簸进了京城，住进了乌台大院。

乌台，就是御史台。这名字有来历，从汉朝起就这么叫了：一来是说当时的御史台里有很多的柏树，上面住着很多乌鸦；另一说嘛，就跟御史们的职业有关。这帮人到处挑错，谁见谁烦，还惹不起，于是统称他们为乌鸦嘴。

办公的地方，也就随之变成了乌台。

乌台大院里关的全都是官儿，像苏轼这样的地方领导还算不上高规格。只是由于方方面面的原因，他被特殊照顾了，审讯由御史台最高长官李定携同舒亶、何正臣等新法集团的同僚共同进行。

昼夜不停。

白天的苏轼仍然潇洒，每一个别有用心的提问，他都可以用无比渊博、机变的智慧回击。可到了晚上，就糟糕透顶了。

夜深人静时，乌台大院里的在押犯们突然间集体惊醒，个个儿吓得发抖。他们听见一阵阵鬼哭狼嚎的呼疼声此起彼伏，仔细听，还能辨别出那个喊疼的人有很浓重的四川口音。

没错，苏轼被人黑了，上演了宋朝版的《监狱风云》，被人在黑夜里轮番痛打。估计旁边少不了李定的低声怒吼："写啊，你倒是再写啊，让你蛰龙、蟠龙，现在你给我先蛰着蟠着吧……"这件事被当时同样押在御史台的另一位官员记录了下来。

这基本上是真的，最大的根据是苏轼的身体状况。在入狱之前他很健康，出狱之后的苏轼腿疮痔疮、流行传染病、咳嗽、臂肿、赤眼等病几乎得全了。而他不过是入狱两个多月而已，如果真有宋朝传统上善待士大夫的规格，他无论如何也到不了这步田地。

两个多月以后，苏轼出狱，他被贬到黄州（今湖北黄冈）做团练副使，不许擅自离境，不许参与任何公务，基本上就是一个领工资的保释犯人。

黄州，生活向苏轼展示了另一面。在这之前，在老家眉山时他有父母照顾，进京之后名满天下，有欧阳修那样的文坛宗主罩着他，反变法时与王安石作对，身后有司马光等权臣大佬撑腰，哪怕贬到了杭州、密州、湖州，他的官也是越做越大，从通判变成了知州。

乌台诗案之后，他成了监外执行的罪犯，除了一份工资之外，所有的政治权力完全被剥夺，由于得罪的是皇帝，也谈不到什么前途。

就连怎样才能填饱肚子都成了问题，最先出事的是工资。北宋的官员们拿到的工资并不都是铜钱、布匹、粮食这些硬通货，这是只有京城里的顶级大佬们才有的待遇享受，各个地方官员们的工资绝大多数都是些实物，想变成钱，就得自己想办法去折换。

比如这时的苏轼，他的工资由公家造酒用过的袋子来顶替，每月领到后得自己卖出去，才能到市场上买米买面回家过日子。

堂堂苏学士变成了小商贩，怎一个屈辱了得。可是更大的麻烦还在后面，很快这份单薄的工资就不足以养活苏轼人口众多的家庭了。他这时有一妻、一妾、四个儿子、四个儿媳以及孙子若干，仆役几个，全都靠他吃饭，这么多张嘴靠那些旧酒袋子，很快就会饿死。

困境中苏轼做出了之前他死都不会选择的生路，他一个姓马的朋友替他向州里申请到一块城东的荒地，大约50亩，由苏轼自己耕种。

这是什么？这是农民，回想从前他反对免役法时的话，尽管他这时与纯粹的农民有区别，可终究要干同样的活儿了。这是报应，也是上天的恩惠，它让苏轼切身体会到了从前他所蔑视的阶级的痛苦。

而他这时不觉得痛苦，只要能平安地活下去，就足以让他满足。

从这时起，他开垦荒地，种植庄稼，满足于更快乐于自己是个农民，他给这片城东的坡地取名为“东坡”，并且以这两个字为自己重新命名。

他叫苏东坡了，中华民族几千年里文学天赋能排进前五的大天才躺在长风茂草里，躺在无限宽广浑厚的大地上，彻底挣脱了名利的枷锁，他的心性提升到了另一个新的层面。

在黄州的第三年时，苏轼有感而发，写下了几行字——“自我来黄州，已过三寒食。年年欲惜春，春去不容惜。今年又苦雨，两月秋萧瑟。卧闻海棠花，泥污胭脂雪。暗中偷负去，夜半真有力。何殊病少年，病起须已白……”

这则随手写下的小感，是排名仅在东晋王羲之的《兰亭序》、唐代颜真卿的《祭侄文稿》之后的千古第三行书《黄州寒食帖》。在这个意义上，它奠定了苏轼宋朝第一行书大家的地位。

神宗的健康以34岁为分水岭，在那之前，他几乎出满勤，每天都要临朝工作，从来不生病。34岁那年，是宋元丰四年，正是五路伐西夏，先胜后败。

举国伐谋，期望越大，失望越大，神宗一下子病倒了。病得很重，可他年轻，身体很快就开始恢复，能重新工作了。只是时隔不久，就传来了另一个噩耗。

永乐城沦陷。

这个打击是致命的，只在一夜之间，神宗的健康就崩溃了。他“早朝当廷恸哭，宰执不敢仰视；涕泣悲愤，为之不食”。他是心思太重，对自己要求太高的人，无论如何都没法淡化失利的阴影。在之后三四年的时光里，神宗一直郁郁寡欢。

谁能想到，这居然是他一生里最后的三四年。死神向他接近，宋元丰七年（1084年）九月的一天，他在集英殿里大宴群臣，刚刚举起酒杯，突然间群臣发现皇帝的手僵硬了，停在空中一动不动。下一瞬间，酒杯倾斜了，里边的酒洒在了皇帝的衣襟上。

神宗失去了对身体的控制，病情再一次恶化。痛苦中，有一次他忍不住呻吟："我足趺疼痛。"又一次，他叹息说："我好孤寒！"

皇帝做到了这样，是成功还是失败？是可敬还是可怜？这时他年仅 37 岁，正是一个男人精力最旺盛、身体最强健的阶段，有全国最好的医生、最好的医药来调理，为什么还会滑向死亡呢？

只有一个原因：他在自我折磨，无论如何都绝不原谅自己。他是这样得病的，也是这样死亡的。在病重期间，他得到了两个消息。

一个来自西夏，那边的局势剧烈动荡，掌握实权的梁氏集团首脑都死了。先是国相梁乙埋，后是太后梁氏。小皇帝李秉常重新当政，大权却落在了下一任梁氏国相梁乙埋儿子的手里。

新一轮的内乱注定会爆发，机会比上一次还要好。只是还有雄心壮志吗？就算有，还能承受千百万子民的伤亡，去恢复国土，重振国威吗？

神宗苦笑，我好孤寒，就算再次出征，还有谁能支持，谁来理解……

第二个消息是从西京洛阳传来的，算是一个意外的喜讯——司马光修撰的《资治通鉴》终于完成了。

这部书耗时 19 年，共 294 卷 300 余万字。上起周威烈王二十三年（前 403 年），下迄五代后周世宗显德六年（959 年），共 16 朝 1362 年的历史，是中国文化史中独一无二、毫无争议地处于顶峰的编年体史书。

盛世出巨著，它的完成是个不朽的里程碑，不只是司马光等编修者的荣耀，更是宋朝文明的象征。不管从哪方面来看，这都是件好事。

可落在宋神宗的心里，悲凉再次升起。这是一部不世出的巨著，相信宋之前没有，宋之后呢？我们现在也知道了，同样没有。

明朝的《永乐大典》，清朝的《四库全书》都与它不是一个类型的典籍。可是他可以为之骄傲吗？从名义上讲，宋朝所有的成就都要划入他的账下，不管《资治通鉴》是谁写的，都以他的名义完成。

但是多么可惜，它出世时国家没有与之相匹配的成就。如果威服四夷，扫平西夏，恢复盛唐时的疆界，那时文治武功都达到各自的顶点，又是怎样的局面？

乐观的人在黑暗中看见光明，悲观的人看太阳都是耀斑。神宗在自己的思绪里越走越窄，终于在年底时病入膏肓，他连话都说不出来了。大臣们有什么意见，他只能用摇头或者点头来示意。在他最后的时光里，只来得及给国家册立一位皇太子。

他的第6个儿子当选，这个孩子年仅10岁，原名"佣"，现赐名"煦"，在名义上成了宋朝的继承人。仅仅是名义上，实权都落在他的奶奶、神宗的生母高太后手里。

宋神宗死了，他带走了一个时代。精确地分析，除了势力衰弱的新法集团以外，几乎所有的人都盼着他死，不管是他的生母，还是他的亲人，除了他不懂事的儿子之外，都等着他咽下最后一口气，好让宋朝再次翻天覆地。

"我好孤寒！"

神宗早就有这样的觉悟，也做了一些准备。可惜世事无情，在他的身后，他的亲人、臣子不仅把他的功业败坏殆尽，就连他的声誉都敢于肆意篡改。

神宗想让苏轼来修国史，不行，苏轼只是从农田里解放出来，去当江州知州。还没到任，又被调离，到汝州去做团练副使，相当于平级调度，仍然不能接触公务。

神宗想让曾巩来修国史，也不行，理由是曾巩的能力不足。真是活见鬼了，堂堂"唐宋八大家"之一，居然在文字能力上不足！

几经改换，神宗已经病倒，这事儿不了了之了。多么高明的手段，一个"拖"字，就把皇帝拖垮了，神宗一生业绩的终身评判，成了一些人别有用心的工具。

为什么会有这种事发生呢？奥妙都在他的本纪里。

《神宗本纪》最后的赞分为两个阶段：第一阶段是赞扬，说他当皇子时对弟弟们友善，对老师们尊重。当皇帝后态度端正，努力工作。

> 小心谦抑，敬畏辅相，求直言，察民隐，恤孤独，养耆老，振匮乏。不治宫室，不事游幸，励精图治，将大有为。

之后笔锋一转，"未几，王安石入相……"第二阶段开始，为了准确理解，大家直接看原文：

> 安石为人，悻悻自信，知祖宗志吞幽蓟、灵武，而数败兵，帝奋然将

雪数世之耻，未有所当，遂以偏见曲学起而乘之。青苗、保甲、均输、市易、水利之法既立，而天下汹汹骚动，恸哭流涕者接踵而至。帝终不觉悟，方断然废逐元老，摈斥谏士，行之不疑。卒致祖宗之良法美意，变坏几尽。自是邪佞日进，人心日离，祸乱日起。惜哉!

这是很高明的手笔，要仔细欣赏。首先文章把宋神宗推到了一个被害者的地位，他的志向是因为宋朝前几代君主的幽蓟、灵武等失败而产生的，这无可厚非。坏事就坏在了王安石的身上，他“悻悻自信”，以“偏见曲学”投其所好。

在这个基础上，才能既撇清了皇帝，又打击到政敌。

第二阶段是文章的重点，想了解政治的残酷性、无耻性的朋友们注意了，请欣赏什么才是选择性失明。“青苗、保甲、均输、市易、水利之法既立，而天下汹汹骚动……”写的全都是反对派们当时的“痛苦”，把与之对立的各层面都忽略掉，而且动不动就把“天下”两个字提出来，仿佛是他们的专利。

早就说过了，他们只代表北方的官僚、大地主阶层，所谓天下，他们只能占百分之零点几而已。排除这些之外，像熙河大捷、平定荆湖、征服交趾等辉煌胜利只字不提，国库的充足，官员的精简，职位的理顺，这些空前绝后的大好事也一件未提。

这是给皇帝写本纪，用脚指头想也明白，如果没有最高层的领袖支持，谁敢这么乱写，灭十族都是轻的。那么，这些幕后指使者是谁呢？别急，他们立马就会跳出来。

在那之前，让我们用自己的眼睛、自己的文字，为这位难得一见的小皇帝送行。宋神宗的一生，与熙宁变法密不可分，与王安石密不可分，与成败密不可分。

官方说法，总是把他定位为一个失败者，连同王安石、熙宁变法，也都是以失败告终。这让我很迷惑，为什么会有这样的结论呢？

什么样才是成功，要怎样才算是失败？

熙宁变法是摸着石头过河，在实验中有些细节被证明是错误的，宋神宗都及时去掉了。这就算是失败了吗？只有每一项每一条都带来丰厚利润，没有半点失算才是成功？

以青苗、保甲、均输、市易、水利这几项最重大的改革来看，打击的是豪强，造福的是国家、小民，除非我们是司马光、文彦博、韩琦等士大夫阶层，要不然有什么理由说它们是恶法？

外战的胜负更不必再说了，最后两战之前保持全胜，仅以最后两战为论，西夏受到的打击也绝不比宋朝小。两相对比，甚至西夏变得更衰弱。

我知道，这些都是次要的，历代史书和我们的定位标准是宋朝灭亡了，是被外族消灭的，是在距离熙宁变法不久之后就发生的，所以改革是失败的，宋神宗是失败的，王安石更是失败的。

这简直让人郁闷至死，让我想起了法、儒两家之争里，儒家最大的所谓优势。他们总是说，以法治国都是短命的，看秦朝就是最好的例子。统一天下又怎样？二世而终。

为什么就不想想秦二世做了些什么？在他即位之前，李斯这位法家大宰相就被冤杀了，之后二世和赵高把秦朝搅得一团糟。法，是绝对的精准，绝对的平衡才能体现出优势的。他们这么搞，完全背离了法家。

秦之灭亡，正是法制被破坏，直接证明了法家的优越。

同样，北宋的灭亡要看宋徽宗的作为，尤其是徽宗与神宗之间隔了两位统治者高太后和宋哲宗，中间多少变故，为什么要让神宗来为结果埋单？就以新法、保守两派的争端来说，也是在高太后、宋哲宗时才爆发的。

在神宗时代，两者虽然不和，但从来没有过像牲口一样不分黑白、不讲道理，直接把人往死里整的事。甚至双方都保持了君子的风度，哪怕只是表面上。

千千万万的总结，这时只是开端。历史的车轮在转动，定格在宋神宗这一时代，关于他本人的一生，只凝结为一句话就好了。

——他为他的理想而活，奋斗始终，做的都是前人、后人所不敢做，甚至不敢想的事。

如此一生，复有何求？

从这个意义上说，宋神宗活得非常成功。他的光辉是荣耀，就连他的失意，也是一种难得的经历。对于这样一个追求、梦想了一生的人，作为有独立人格、不拘泥于简单成败结果的现代人来说，实在应该认同他、欣赏他。

宋元丰八年，1085 年 4 月 1 日，神宗陛下驾崩，谥号英文烈武圣孝皇帝，葬于永裕陵。

第二十七章　西京耆英十五年

新一轮政治游戏上演，谁来当下一任皇帝，是在谁的推举之下产生的，这是封建时代最大的一票买卖，多少人血灌瞳仁地盯着呢。能实施的只有两个人。

首相王珪，次相蔡确。

这两个人分工很明确，王珪保的是皇上的儿子，蔡确想的是皇上的弟弟。

蔡确胜算颇高，神宗有两个弟弟，赵颢 36 岁，赵頵 30 岁，都是最好的年华。尤其是赵颢，这个弟弟最特殊，当年连王安石都敢惹，还敢和神宗吵嘴，逼得神宗吼出来“换你当皇上……”的话。这样的人，很有当皇帝的潜质。

可是一番试探，发现高太后的娘家人非常不喜欢赵颢，这就没搞头了，立即转头选皇子。同时为了毁尸灭迹，即刻散播谣言，说赵颢图谋帝位，蓄意造反……可怜的雍亲王，和蔡确集团没有半点联系，就被连续利用了两次。

可是支持皇子的队伍太挤了，帝国首相王珪挡在路上，拿这个老东西怎么办？难道要排名在他后边，当个副手吗？

不，决不。

为确保胜算，蔡确悄悄召来了一个人。这个人是中国历史的转折点。

说来我写这部书的最初愿望，就是由这个人引发的。我很较真，非常讨厌大而化之的笼统概念，比如历史是个漫长的衍化过程，一个民族由盛而衰不是一两代人的责任。

那么具体的责任在哪儿？一代人两代人三代人都没责任，就是说谁也没责任了？

从量变到质变，一定会有某个具体的因素。

说盛衰，中华民族的转折点在宋朝，具化在一个时代，是宋徽宗时代。徽宗之所以堕落，原因在蔡京。没有这个人，徽宗就算不能保持最开始时的清明俊杰，也绝不会迅速地让国家陷于万劫不复之地。

研究蔡京，可以清楚地知道北宋末年时的官场，可以从他一路波折几起几伏的人生里看到北宋从神宗起至徽宗止的官场文化，从而找出中国人一直存在的思想、生活里的痼疾。

简化掉他的一切烦琐履历，他的官场之路走得充满了幸运，同时也注满了苦难。他从老家福建仙游和弟弟蔡卞一起进京赶考，第一个赏识他的人是王珪。

王珪是当年的主考官。

第二个人是绝代人物王安石。

蔡氏兄弟之才，在某些方面绝不在苏氏兄弟之下。比如说书法、政治才能，尤其是早慧、品貌出众的蔡卞。当时是熙宁三年，王安石掌控天下，主持改革，是朝廷第一权臣，他一眼就看中了蔡卞，把女儿嫁给了他。

蔡京几乎在仕途开始的第一瞬间就和宰相挂钩了，这比考中了状元还让人惊异。只不过，王安石是与众不同的，他对蔡氏兄弟的要求很严格。

别想在京城里当太子爷，你们还年轻，去基层锻炼吧。

终王安石当政的 9 年时间里，二蔡奔走在边远州县之间，与高官厚禄无缘。不过，这竟然有了意想不到的好效果，当王安石罢相之后，不管是新党还是旧党，都对蔡京兄弟很有好感，认为他们有操守，淡泊名利，和邓绾、吕惠卿等趋炎附势之徒截然不同。

有了这样的官场评价，再加上王安石的关系，神宗对他们很有好感。在元丰初年，蔡卞当上了起居舍人，蔡京当上了中书舍人。几年之后，当神宗病危时，蔡京高升为开封府尹。

当上了首都市长后，职权很大了，蔡確想对付首相，直接找到了他。很多复杂的内幕转化成了三组对话。

蔡確："我们支持六皇子赵佣。"

蔡京："好。"

蔡確："我们对付王珪。"

蔡京："好。"

蔡確："明天早朝，我和章惇一起向王珪摊牌，你带人守在政事堂窗外，他敢反抗，你就杀了他。"

蔡京有一个极短暂的停顿："好。"仍然如此回答。

上面的交谈有点古怪，相信大家都看出来了。比如说蔡确为什么会去找蔡京呢？从关系上讲，王珪是蔡京的座师，是官场上非常牢固的嫡系关系。

连当年女皇武则天都非常头疼，弄出个殿试来亲自当老师，拆散这种官场裙带。为什么蔡确视而不见？很简单，他有更牢固的关系。

北宋历史上姓蔡的高官很多，比如蔡确、蔡襄、蔡京、蔡卞。其实他们是亲戚，非常近的血缘关系。蔡确和蔡襄是同一个爷爷，他们的曾祖和蔡京兄弟的曾祖是亲兄弟。一笔写不出两个蔡字，与这个比，什么座师也没用。

可是还有第二个异常的地方。

蔡京太乖了。无论蔡确说什么，他都满口答应，其听话程度，别说是兄弟，就连上下级都很少有这么痛快的。说来这就是蔡京的苦难，同时也是他的特色了。

综观蔡京一生，他没有根基、没有靠山，从帝国最偏远的小地方考出来，就连王安石看上的也是他的弟弟。这样的出身，想往上爬的话，只好委曲求全。

他非常清楚这一点，从最开始时就半点锋芒都不露出来，和每一个人打交道，都透出来足够的热情和周到。久而久之，他形成了自己独一无二的官场存活方式——零拒绝。

这是个非常罕见的特例，俗话说"人无钢骨安身不牢"，不论是在家庭里还是在社会上，男人要有脾气，女人更要有脾气，不然每个人都会欺负你。一句话，不善于说"不"的人，是没有地位，更得不到地位的人。

那么，蔡京的前途会是怎样的呢？会成为一团任人揉搓的面团吗？

这些拭目以待，要一点点地剖析开，才能真正明白。现在要记住的就是他的特色，零拒绝。

可是零拒绝也得有个尺度吧？看看蔡确要他干的事，那是带人到皇宫深处的政事堂里砍当朝首相，真要是这么办了，别管王珪是不是能砍死，也不管是雍亲王赵颢上台，还是皇子登基，他本人都是铁定的死路一条。

明摆着是火坑，蔡京怎么就一口答应了呢？

别急，蔡京现在的肚子都快乐抽了，他以无比、空前、绝后、变态的忍耐力才忍得住没有笑出声来，平静地把蔡确送走。然后集结人手，携带管制刀具，等着第二天的行动。

第二天，蔡次相、章大人率领了大批手下进入皇宫，与三省、枢密院的大臣会合，去神宗寝宫前问疾（神宗还有最后一口气）。在神宗的病榻前，大家很安静，退出来之后，蔡确把大家领到了枢密院的南议事厅。

这时王珪已经快虚脱了，他很老了，还生着病，这样来回折腾，基本就快坚持不住了。偏偏蔡确这时找上了他。

蔡确还好点，章惇一如既往地凶狠，他看着王珪就来气，这个老而不死的家伙怎么看怎么烦人，一次次地想坏事！

“说，你是拥立皇子呢，还是反对拥立皇子呢，今天你要是敢反对，要你人头落地！”

大厅里鸦雀无声，大臣们都愣住了，大宋朝开国以来，还从来没人在办公场所这样威胁过首相。现在皇上病重、首相丢脸，不是真的要出大事了吧？

不承想却看见王珪一动不动地坐在那儿，像是真被吓傻了，好半天没说出一个字来。其实他是快气晕了，一种被恶搞的快感让他想跳起来骂街，也想仰天大笑，大叫真过瘾，太好玩了。

他本身拥立的就是皇子，现在蔡确和章惇拿刀子逼着他拥立皇子，而这个皇子早就确定好了只有皇六子赵佣一人……这不是在开玩笑吧！

同样微笑的还有躲在窗外，带着数十把钢刀的蔡京。你以为他真的傻吗？蔡确找到他时，他一瞬间就搞清了这个逻辑，所以才答应得那样痛快。带刀就带刀，进宫就进宫，无论如何这事儿都不会流血，乐得做这个顺水人情，把忠心表得鲜血淋淋。

好半天之后，王珪终于缓缓地说出了一句话：“上自有子，复何议？”这句话出口，章惇立即长出了一口气，神宗可以瞑目了，皇位没有旁落。

蔡确却勃然大怒，这等于向天下公开，皇位是自然传承，根本没什么拥立之人。这么半天都白忙活了？正想着再做点什么时，章惇已经带着他走下一道程序了。

大臣们重新进宫，不管神宗还能不能准确表达意识，得把由皇六子继位的诏书传下来。当天赵煦（皇六子佣）终于有了太子的名分，走出皇宫时，三位顶级大臣的脸色各自不同。

王珪神色灰败，油尽灯枯，他再也支撑不下去了，很快就将死亡。

蔡确咬牙切齿，意犹未尽，他怎么也没想到，老得不能再老、懦弱得不能再懦弱的王珪，会在关键时刻精明得用一句话就毁了他的美梦。

章惇意气昂扬，他不管事件里有多少内幕，也不管谁有什么想法，重要的是目标达到了。就像是要让自己更兴奋一些似的，出宫门时他迎头遇上了事件的死对头，雍亲王赵颢。

章惇对敌人下手，从来都是在明面上，要赢就赢得嚣张痛快。他迎了上去，大声说："已得旨，立延安郡王为太子。你觉得怎样？"

赵颢立即低头道："天下幸甚。"

章惇大笑着离去，他相信这才是处理这类事件的最好方式。就是要摆在明面上，让赵颢当众低头，彻底打倒，以后少了别样的心思，不仅是对国家，对赵颢本人也是爱护。

在他的身后，蔡確仍然贼心不死，他不甘心。这时他的亲信邢恕出现了，他的主意真的很多。他要蔡確向外界宣扬——是延安郡王赵煦带人进宫逼着王珪同意册立的。不管过程怎样，不管真相怎样，哪怕是谎言，也要不断地重复。

只要造成了影响，就是功劳。

蔡確照办了，他真的想迈出最后的那一步，跨过咫尺之遥的距离，从次相升到首相。为了这一步，他的脑子乱了。

这就是蠢人的悲哀，他忘了是怎样当上的帝国宰相。那不是他的能力、资历，而是宋神宗想亲自掌握朝政，不想被任何手下阻挠，才选了这一届的领导班子。

换句话说，他和王珪只是办事员、传达员，只是御用的秘书而已。从这一点上说，王珪真的比他强，至少明白自己的处境，老老实实地当"三旨相公"。

谣言传出去了，蔡確如愿以偿地成了当时的头条风云人物，把将死的王珪、强硬的章惇都盖了下去。这真的给他带来了好处，最直接的一点，他被一位深宫里的贵妇人注意到了。

高太后。

她觉得很好玩，外边的这些人在搞什么，好像他们能决定什么似的。按传说中的套路，应该是先从她这里得到指示，然后才去外面宣传吧？现在好像正相反。难道想来个既成事实，要她照办？

她觉得，这些人真是找死！

世上没有人知道她的本质是什么，不是这些年人们传颂的节俭、贤惠、识大体，而是跋扈！之前隐身在深宫内院里，外人都不知道。事实上，她的婆婆曹太后、丈夫宋英宗、儿子宋神宗这些在名分、实权都远远高于她的人，都得听她的。

很可惜，这些信息在元丰八年之前只是在宫廷里面流传，不然蔡确的悲剧就不会上演了。他绝对想不到，之前的那些表演会给他带来什么，那是北宋历史上史无前例的打击。

谁让他不知进退，敢和高太后抢功劳呢？

她当然会选择她的孙子，至于原因，立赵颢吗？那是个 36 岁的成年男人了，她用什么来控制？甚至后宫的最高名分都要转移出去，交给新皇后；说她立赵煦是因为对神宗的爱，更是莫名其妙的判断。

要真爱神宗，为什么立即就毁了神宗一生的事业？

归根结底一句话，她忍了快 40 年了。在她的心里，仁慈深邃的仁宗皇帝是软弱的，大度谦让的曹太后是懦弱可笑的，英宗一生和臣子们纠缠，累死了只给父亲争到个虚名头，实在让她受不了。至于长子神宗，完全是个颠三倒四的小糊涂……整个世界都等着她来拯救。

她需要政治伙伴，理想人选都在西京洛阳。

以司马光为例，他隐居洛阳 15 年，看似完全退出了官场，可是地位更高，比 15 年前不知高出了多少。他和洛阳城里老一辈君子大臣们的生活，早就成了一个传说。

在普遍的印象里，司马光这些年的日子很苦。比如他写书累得筋疲力尽全身是病，但仍然坚持，为了效率，他做了个醒枕。那是段圆木头，枕着非常不舒服，作用就是阻止他长时间睡眠，只要稍微动弹，木头就会移动，把他惊醒。

而富弼、文彦博、王拱辰等老派大臣都是被王安石逼出京城的，在洛阳应该是一副凄凄惨惨的失意集中营景象。错了，正好相反，西京洛阳城里，他们过的是一段广为传唱，让历代文人学者流口水的神仙生活。

首先，是物质基础。

这些大佬们每个人都腰缠万贯，手眼通天，要什么样的材料没有，要什么样的地段没有，住的地方怎么能马虎呢？不要说他们自己的房子，易学家邵雍著名的安乐窝都只是他们一时兴起盖起来的。

其中最有特色的是富弼、王拱辰、司马光的宅院。

西京洛阳城，官员宅第无数，光以宰相为论，就有 5 座。文相、富相、王相、二张相。文指文彦博，富就是富弼。

富弼的宅第是洛阳城中最奢华的，他不像一般的名园以前代隋唐名公的旧宅翻新，而是彻底新建，园中山水亭台湖榭楼台，每一处都体现了他数十年修身为官的品位。

富宅不轻易待客，史书中留下的珍贵资料是易学名家邵雍来访，才偶然得以一游。从富郑公的起居室出来，先穿过探春亭，上一座小山，山上有四景堂可俯览全园。下山后过河，经南渡过通津桥，桥上有方流亭。从亭上远望，对面一片苍翠竹林，中间掩映着一座高堂，名叫紫筠堂。

紫筠堂向右是一片花海，各色名卉齐聚在百余步间，之后经荫樾亭、赏幽台，到重波轩。向北别有洞天，是富宅的一大特色。

北园从土筠洞转入，迎面是一片竹林，里面的景物不再是砖瓦，而是全由竹子搭建。竹轩之下水声潺潺，竹石流水，幽人往来，里面共有四洞五亭。

出竹林向南是一处梅台，松、竹、梅岁寒三友，竹、梅之美兼得。再向南是天光台，此台高于竹林，遮住满院翠绿，外界只能看见山坡的绿草。

转向东是卧云堂，此堂与起居处外的四景堂南北对望，堂外有水流环绕，水尽处又是一座小山，把富园隐藏在都市喧闹之中。

如此亭台，邵雍大为倾倒，他走遍西京名园，认定这座为洛阳之冠。他说得没错，富弼的宅第的确排名第一，这是因为王拱辰的那座一直没盖好。

状元宰执王拱辰一生好运，年仅 19 岁高中魁首，29 岁成为三司使，成为大宋计相，连名字都是仁宗亲赐的。这样的显赫成熟让他的心灵极度膨胀，决定享受完美无缺的人生。

他从 27 岁在洛阳兴建自己的宅院，工程之大，台榭之美，达到了让人满身冷汗的程度。以北宋最繁荣阶段的顶级公务员工资，加上京城里各种各样官商勾结的庞大灰色收入，这座宅院直到王拱辰 73 岁死亡时居然还没有建好。

一共历时 47 年……这是什么程度的奢侈。到他死后，他的子孙们不仅无力继续兴建，连倒塌老坏的房屋都没钱维修。

王园里最著名的是盖好的一座中堂，名叫朝天阁。这座楼高达三层，雄丽巍峨，当时的洛阳城叫它“巢居”，意思是它是树顶的建筑，高到了云彩里。与之相对应的是司马光的地洞，他不爱盖高楼，宁可躲进地底下安静地写书。

司马光的宅院是洛阳城顶级官员中最小的，他选的是偏僻低矮的地方，大小不超过5亩，连苏轼四川老家的宅子都比它大，房屋的风格远看像是一座农家院。

院中有座小山，山上建有“采药圃”。山下有小河，盖了座“钓鱼庵”。其他的只是些竹篱茅舍，院中最值钱的是他近5000卷的藏书。

他把此院叫作“独乐院”，意思就是明确地告诉外界，他不与众人同乐，专心读书写史，院外的所有事都与他无关。至于那个地洞，因为他是西北人，窑洞冬暖夏凉，住起来非常舒服实用。

很久以来，我一直在思量司马光这个人，他是与众不同的，有太多的疑团让人看不清。其中之一就是他15年的洛阳生活。为什么他要这样清苦，连住所都这样简陋？

说没钱是不对的，他写《资治通鉴》是官方投资，宋神宗给了他一笔超级庞大的专项资金，每年还有特别赏赐。那么是他一直简朴，受苦受罪习惯了吗？也不见得。

从他一生的事迹来看，他言行不一，不存在高深隆重的道德。要解释他在洛阳城中的生活表象，只有一个原因，这也是他与富弼、王拱辰等人截然不同的地方。

富、王等人是彻底的养老，在政治上、在恩怨上都抛开了。而在司马光的心里，却有一团熊熊燃烧的大火，他一边写书，一边关注着天下局势，王安石、宋神宗每做一件事都落在他的眼里，很快全世界都会知道，他当时的心情是怎样的。

唯有清苦，唯有严刻，才能让自己保持足够的状态，去等。这是他唯一能做的事，可是前途却遥遥无期。王安石会倒台吗？ 7年之后他等到了；宋神宗会改变政策吗？ 8年以来始终不变。

他很老了，神宗却那么年轻，希望在哪里……连《资治通鉴》都写完了，天下仍然是改革派的天下！

怎么办？继续等。司马光坚信，他在15年之间所做的每一件事都是有意义的，不仅会让他成名，更会让他达到王安石、宋神宗所必须仰视的巅峰。

他做到了。在中国这个礼仪诗书至上的国度里，一位超级学者的魅力是无限的。人们在潜意识里相信，一个人有多大的才，就会相应有多大的德。

一部空前绝后的史学巨著《资治通鉴》，确立了司马光光芒万丈的形象，有这本书在，他万古不朽。同时在当时也让全天下注目。

他的声望高到了无法想象的地步：

第一，在个人声誉上，全天下人不再叫他的名，或称他的字，而是统称为“司马相公”。

相公，泛指一切曾经在东西两府任职的宰执人员。比如范仲淹、韩琦、富弼、王安石这样的人，才可以领受。查司马光的履历，他在归隐洛阳之前，只是被提名去做枢密使，可惜没上任就被改革派搅黄了，也就是说他根本没资格，但老百姓认可了。

第二，他占住了地利。

西京洛阳是块宝地，在历史上仅次于汉、隋、唐三代的都城长安。自古以来，公卿缙绅聚居在这里，其富裕程度，对周边的影响，并不比开封差太多。司马光在这里是太阳，所有的人都围着他转。每当他写书写累了，就坐着车离开家，去找朋友。

他的朋友是富弼、文彦博、邵雍、程颐、程颢、席汝言、王尚恭、赵丙、刘凡、张问、张焘、刘恕、范祖禹等人。看看这些人的身份吧，不是顶级高管，就是一方大儒。这些人聚在一起，随便写写诗唱唱歌，就是中国文化史上的盛事。每当这时，洛阳城中都万人空巷，簇拥着司马光的马车，去看传说中的各位名士。

这样的盛会，在北宋史上非常有名，叫作“耆英会”。

年复一年，作品出来了，声望隆重了，王安石罢相了，宋神宗病死了……司马光如日中天！

盼了整整15年，司马光有太多的话要说，经过缜密思考，他拟定了一系列的行动步骤。由点及面，最开始的一步是把现有的朝臣，以往的政治完全打倒。

历时15年之后，司马光的第一篇奏章是这样开始的：

> 近年以来，风俗颓弊，士大夫以偷合苟容为智，以危言正论为狂。是致下情蔽而不上通，上恩壅而不下达……皆罪在群臣，而愚民无知，往往怨归先帝……

皇宫深处，高太后手捧这样一篇奏章，脸色开始变得灿烂。好，非常好，把熙丰年间所有的成就都抹平了，把她亲生儿子一生的事业彻底贬低。做得实在太好了！

召司马光进京。

司马光和吕公著一起回开封，起步的官职就是门下侍郎。任命刚刚下达，他的第二篇奏章也发表了，就是著名的《请更张新法》。

从名字上就点出，从此割掉熙丰新法的草。这篇文章很出色，真实地反映了司马光的心声，他开篇就把王安石骂了个狗血淋头。

——“……不达政体，专用私见，变乱旧章，误先帝任使。遂致民多失业，闾里怨嗟。”之后，长篇累牍向各条新法排头砍去，把它们比作社会毒瘤，一定要尽快铲除。

这篇奏章是一面旗帜，高太后读得神清气爽，看到了恢复旧法的曙光。

司马光把变法前被赶出京城的同党都召回开封，把他们一个个安插进了重要部门。刘挚、赵彦若、傅尧俞、范纯仁、范祖禹、唐淑问成为台谏，把持言官口舌；吕大防、王存、孙觉、胡宗愈、王岩叟、苏轼、苏辙进入六部，随时候补中枢；文彦博、吕公著、冯京、孙固、韩维等元老为国家咨询政务，像元老院一样地位超然。

一个多月的时间里，司马光准备就绪，要对新法开刀了。

第二十八章　司马光的X光片

新法集团意识到危险了。紧张之余，他们想到了一个万全之策。

礼教。

反对派们时刻标榜自己是君子，那么孔夫子的戒律是不是要遵守呢？

——“父死，子三年不改其道，可谓孝也。”

这是最起码的对亡父的尊重。现在登基的是哲宗小同学，无论如何不能让他立即改变神宗的政治纲领。而三年，这对政治来说是相当漫长的时光，足以让很多变数发生。

这个说法正中要害，刚刚还张牙舞爪的反对派们都沉默了，天大地大孔夫子最大，他说的每句话都是最高指示，谁敢反对？而“孝”字是儒家学说的核心要素，敢在这上面含糊，那就真的国将不国了。

但在司马光的身上无效，他的脸都绿了，三年，他都等了 5 个三年了，现在他连三个月都不能再等了！那么怎么办？眼珠一转，计上心头，作为一个名义上的纯儒，一个道德上圆满无缺的完人，他虽然不能修改这句话，可并不妨碍他弄虚作假。

他提出一个口号，废除新法并不是“以子改父”，而是“以母改子”，是以神宗亲爱的妈妈高太后的名义进行的。

并且特别注明了，虽然是改了神宗的法规，但并不是说神宗有什么错。错都在王安石、吕惠卿，神宗是被他们蒙蔽欺骗的。

……这是不是在隐晦地说，神宗很笨，很好骗呢？

抛开这个不讲，“以母改子”本身就是个大笑话。查遍儒家经典，只有“女子在家从父，无父从兄。出嫁从夫，夫死从子”。

司马光是从哪儿翻出来“以母改子”的呢？

况且登基的是小皇帝哲宗，高太后只是垂帘听政，一个摄政者而已，她凭什么去干扰国政，篡改儿子的法令？仅仅以她是母亲的角色？

无论哪一条，都说不通。可司马光觉得理由足够了，高太后更觉得充分得过了头。在她心里，这件事只要经过了探讨，都是对她尊严的挑战。难道她想干什么，还要谁来批准吗？！

司马光如愿以偿，真的在神宗死亡三个月之后，就对新法动手了。

头一刀他将砍向了“保甲法”。要看一下他废除法令的原文，才能知道什么叫丧心病狂，胡言乱语。

摘抄主要原句——“自唐开元以来，民兵法坏，戍守战攻，尽募长征兵士，民间何尝习兵。国家承平，百有余年，戴白之老，不识兵革。一旦畎亩之人，皆戎服执兵，奔驱满野，耆旧叹息，以为不祥。”

这是中心思想，第一他说中国人有 100 多年不练兵了，所以没有必要再练。为什么呢？这不是愚蠢的惯性思维可以解释的，还要结合奏章后面的结束语，才能知道他把本族人看成了什么废物。

第二点，从“国家承平”到“以为不祥”这一段。这是他之所以要废除保甲法的理论依据。因为到处都是练武的人，让乡村的老头儿们很不安，觉得不吉祥，所以要废除。

稍微有点脑子的人都会气得四处乱蹦，国家大臣思考重大国策，居然要以农村平民老头儿的喜乐为依据，这真是滑天下之大稽。人类社会什么时候进步到这个地步了，北宋真的是人间天堂？重大国策会让基层的老百姓举手表决？相信当时每个人心里都有数，可司马光硬要这样说，还有些人，比如高太后居然能听进去，并且照此实施……

和下面两段原文对比，上面这个又不算什么了。

下一段，司马光谈到了钱——“朝廷时遣使者，遍行按阅，所至犒设赏赉，糜费金帛，以巨万计。此皆鞭挞平民，铢两丈尺而敛之，一旦用之如粪土。”

这简直是睁眼说瞎话。作为一个史学大宗师，他应该连三代以上中国历朝历代的文献资料都了如指掌，那么为什么宋朝本代的资料，他会选择性失明呢？

之所以要实行保甲法，为的就是消减军队，减少军费。虽然保甲法实行中也有支出，但都由皇宫里神宗的封桩库、消减兵源节余的军费里划账，没动用户部一分一厘。这怎么能算是浪费呢？查一下具体的明细，以熙宁四年为例，节约军费160余万贯，保甲法支出130余万贯，还多出了30万贯的富余。

这只是京城附近的统计，放之于全国，节余数字会更惊人。保甲法是费钱还是省钱，还用争论吗？

最后一段，在看之前，请大家深呼吸，别被气晕过去。原文如下——“……彼远方之民，以骑射为业，以攻战为俗。自幼及长，更无他务。中国之民，大半服田力穑，虽复授以兵械，教之击刺，在教场之中，坐作进退，有似严整，必若使之与敌人相遇，填然鼓之，鸣镝始交，其奔北溃败，可以前料，决无疑也。”

这是唯人种论了，中国人就是种地的，不管怎样训练都没法和异族人相比，因为人家天生神武，从小练兵，我们再怎么练，只要一个照面，立即全体卧倒仆街，一点别的可能都不会有。

还有比这更恶毒的言论吗？

司马光也算读过书，研过史，“中国之民”在北宋之前，甚至就在北宋初年，什么时候比“远方之民”弱过？不说燕赵习武旧地，就以农民而论，中兴宋朝最强的武将岳飞本人就是农民，之后明朝戚继光等人的军队里，农民更是骨干力量，相反，坏中国大事的，倒全是由司马光所力挺的禁军、厢军。

他的这种言论，是对以往所有历史的大不敬。可他的言论却深深地得到了高太后的共鸣。她所需要的国民就是一群懦弱的奴隶，只有这样，她才能活得轻松，活得自在，觉得世界真是和谐。

保甲法就这样被废除了，宋神宗、王安石苦心经营的不费钱、不误农的全民皆兵政策，已经实施了15年，让两代人习武成长的政策，就此破灭。几十年之后，金兵突破边关后长驱直入，直抵开封城下灭亡北宋时，任何一个有理智、有记忆的中国人都应该知道恨谁。

司马光这个败类，如果有保甲法在，国家的希望就不会仅仅局限在开封城内那些腐烂的禁军身上。

当年新法登台是有步骤的，这时废除新法仍然有先有后。司马光是有头脑的，他先废了保甲法，卸掉农民身上的武装，下一步才能让农民们回到水深火热的旧时代里。

废除方田均税法。

一个时代结束了，农民成了从前的农民，地主变成以前的地主。

1087 年的春节到了，新年伊始，万象更新，宋朝进入到元祐二年。帝国第一件大事出现，首相蔡確罢相，贬职陈州。

公开的理由是担任山陵使时失职。

谁都知道，其实是高老太婆记仇了。当时无论是蔡確还是其他人，都没太重视。因为按惯例，这是很重的处罚，已经罪责互抵，可以重新做人。他错了，他在元祐元年早春的寒风中走出京城时绝对想不到，这只是一个开始，不仅是他的噩梦，更是高高在上的太皇太后高氏的噩梦。不久之后，宽松、仁爱、慈善、文明的宋朝将变成一个超级苛刻、残酷、恶毒、不讲半分情理的梦魇世界，谁也别想在这个世界里有好日子过。

强如高太后，也别想躲过臣子们的反攻倒算！

一记空前的重磅炸弹在宋朝的各个角落炸响，震得每个人头晕眼花。司马光要求宋朝全境各州县必须在 5 天之内废除免役法，恢复募役法。

宋朝有多大？这样的疆界，众多的官员，要怎样调配、实施，才能在 5 天之内完成这一目标？

役法与税法，是国家的根本。现在司马光要换掉二分之一的根基，居然只给了 5 天的时间！这简直就是滑天下之大稽，在历史上除了应付亡国级别的战争，从来没有这样颁布法令的。5 天……把开封城里的命令传到帝国各处的边境都不够用。

高太后心花怒放，下令废免役法令即日起生效！（即日行之）

国家元首、辅国重臣联手发癫痫，绝大多数的大臣选择了沉默。事情是明摆着的，连首相大人都被整垮了，剩下的人去蹚这浑水还有意义吗？

章惇觉得有。

章惇在一次朝会上当堂和司马光辩论，两人你来我往吵了起来，其结果就是章惇捅了一个超大的马蜂窝。从开始章惇就很尴尬，一个年轻力壮的壮年人和一个随时都可能倒毙的糟老头儿叫唤，那样子简直逊毙了，同时还被不停地打扰，提醒他吵架时要注意风度，以免让垂帘听政的太皇太后不愉快。

这真是见鬼，居然成了这次国策大辩论的胜负标准。章惇竟然输在了态度上。当年的辩论实录是存在的，实在太长，没法搬上来，我们只看旧党另一位领袖吕公著的原话，就会知道章惇受到了怎样的刁难。

——“惇所论固有可取，然专意求胜，不顾朝廷大礼。”

既然说得有道理，可见对国家有利。在这样的大原则面前，居然怪罪章惇有求胜的心理。

不管怎么说，这就是有罪名了，可以群起而攻之。由司马光推荐上来的各位言官老大纷纷跳了出来，打倒了蔡首相，再撂倒章枢密，想想都让人兴奋！

章惇被赶走之后，新法集团一败涂地，中高层的办事人员，如吕嘉问、邓绾、李定、蒲宗孟、范子渊等人一股脑都被贬到了外地。

旧党扬眉吐气，司马党魁威武！15年之后大振神威，把新党连根拔起，实在让人佩服。

激动之余，他们不自觉地向司马光身边靠拢，认为在这样的大好局面下，实在应该献出自己的一分力来，让形势好上加好。

这些人的代表是苏轼、范纯仁、韩维。想表达的想法，集中在免役法废不废、怎样废、废完了用什么代替上。

先说范纯仁，他是范仲淹的二儿子，以当年的道德标准、文化标准来衡量，他是一位完人，拥有一颗平衡之心。

这种罕见的心灵源自宋朝300多年间第一人范仲淹的家风。范仲淹一生从贫苦到大臣、从文臣到武将，走过了一个完整的人生，由此也带来了他包容大度、不偏不倚的心灵。拥有这种心灵的人，当官时怜悯百姓，做平民时保持自尊，平素里温文尔雅，有外敌时却冲在最前线。

传到第二代之后，范纯仁保持了父亲的一些特性，同时形成了自己的一些风格。如果说范仲淹的心灵是温文、恢宏的话，那么他就是温文、仁厚外加一点点的愚蠢。这点愚蠢是很可爱的，它甚至是范家的传家特质，明知不可为而强为之，明明知道要得罪权贵，也要忠于自己的心灵，甚至明知道自己无能为力，也要为国分忧。

所谓“居庙堂之高，则忧其民，处江湖之远，则忧其君”。

好了，说得有点多了，范纯仁的平衡心灵觉察出司马光的行为有问题，他跑去提了个醒。说废除免役法是件好事，但是要看怎样去做，太急了会让基层一团糟，老百姓无所适从。尤其是实施废除法令的人，要是选不好，会造成大面积的混乱。

平心而论，这是常识。当年王安石改革时，免役法是他和宋神宗反复研究了两年多才逐步实行的，先京郊再河北，然后才推广全国。他司马光可好，5

天之内全国都改！

这种急躁程度，简直是疯子才能想出来的。

所以范纯仁要提这个醒，也觉得但凡有点理智的人都会答应。他错了，司马光这时的状态、心灵都绝不能以一个正常人去衡量。

这个醒提得毫无作用，司马光理都没理，彻底无视。

苏轼第二个登场。说实话，他上来时司马光没想到会听到不同意见，想当年小苏同志是坚定的旧党新锐，和王安石斗得火花四射，多少年后都是旧党人士心里永恒的闪电嘛。

可是十多年过去了，苏轼已经变成了苏东坡，人的经历决定心灵，苏轼从最初一步登天的小地主，被贬到外地成政治犯，回归土地沉淀灵魂，这一步步走来，他对事物的看法和从前已经截然不同了。

这也是他和司马光的最大区别，司马光从地主到贵族，哪怕是归隐洛阳，都处于人文之巅享受世人的膜拜，从来就没有身份上的变化，他的心灵从始至终都是纯正的士大夫阶层。

可惜这一点我知道，读者知道，宋朝元祐元年时的苏轼却不知道。从他后来的表现来看，他把这时的司马光仍然当作一个纯正的学者、公正的长官来对待的。

苏轼摆事实讲道理，把他流放在全国各地的实地经验告诉司马光，说免役法也好，募役法也好，其实都是各有利弊，没有哪个是十全十美的。真正衡量起来，基本分不出好坏，差不多，只看着眼点在哪个受益阶层。

这时，司马光沉默不语。

苏轼满腹经纶荡漾，大段语录涌了出来。忽然间从两个具体法令过渡到法令改变的根本上，他想在原始点上彻底阐释法令的由来和变化。为此，他从神话时期的夏、商、周三代说起，历经秦、汉、唐、五代，最后说到了宋朝，说得头头是道，最后合成一个核心——法令是可以改变的。

司马光继续沉默不语。

苏轼却暴跳了起来，他觉得受到了极大的侮辱。在堂堂当代文坛领袖苏东坡说事时，听众居然脸露愤色，表情不爽，这是对他学识、风采的极大蔑视！

却不知在司马光的心里，他苏轼已经把当代最伟大的史学家侮辱得身无寸缕了。和《资治通鉴》的作者说法令的优劣？尤其是该法令还是他 15 年之间念念不忘、刻骨铭心的免役、募役两法?

苏轼你当我是白痴啊。

更可气的是，我不理你，你居然从夏朝开始说事，一大堆一直啰唆到了本朝。你不知道我15年间都干的什么吧，我用你来给我讲历史?

居然还要求我听的时候脸露微笑?

何况你口口声声说法令必须变，得与时俱进，我看你是忘本了。本党魁在15年前就公布了旧党的法令观念——法不可变!

最好是三代时的古法一直流传到今天，宋朝才会是最完美的社会。这样子与俺当面唱对台戏，你是个叛徒吧?

可惜的是，苏轼先生口若悬河滔滔不绝一直讲了下去，这中间司马光的内心动态被他通通忽略了。见到党魁大人脸色不悦，他反而怒了，觉得应该给对方上上官方礼仪课。

苏轼说："当年你和韩琦老相公争论陕西刺勇事件时态度很恶劣，说得很尖锐，韩琦很不高兴，而你坚持到底。现在你当了宰相，难道不容许下属说话了吗?"

众目睽睽，司马光的老脸上艰难地挤出了一丝笑容，貌似认可了苏轼的指责，心里的郁闷却呈几何数暴增，在当时只要稍微有心的人，都能察觉到司马光几十年间口不对心、言行不一的众多证据。可当面指出的，除了刚刚被赶走的章惇之外，就只剩下了苏东坡。

一时口快，把话明说，苏轼爽了一小会儿。至少司马光承认了自己气量不足，狭隘跋扈。可是一来给自己种下了祸根；二来根本于事无补。

司马光尴尬归尴尬，难堪归难堪，达到目标才是最重要的。就算承认了丢脸又如何，苏轼讲的话照样不批准。当天苏轼顶着一脑门子的乌云回到家，一边脱衣服，一边摇头叹气："司马牛！司马牛！"

除此之外，他再想不出别的什么话了。

大文豪没话说了，基本上役法是不是要变的问题已经解决，剩下的是要怎么变，变成什么样。这时，一个小人物有了个创新式的方案。

监察御史王岩叟，他主张实施"诸役相助法"。顾名思义，既然免役、募役都有缺陷，为何不把它们中和一下，取长补短呢?

司马光大发雷霆："言官管的是纪律，谁允许你乱议国策的?！闭嘴。"

王岩叟就闭嘴了。这记霹雳挨得一点不冤，他根本就不懂为什么司马光一定要用募役法来取代免役法。

这里面有个秘密，试问司马光推崇古法，三代以来中国历代的役法太多了，为什么他一定要选择这个争议巨大的募役法呢？答案在千里之外的江南。

在金陵，司马光当政的消息传遍天下，却被人刻意地屏蔽在一座小院落之外。这是王安石的家，他的家人不忍心让他知道，当年他呕心沥血创制的新法被人一一破坏。可是免役法之争太大了，还是传进了王安石的耳朵。

王安石愕然。他说："连这个都要废除吗？免役法是我与先帝共同创立，反复思索两年多才颁布的，内容面面俱到，成熟完备，不能这样轻易废除的。"

从这时起，王安石衰老伤病的身体更差了，他几乎不思饮食，一天天沉默寡言。可是打击才刚刚开始，不久之后新皇登基的恩科考试开始了，又一个消息传到了金陵。

当年王安石修改课本，改革科考，为国家培养有用的人才。课本中有他亲自批注的《诗》《书》《周官》，称之为新义。这是 15 年间宋朝全国举子们一直研究的学科。司马光临近考试突然宣布，废除王安石批注的所有新义，一切恢复到熙宁以前。

不为王安石考虑，也要为天下无数考生着想吧，临近考期了突然来这么一手，抛开朝廷重臣、知识前辈的身份，司马光仅仅以一位长者的年纪，都不应该这样刻薄。

他这样做了，目的也达到了。王安石整夜失眠，绕屋步行，清晨时家人看到屏风上写满了字，没有任何谩骂词语，只有数百个司马光的名字。

司马十二（即司马光，因其在家中排行十二）……不承想 15 年之后，你蜕变成了这样！但是，这还不是结束。又过了些日子，一个新的命令颁布了，严禁官方人士、各地书馆翻看一本名叫《字说》的书。这本书，是王安石晚年的重要作品。

王安石是罪犯吗？为什么会把他的作品列为禁书？一方面废除新法，抹杀王安石在政界的印迹；一方面禁锢王安石的作品，抹杀他在人间的思想。这样的行为要怎样定位，我实在不愿让自己的文字骂人，大家自己去想吧。

综上所述，全盘思考，才知道为什么天下有那么多的役法不用，司马光一定要用募役法来取代免役法。他就是让活着的王安石知道，你当初认为免役法先进，比募役法好，我偏偏改回来，让你眼睁睁地看着，一点办法都没有！

他的目的达到了。

王安石的健康急剧下降，真的死在了他前头。

宋元祐元年四月初六，王安石逝世。

按以往的习惯，我应该为他的一生作一个我个人认为合适的总结。但反复思考后，我放弃了。

不是怕争议，更不是怕难度，而是我前面说得实在太多了，这时有司马光的一举一动来反衬，更能看出王安石的本质。

还用得着多费笔墨吗？何况 300 多年宋朝历史里，我早就下了个决定，无论是哪位人物，我都会适时地给出自己的见解。唯独王安石，我空缺，公道自在人心，我不认为我前面说得还不明白，更相信读者们自己的眼光和理解。

如此，算是我对荆公的推崇和尊重吧。

回到司马光废除免役法的时间段，在范纯仁、苏轼有话要说时，5 天内废法行动一直在进行中，司马光在一片反对声中突然迎来了一股春风，一份公文摆在了他的办公桌上。

开封城周边州县按时完成任务，所辖地区内免役法全部废除，募役法已经生效！司马光惊喜交加，在这种时刻是谁这么乖，当了他的突击队长？

看公文署名，开封府尹蔡京。

蔡京……新党、王安石的亲戚，这实在犯司马光的忌，可是在这种关键时刻，反而是最好的典型示范。想想连王安石的人都这样支持他，旧党党内该怎样反应？

他召来了蔡京，拍着他的肩膀说："好同志，要是每个人都像你这样办事，还有什么命令贯彻不下去呢？"由此，蔡京捞到了他人生的第二桶金，旧党党魁司马光赏识了他。

王安石派蔡京下基层，司马光树立蔡京是模范典型。想想几十年后蔡京的作为，谁该为这个妖孽埋单？诚然，这时的蔡京还处于雏形，看上去人畜无害，可是司马光仍然看走了眼，他没有发现两个至关重要的破绽。

第一，蔡京的人品。

在这之前，在新、旧两党之间摇摆的人是有的，比如刚下台的首相蔡確。可从来没有人这样明目张胆地反叛，第一步就拿前领袖的政治根基开刀。

蔡京这样做了，他的“零拒绝”手段再一次使用，这样没原则、没底线的行为，司马光不仅不鄙视，居然还提倡，他本人的底蕴是什么呢？

如果以一切为政治服务，以达到目的为准绳，那么他多年以来保持的圣洁光环在哪里？退一步讲，这样急赤白脸地接纳蔡京，也证实了他急病乱投医，在自己党内都缺乏认可的现实。

第二，蔡京的危险性。

让庞大的京城周边州县在 5 天以内废一法、立一法，这里面得有多么复杂的操作。政治即人事，在高官遍布的京城周边，蔡京能避开所有的障碍迅速搞定所有的办事人，为他的欲望全速运转，这体现了令人折服的手腕。

这是强人手段！

有这样的能力，加上这样的品格，司马光居然熟视无睹。他的眼光在哪里？他巨大的史学知识在哪里？说到这一点，更让人无语的事还在后面。

免役法废除之后，青苗法、将官法迎刃而解，司马光在国内举世无敌，想怎么样就怎么样了。可是他非但不快乐，反而唉声叹气。他苦闷啊，对身边的人说了一句话——“西夏未服，吾死不瞑目。”

此言一出，新、旧两党人士都深有共鸣。从太宗时起到神宗一生，都被西夏拖得筋疲力尽，这是大宋近百年的无解毒瘤了，司马相公终于要对它动手了！

但是怎样操作呢？四位皇帝无数能臣都搞不定的事，司马光会有什么好办法？事实胜于雄辩，司马光给出的答案惊天动地，事先谁也想不出来了。

之所以会和西夏人恶化到现在的地步，都是王安石惹的祸，那么解决的办法也简单。把熙宁、元丰年间历次战争所得到的“好处”都还给西夏人不就得了嘛。比如米脂、浮图等四座城寨，恢复与西夏的榷场继续做买卖，至于每年的赏赐当然更不能少了，一切向仁宗、英宗时代的待遇看齐……

这样的开价让西夏人疯了，宋朝人很怪耶，这是真的吗？！前后的反差实在太大了。接下来，他们就看到了宋朝人的诚意。四座城真的还过来了，赏赐什么的也全数送来，至于回报，宋朝只要求西夏像从前一样称臣，每年写点格式标准的拜年信。

西夏人实在过意不去了，想了想，这样吧，我们也厚道些，把永乐城之战中抓到的几百个俘虏还给宋朝吧。如此这般，司马光终于安心了，拿着西夏人送来的称臣报表，他向全国宣布，西夏被宋朝征服了！！

兴奋之余，司马光意犹未尽，他想起王安石当政时期，好像还打下了一大片土地，现在叫什么熙河路。做人要诚实，要还一起还，把这个也还给西夏吧。

这时有人终于忍不住了，拿地图给他看。告诉他你别再说胡话了。看清楚喽，这片地原来是吐蕃人的，跟西夏人没关系。再看看地理位置，真要还给西夏，宋朝就被合围了！

……啊，这样吗？

司马光勉强提起精神看了看："那好吧，熙河就留着吧。"

以上的事件单纯来看，已经让人忍无可忍，只有结合历史来讨论，才会明白司马光此举有多么险恶自私。

他是历史大宗师，远在夏、商、周时期的历史都如数家珍，那么中唐时期的事情会不知道吗？说来这是我们中华民族的一大悲哀，历史，一直是令中国人自豪的，可是曾有位外国人一句话就把中国人在这方面的自豪抹杀了。

黑格尔，他说中国古代是没有历史的，每一个朝代都只是单纯的重复，甚至发生的事件都不断地雷同。远不如欧洲，有原始、奴隶、封建等社会形式，进化出了资本主义、社会主义。

作为中国人，我乍一看，第一时间也很愤怒，觉得被蔑视了。可是仔细审视，变得无语。就比如司马光割让西北四城的行为，在中唐时就发生过。

唐朝党争最激烈的时候，分为两派，牛党和李党。在唐文宗时代，牛党党魁叫牛僧孺，李党党魁是李德裕。两党互相排挤，在830年左右，牛僧孺是首相，李德裕被贬到西川边疆站岗。西川与吐蕃接壤，岷山的西北有座维州城，很多年前被吐蕃人夺走。

这时，吐蕃的守将悉怛谋仰慕李德裕，带着全家，把维州城打包一起投降了。李德裕喜出望外，上报朝廷，结果让牛僧孺非常不爽。

你的成就是我的失败，要怎样搞点破坏呢？牛僧孺选择从懦弱昏庸的唐文宗下手。他说为了一个城池和吐蕃人交恶，小心对方出兵，从蔚茹川直入平凉阪，不到三天就可达到咸阳桥，只怕京城都守不过来，得到一个维州算得了什么呢？

文宗害怕了，命令把悉怛谋交还吐蕃，把维州城也送回去。结果悉怛谋全家被吐蕃人虐杀在唐朝边境上，从那以后，再没有吐蕃人敢于向唐朝归降。

牛僧孺把党争放在国家利益之上，事情过去才200多年，以司马光的学识这是最基本的小儿科，可他竟明知故犯，重复这种罪恶，为的是什么呢？

大家自己去想吧。

如果以为他真的是为了宋帝国的安宁，宁可花钱消灾才这么做的，呵呵，很快西边的局势就会扇到他的脸。可是那一点都不妨碍《宋史》在他的个人列传中写出这样一句来——“……中国相司马矣，毋轻生事、开边隙。”

西夏甚至辽国人都告诫自己的边将，宋朝是司马光做首相了，你们千万要小心，别去惹事！

……别说在元祐时期西夏变得再次嚣张起来，退一万步，就算真的安宁了，也是人家手懒。想要的都白送过来了，还需要再动刀子去抢吗？

挣扎着做完这些，司马光全部的精力都用完了，全部的心愿也都达成，他自己都感觉没有再不死的理由。可是在七月时，他突然间回光返照，从病床上跳了起来，钻进轿子往皇宫里赶。

紧急通报，有人在高太后那儿提议重新启动青苗法！

这还了得？我还没死呢就有人敢唱反调，必须掐死这个出头鸟。等他赶到皇宫里时，肇事者还没来得及跑，被他堵个正着。

范纯仁，他站在高太后面前还在解释现状，阐述理由。司马光进来没看任何人，直接对高太后说：“是哪个奸邪劝陛下重施这个邪法？！”

范纯仁立即闪到了一边，一个字都不敢说了。奸邪，这顶帽子压过来，他的终生就得被定性，连他父亲都得被追贬。

司马光又成功了，哪怕奄奄一息，他都震慑全朝。可是天下的形势怎么办呢？要知道范纯仁并不是新党，他不会没事申请雷劈，他是看到了危险的现状，因为国库又开始空虚了。

青苗法、方田均税法被废，在原有的法令下，土地、农民又被地主们霸占，国家的利益重新缩水，这样的实际问题谁来解决？这些司马光不管，他只管废，兴什么，管我毛事？

这是他一生最后的真实写照，他列传里有一句流传天下的名句可以佐证。什么责任、什么危险，在他那里都能忽略掉。

当他废法最起劲时，“以母改子”改得最爽时，有人曾经提醒他：“这时否定宋神宗，小心哲宗长大了会为父亲出头，那时再翻天覆地一次，宋朝可怎么办？”

司马光爱理不理——“天若祚宋，必无此事。”老天爷如果保佑宋朝，这种事自然不会发生……

司马光死在宋元祐元年（1086年）九月初一，享年68岁。他的葬礼规格是超高的，赠太师、温国公，一品礼服、银绢7000两，谥文正，以皇帝的名义赏了块石碑，上面刻着“忠清粹德”。

另外，高太后带着小哲宗亲临现场致哀，她本人还当众哭了几声。

与之形成鲜明对比的是王安石死时，以荆公之名望地位，去世时居然一无神道碑、二无行状、三无墓志铭。治丧时只有一个弟弟在场。

至于之后的追赠、苏东坡的制文，是一个让人玩味的讽刺。那居然是王安石平生大敌司马光说了一句话，宋朝当局才赏了下来。

——“介甫文章、节义过人处甚多，但性不晓事而喜遂非，致忠直疏远谗佞辐凑，败坏百度以致此。今方矫其失，革其弊，不幸介甫谢世，反复之徒必诋毁百端，光意以谓朝廷特宜优加厚礼以振起浮薄之风。”

这些话除了开头稍微肯定了一下王安石的人品之外，没有一处不是在骂人。

翻译成白话文就是，王安石这人的本质还是不错的，就是性格有问题还很笨，要命的是还特别喜欢些乱七八糟的东西，由于这种本质，他把忠贞纯洁的人都赶走了，弄得满朝廷都是小人。现在我刚刚要改变他的过失，他却突然死了。我料到他死之后肯定会有很多的反复小人打击他，借此进入我们光明伟大的旧党队伍，所以我认为，朝廷应该给他一些优厚的抚恤名分，以免助长浮浅刻薄的风气。

我的翻译有错吗？

如果没错，大家应该明白，他哪有半分对王安石的认同？仅有的一点点善意，也是为了所谓的朝廷风气。好了，回头说司马光。

他终于死了，对他，我是有话要说的。他的人品、作为，在前面已经就事论事、夹叙夹议地说过了，现在我要讨论的是他的成就。

司马光，北宋时期著名的史学家、散文家。

这是事实，史学界有句话，叫“千古两司马”。即西汉司马迁、北宋司马光。这两人不仅都姓司马，两人的著作也大体相当。

分别是《史记》和《资治通鉴》。

基本上这是公论了，可是我一直很不认同。我不会因为我写的是宋朝，就把宋朝的人物无限上纲，去满足读者们的追星欲望。这两位司马先生真是太不相同了，简直是两个极端，连带着两人的著作也截然相反，从性质到目的，都水火不容。

司马迁是敢讲真话的人，因为李陵事件，他说了公道话，结果被汉武帝下狱，为了能活着出来完成《史记》，他忍痛接受了宫刑。这是多么大的牺牲，是多么执着的追求！

再看司马光，他的政治生涯在元祐出山之前，一直都只尽百分之八十的力，从来不会把自己扔进斗争的旋涡，忘我投入地工作。直到高太后掌权之后，有了百分之百的安全保障，才施尽辣手。

他是多么聪明，多么谨慎……

看两本书的修撰过程。《史记》是司马迁的个人成就，他出狱之后虽然还有西汉的官职，可是不再是修史的太史令了，写《史记》是秘密进行的，写完之后也没打算上交皇帝，而是要藏于名山，以待后世。

而《资治通鉴》不同，它的作用是教皇帝怎样治理天下，可以说是皇帝科班的教科书。在写这部书时，司马光有丰厚的俸禄，有精英班底，写成之后呈交宋神宗，得到了大笔赏赐。

最重要的一点是，两者修史、治史的心灵区别。

《史记》是光明、公正、博大、坚贞的，司马迁虽然在身体上失去了男性的功能，可他始终是个不屈不挠保持自我的汉子。他写书时敢于说真话，指出历代皇帝权贵的错误，连当朝的汉武帝都一视同仁。更有甚者，他把西汉王朝创立时的死敌项羽提高到了帝王的身份，和刘邦一样享有“本纪”的待遇。

反观《资治通鉴》，开篇从周朝开始，结稿在五代末年，他本人生活在宋朝立国将近百余年的时代，可半点宋朝的事都不提。

多么明智，绝不惹半点麻烦。这是多么懦弱啊，这本书的本质不是教人怎么当皇帝吗？那么本朝前几位皇帝的得失是最重要的内容，居然为了自己的安危彻底忽略。

如果在生存的前提下，司马光也许没有错。可是就不要侮辱司马迁了，两者根本不是一个等级的人物。一个连真话都不敢讲、两面三刀一辈子的人，根本不配谈历史创作。

毕竟，历史最基本也最重大的意义就在于——真实。

司马光死了，高滔滔（高太后）有点孤掌难鸣。总是有人跳出来搅事，让她不如意，比如言官，还有突然之间在宋朝官场里形成的党派。

以籍贯区分，洛、蜀、朔三党。

洛党党魁程颐，重要手下朱光庭、贾易等的特点是首领是圣人，目标是从皇帝到庶民，全天下都是我们的学生，所有人都要接受我们的教育！

蜀党党魁苏轼，手下是苏辙、吕陶等。特点是学问高，名望高，站在诗酒文化之巅，坡仙才气纵横，对谁都敢指指点点。

朔党没有党魁，一群人扎堆守着圆桌开会，不分大小彼此，主要人物是刘挚、王岩叟、刘安世、梁焘，成员很多，都是朝廷的重要官员。特点就是力量，我们文官有力量，从高端到中坚，每一个角落都有我们的人！

三党掐架，很有三国的味道。

对此，高太后喜闻乐见，除了把特别讨人烦的贾易下放地方之外，一概不闻不问，直到蔡確在安州的车盖亭写了10首诗。

这些诗在宋朝迅速风行，皇宫深处都知道了。

第二十九章　高滔滔摆乌龙

高滔滔自从当上太皇太后就一直处于亢奋状态，每天与新党斗、与言官斗、与旧党叛逆斗，让她不停地在帘子后面怒吼。这封信的出现让她加倍紧张，因为她最怕的是和旧账本斗。

她的权力来得不正，时刻警觉着各方面的质疑。蔡確作为前宰相、她的政敌的身份写诗揭露她，很容易会掀起宋朝全国性的八卦浪潮，到时候全民大讨论，后果不堪设想。尤其是蔡確曾经亲身参与了皇位的更替，有太多的猛料加隐私可以提供，想到这些她没法不发抖。

她从重、从严、从快地办了蔡確！

朔党负责这件事，以他们庞大精密覆盖整个宋朝军、政、财每个角落的权力，决定把这件事上纲上线，把新党彻底埋了。

他们指出，蔡確作为王安石的重要党羽、前宰相，周围聚集着一大批死党，都是危害国家、败坏社会的奸邪小人，蔡確诗里的含义是这个集团的共识思想，蔡確有罪，这些集团里的人个个都有罪。

朔党由梁焘出面，把这些人的名单列了出来。蔡確、吕惠卿、章惇、曾布……新党集团里大小干部都有份。由于这些人是王安石在熙宁、元丰年间提拔使用的，这份名单又叫作“元丰榜”。

要记住元丰榜，要记住它产生的过程和时间，这是一切斗争的源头。

世事复杂，很多貌似很成熟的人总是说，争斗是相互的，是没有对错的。不，物种起源都可以逆流追溯，几百年前发生过的具体事件怎么会没有对错、没有责任源呢？

元丰榜，是一切的源头。

高滔滔咨询首席元老文彦博，文彦博说蔡確曾被贬过岭南，到新州（今属广东）去当官。

宋朝时的岭南地区是荒蛮之地，把半老的蔡確贬到那里去，和当年贬寇準到海南一样，是明摆着的政治迫害，要治蔡確于死地。

这个决定别说是新党，在旧党内部都通不过。范纯仁找到了逐渐升到权力核心的吕大防说："岭南荆棘之地至今有七八十年没有政治犯下放了，现在贬蔡確过去容易，我担心不久之后会导致斗争升级，我们一旦失手，也会有同样的下场。"

吕大防心惊肉跳，从熙宁到元祐，政坛风水已经换了三次，有没有第四次没有人能说得准。想来想去，他带人去见高滔滔："贬蔡確可以，换个人道点的地方成吗？"

"不行！"

高滔滔厉声在帘子后喝道——"山可移，此州不可移！"

各位新法名人心惊肉跳，从这时起他们身边有无数只眼睛盯着，鬼知道会有什么样的罪名掉下来，把谁砸成蔡確第二。

最小心的人是吕惠卿。他是处境最尴尬的，旧党视他为死敌，新党看他是叛徒，里外不是人，天下虽大，他没一个朋友，要提防每一个人。9年之间，他小心到连一口凉水都没喝过，他生怕自己稍不留神得了感冒，都有人告发他在旧党领导下的光明世界里活得不快乐。生病绝不单单是身体的问题，心灵的阴暗才是主要原因！

当年新党上台，大批的旧党官员出京任职，可王安石从来没有迫害过他们，甚至给的职位都是肥缺，才造成了后来他们阳奉阴违扰乱新法。对旧党的上层人物更是礼敬有加，司马光、文彦博他们在洛阳过着王侯般的生活，从始至终既尊且富。可是旧党上台，居然对新党大打出手，不仅后果残酷，用的手段更是前所未见的卑劣。

新党成员李定加害苏轼的乌台诗案被大肆宣扬，用大文豪、万人迷的凄惨遭遇反衬新党都是小人；而车盖亭诗案就被刻意地淡化了。两相比较，同样是文字狱，李定只打击了苏轼一个人，朔党放倒了新党所有的人。谁是小人？什么是恶毒？显而易见了吧。

这样的理念在新党人心里生成，随着被压抑的时间增加，怨恨、报复的欲望变得越来越强，尤其是本来性格就强硬刚烈的那几个人。这时施压的人或许想不到，他们压抑的是火山，压力越大反弹越大，等岩浆喷发出来时，没有谁能独善其身！

宋朝的政治风气变得前所未有地狭隘凶险，这时唯一的人性光辉闪耀在首相吕公著的身上。他在一片肆虐报复的疯狂中向高滔滔提醒——“录人之过，不宜太深。文景之治，网漏吞舟，且人才实难，宜使自新，岂宜使自弃耶。”

高滔滔难得地冷静了一下，表示不再搞政治运动了。可是没几天，吕公著居然病死了。

站在权力的巅峰，引领着这些君子长年累月地内斗，就是高滔滔的全部工作。除了这些，还剩下什么呢？

还是有一些的，比如说随着旧党人员的大量返京，神宗改革的官员制度被冲击了。本身高滔滔是不在乎的，和儿子唱对台戏是她人生最大的快乐！只是官员变多了，收入变少了，开支都成了问题。

于是，还要再裁员。

在旧党内部裁员是个地道的噩梦。没事都要掐得水深火热，现在想动俺的职位俸禄，来吧，你想怎么死？在这件事里，首相吕大防、次相刘挚反目成仇，大批被裁官员拉帮结伙到御史台、知谏院告状，闹到后来，搅得高滔滔也不知怎么善后。

混乱中一个沉稳精明的人站出来，出了一个主意。他说现在不能硬性裁员，而是应该不再往现有机构里塞人。等到在职的人员不断老化退休后，人数自然就少了。至于时间嘛，会比较长，估计需要 10 年。

这个主意真好，立即被全体旧党官员接受了，高滔滔、吕大防、刘挚都长出一口气，真是天才啊，居然同时符合了所有方面的利益。就这么办了。

我们细想一下，这真是个好主意吗？ 10 年，这是在乱世中创建一个王朝的时间；是宋、辽两国从幽燕城下激战到君子馆失败，决定两国命运走势的时间；是王安石改革，全面改造一个国家每个角落的时间。在这里，居然是用来减少国家官僚机构人数的时间……

而官僚的一个最大的本质属性就是听命令，让他干什么他就得干什么，连这一点都做不到，还是一个正常的国家、合格的官员吗？

旧党们已经强大到了这种地步，政府要裁员，都得照顾他们的情绪才行。

最后说一下，提出这个主意的人叫苏辙。

就是在历史里一向被认为精明、干练、独立、沉稳、有才的苏辙。关于他，我一直没有细写：第一，他身处元祐年间，在这种大环境里注定了无所建树，没什么好写的；第二，从这件可以作为他政绩代表作的事件上，就可以看出他的执政能力，实在没心情写。

不往现有机构里塞人，等在职官员自然老化退休。这样的确避免了眼前的争端，可是职能部门的活力怎样保证？整整10年啊，一群群既老且废还特别暴戾的临退休高级公务员们，不说临走前大捞最后一笔是古今中外的共识，能带给国家怎样的损失，光是占住了位置，压抑了一个年龄段的年轻人才，这种损失哪个国家、哪届政府能承受得了？

类似这种乌龙高氏政府在八九年间摆了一道又一道，次数多了也很累，导致高老太婆的身体崩溃了两次。第一次是在元祐五年的秋天。

高滔滔生平第一次请了长假，很多天没去上朝。这下子旧党大佬们慌了，别看平时和高滔滔隔着帘子互吼，他们心里很清醒，高氏是他们的靠山，没了这人旧党根本站不稳。

以吕大防为首，三名宰执入宫探病。他们走进了宋朝当时最神秘的一座宫殿。

严格地说，这座宫殿既是高太皇太后的寝宫，也是哲宗皇帝的寝宫。这是宋朝前所未见的，自从登基以来，小皇帝一直睡在奶奶的身边，中间只有一片厚重的帷幕。每天哲宗除了和各位侍读在一起学习的时间外，上朝时和奶奶坐在一起，下朝后和奶奶睡在一起，每时每刻都在高滔滔的视线之内。

这也是《红楼梦》里贾母对宝玉用过的办法，为的是防备宝玉和女孩儿们做出点什么。

走进寝宫，吕大防等人看见的是厚重的黄色幔帐，床全都遮住了。哲宗站在床的左侧，吕大防等站到右侧。

“太皇太后圣躬万福。”这是吕大防的原话。

幔帐里传出了一个苍老愤郁的老妇人声音——“老婆待要死也。累年保佑圣躬，粗究心力，区区之心，只欲不坠先烈，措世平泰。不知官家知之否！相公及天下知之否！”

这是高滔滔当时的原话，她以为自己快要死了，临死之际不由自主说出了心里话。她认为自己这么多年来，全心全意每件事都是为了保护宋哲宗才做的，目的只有一个，对得起宋朝的列祖列宗，保住天下的太平。这样光明正大的理由，以她走极端无所顾忌的性格，似乎她问心无愧，哪怕死了，也心无挂碍。

真的吗？那最后两句怎样解释？

不知官家知之否！相公及天下知之否！

这两问，明显地表明她心里没底。她做了什么自己知道，空前的跋扈压制了皇帝在内的整个官场；军、财两大国政全废，国际地位降到有史以来最低；国内政治一塌糊涂，党争之祸在她的手里生成，这是北宋亡国的原因！

不仅她知道，宰执们心里也有数。面对她的提问，吕大防等人沉默不语，根本不知道怎样回应。难道他们能说皇帝不知道、天下不知道？

不想活了吧？

说皇帝知道、天下也知道……皇帝就站在他们身边，给一段历史盖棺定论还轮不到他们。沉默是难堪的，沉默有时也是结束，可就在这次谈话很可能就此结束时，一贯沉默、四五年里在官方场合一言不发的宋哲宗突然说了一句话：“大防等出。”

吕大防，你们出去。这是宋朝历代皇帝从来没有用过的语气，祖、宗、真、仁、英、神六位皇帝，从来没有谁这样对宰相说过话，简直是往外赶人。

吕大防等人立即出去了，看得出小皇帝在愤怒，几乎毫不掩饰地愤怒。他们根本没法想象，把他们赶走之后，寝宫里还会发生些什么。

小皇帝会对跋扈的奶奶做什么吗？在奶奶重病将死的时候。答案是不知道。史书里关于这个片断的资料缺失了，吕大防等三人退出后，寝宫里发生了什么，一直都是个谜。能确定的只是高滔滔的生命堪称坚强，她恢复了，很快又重新坐在了帘子后面，当她的幕后太上皇。

哲宗也恢复了沉默，就像什么都没有发生过一样。

其实没有什么值得奇怪的，哲宗奇特的、堪称宋朝皇帝中独此一份的个性，在这之前也曾经偶然流露过，据统计前后一共有四次。四次中有对大臣的，有对高滔滔的，每次都流露出哲宗无法遏制的情绪波动，他暴怒、他孤愤、他怨怼、他忍无可忍，可是都被无视了。

第一次是在神宗的葬礼上。当时的首相是蔡確，不管蔡確到底是君子还是小人，甚至他到底是新党还是旧党，但他对哲宗是非常好的。多年以后，哲宗亲政时曾深情地回忆，在刚刚即位的两年里，他身为皇帝使用的餐具、茶具等，都是陶器。是蔡确亲自过问后，才换成了铜器。

在神宗的葬礼上蔡確很担心，宋、辽两国通好，彼此皇帝的葬礼都会派使节来致哀，他担心哲宗太小了，突然见到神态凶猛、衣冠特殊的辽国人会惊恐。于是他一遍遍地向小哲宗介绍辽国人长什么样，穿什么衣服，习惯说什么话，唯恐漏掉了什么。

哲宗安静地听着，直到蔡確不说了，才问出一句话："契丹人也是人吗？"（彼亦人乎？）

"当然是。"蔡確吃惊地回答。

更让他吃惊的是哲宗的下一句话——"既然是人，怕他什么？！"

那一刻，蔡確一定看到了和刚刚死去的神宗一样的眼神，坚强、刚烈、骄傲的血脉，他当时仅仅 9 岁。

第二次是在皇宫深处的经筵学堂。年幼的哲宗在学习，有时高滔滔会来看他，偶然间发现了一件怪事。不知为什么，小哲宗使用的书桌是旧的。

"换成新的。"高滔滔下了命令就走了。可是几天之后她发现，那张旧桌子又出现了，哲宗还在使用它。高滔滔奇怪，这样一件小事，自己亲自下了命令，居然没生效？

问过才知道，是哲宗自己要求送回来的。高滔滔不解，她问孙子为什么。年幼的哲宗好一会儿才回答：

——"这是爹爹用过的。"

不知高滔滔作何感想，是喜是悲，抑或是恐惧，这个孩子是这样强烈地热爱自己的父亲，而她把神宗的一切都毁掉了。

异地而处，换作任何一个智力正常的人，这时都应该想到补救。未来是属于年轻人的，怎样挽回孙子的好感，尤其是这个孙子还是实质意义上的皇帝，是刻不容缓的事。

可是高滔滔不管，她的事业刚开始，外面全国上下划党派列名单政治运动热火朝天，她怎么能因为顾及一个小孩子的心情去破坏这些？开玩笑，一个对自己亲生儿子都能痛下杀手抹平一切的女人，会对儿子的儿子手软？

于是才有了第三次。

某天高滔滔在严肃、认真、积极、愉快地办公之后，像是突然间发现了身边还坐着一个人——她的长房长孙现任皇帝赵煦。这个一贯沉默的孩子，可以整天坐在一个地方一言不发，像个没有生命的摆设。

高滔滔一时高兴，问了句话："孙子，你看每天有这么多的大臣来说事，你是不是也有自己的想法？怎么一句话都不说呢？"

难得一见的关心，真是皇恩浩荡，却不料哲宗的回答是——"娘娘已处分，俾臣道何语？"俾，指卑微弱小。整句话是说，尊贵的娘娘您都处分好了，还要我这个卑微的小子说什么呢？身为皇帝，说出这样的话，怨愤之心有多强烈可想而知。

可惜毫无作用，高滔滔继续我行我素，该干什么干什么。于是哲宗的郁闷岁月在延长，看不到半点光亮，直到高滔滔第一次病倒，他说出了第四句话：

"大防等出。"

结合前三句时的遭遇，完全可以体会哲宗这时的心情。高滔滔躺在病床上向宰相们宣称："……累年保佑圣躬，粗究心力，区区之心，只欲不坠先烈，措世平泰。"说得多么冠冕堂皇、博爱慈祥，想一想 13 岁的少年被她"保佑"得一脸木然跟活死人一样了，亏她厚着脸皮说得出口。

还当着当事人的面。

这是赤裸裸的挑衅和侮辱！稍有一点点血性的人都没法再忍耐。哲宗小发作了一次，把吕大防等外人赶走，这透露出他当时的难堪。

高滔滔是怎样待他的，他知道，这些宰执们更知道。就是这些人，每天上殿奏事，眼里只有高滔滔，根本毫不理会他这个皇帝。在他亲政之后，有一天他忍不住对父亲的臣子，那些新党成员，如章惇等人说出了真相——"每大臣奏事，但决于宣仁后，朕每日只见其臀背。"

这些势利眼的大臣们，有高滔滔撑腰，把宋朝的皇帝都忽视掉，每天都面向着帘子后面高滔滔的方向跪拜舞蹈，哲宗只能看见他们的后背和屁股。这在儒家学说里是重大的邪恶事件，为臣不忠，无礼于主上，没有比这更重大的罪恶了。

联想一下前面洛蜀朔三党争端里那些因为只言片语就指责对方是奸佞小人，甚至捏造事实曲解本意搞文字狱的行径，和这种大罪比怎样？这就是旧党君子们的真面目。

吕大防等人都在其中，现在高滔滔当着他们的面问出这样无耻的话，让哲宗无地自容，等于当着臣子们的面打他的脸。不赶他们出去，难道还要给他们继续演戏的机会？

当天的事过去了，随着高滔滔恢复健康，世界变得和从前一样。他继续忍，局面不仅没有好转，忍的方面反而变得更多了。他一天天长大，到了 17 岁，一件人生中必须要做的事摆上了桌面。他到了结婚的年龄，高滔滔海选天下官绅士族，以她自己的喜好，给他选出了皇后。

皇后姓孟，是一个安静、有礼、体贴的好女孩儿，出身足够高贵。她本应该有一个幸福美满的人生，可惜和高滔滔挨上了边儿，就一切都变了。孟皇后是两宋所有皇后中命运最颠沛流离、最奇特、最反复的一个。究其原因，就在于她是高滔滔选的，不是哲宗本人选的。

亲手导演了这出悲剧之后，高滔滔的生命圆满了。在外部，她摧毁了宋朝的军事优势、经济根基，政治也一塌糊涂，让官员队伍自相残杀，埋下炸毁王朝的地雷；在内部，她让宋哲宗从 9 岁到 18 岁，一生中最重要的生长发育阶段始终郁闷怨愤，不仅导致他性格变得偏激，更严重损害了他的健康。

导致哲宗英年早逝。

而且她临死前还尽最后一份心力，把哲宗的婚姻毁了。这让哲宗的后宫生活长期不和，始终没生出健康的儿子……死后只能从兄弟中选继承人。

这样的奶奶，让人说什么好呢？

高滔滔的生命在元祐八年（1093 年）走到了尽头，七八月间她觉得自己不行了，又一次把宰相们召到病床前，这一次她显得非常伤心。

她说了这样一段话：“我因为受到神宗皇帝的临终托付，才和官家升殿听政。九年过去了，你们说心里话，我曾经给过娘家人什么好处吗？只因为必须做到公正，我一个儿子一个女儿病死了，都没有见到。”说完她流下了眼泪。

不管她是什么样的人，我相信她这时说的是实话，流出的是心底里真正酸楚的泪。人之将死，她再没有必要虚伪。

也因为如此，可以看出她真正的问题。头一句话，她给自己正名，之所以垂帘听政，都是神宗安排的，她没有贪恋权位。

可信度有一半。哲宗实在太小了，神宗临死前只能托付老娘，这合情合理。但是另一半呢，神宗准许她垂帘听政，只是要她当监护人，谁让她“以母改子”颠倒乾坤的？难道这也是神宗给她的权力？

更何况哲宗 17 岁大婚了，她仍然不还政，这是她不贪权？

活见鬼。

至于九年期间对娘家很吝啬，这实在没有必要。一定要往高处拔的话，她抑制了外戚的实力，避免了汉朝时母党的嚣张。可这是宋朝啊，以前那么多的皇后，见过哪个的娘家出格过？她把这个当政绩，实在应该买张逻辑卡去充值。

就像她随时可以扮演武则天，只是由于道德太高尚了，才不忍心似的。

她应该做的，是坚持宋朝的传统，对皇室、后族成员大发赏钱，高官大爵钟鸣鼎食，无穷尽地享受，却不给半点实权。这样既雍容又平安，有必要弄得刻意去压制娘家人，显得自己多清白吗？

翻开宋朝历史，赵光义病重时赵匡胤去探病，拿起艾火往自己身上灸，试探痛感，让人深切地感受到长兄对幼弟父亲一般的疼爱；真宗为年老的姑母做寿，像母亲一样尊重；仁宗给失明的长姐舔眼睛，让整个亲族感动。与这些相比，高滔滔简直是不知所谓。毁掉长子一生的业绩，压抑孙子直到临死，儿子女儿病重，身为母亲不去看望，种种劣迹加在一起，说她天性凉薄已经很厚道了吧？

平心而论，她也不是天性凉薄，她是笨。假定上面她临死前所说的话都是真心的，那么“笨”是她最明显的属性。

证据是她的眼泪。

把什么都做错了，哪一点都经不起推敲，她本人却被自己感动得痛哭流涕，这是一种什么精神呢，这是超越了凶狠、奸诈、厚黑等传统政客精神内核等级的超级存在——纯天然。

她从来不觉得自己做错了，回首一生，什么都是对的，这样还需要什么奸诈厚黑之类的东西吗？这实在是最可怕的一种人，这种素质像雨点一样砸向大地，无数的人身上都带着这种特质。

也就是说，能力上有差别，性格上差不多。在宋朝，两大代表是王安石、高滔滔。

两个极端自信、永不言错的人，他们带领宋朝走向了两个完全不同的方向，造成了截然相反的结果，同时又都坚信自己才是最正确的。怎样才能区分他们俩呢，简单，一个聪明，王安石；一个笨，高滔滔。如此而已。

自信与顽固，真的只差一点点啊。

所以做人不管能力怎样，还是要保持一份清醒，经常怀疑一下自己。有个圣人不是说过吗，“一日三省吾身”。

高滔滔死于元祐八年（1093 年）九月初三，死时带着很深的忧虑。她仿佛知道死后会发生什么，把之前贬出朝廷的一些重臣召了回来，重新安排到重要岗位。比如苏轼、范纯仁，这是她为保住自己创建的理想社会留下的最后一道保障。

关于她，最后一点要说的是她的安葬规格。作为太皇太后，她的墓本应是园陵，可是却建成了山陵，那是皇帝才有的资格。她的随葬物使用了纯金，而宋英宗、宋神宗只用了渡金。

她生前一直自我标榜、最自豪的一点，是节俭。

第三十章　何以清算，唯有凶残

哲宗终于走上前台，开始对章惇、吕惠卿、曾布等新党人复官。复官，并不是一下子恢复到原来的官职，而是一点点地向上升，从闲散的、只有工资没有权力的“宫观”职，比如章惇这时是以资政殿学士提举杭州洞霄宫，只是主持了一个道观。

从这个基础上升起，给一点点的小实权。

旧党不干了。

吕陶上书，有两点要求：第一，不管你要起用谁，都要从国家利益出发；第二，请诏令天下，不许有任何诽谤已故太皇太后的言论出现。

苏轼也上书，非常著名。他这样写道——“……陛下圣智绝人，春秋鼎盛，臣愿虚心循理，一切未有所为，默观庶事之利害，与群臣之邪正。以三年为期，俟得其实，然后应物而作，使既作之后，天下无恨，陛下亦无悔。”

换成白话，他说：“皇帝你是超级天才，年龄处在最好的阶段。臣希望你放弃高傲，遵循道理，在什么都没有去做之前，先静静地观察事情的发展、臣子们的心性。要观察三年，等你看得清楚，心里有底了，然后再找个好机会开展工作。这样，你做了之后，天下苍生才不会产生怨恨，你自己也不会后悔。”

两人的奏章看似合情合理，但是，请切换到宋哲宗的视角来看。

吕陶开口闭口国家利益，似乎只有旧党才能代表国家利益，反之如果起用新党，就是败坏国家利益了？谁给你的唯一确定权，你是皇上还是我是皇上？第二点让人更加忍无可忍，以高滔滔 9 年来的作为，哲宗身受其害，不追究也就算了，吕陶居然要求哲宗出面，去压制要求清算的声音。是可忍，孰不可忍。

通过这两点可以清楚地梳理出吕陶的小心思，不用新党、尊崇高滔滔，这两点达到，旧党就会立于不败之地。

分析出这两点，哲宗能保持沉默已经相当有涵养了。

做事前要三思而行，看准了摸清了才能下手，这是准则一样的共识，难道有什么错吗？有，非常错，在宋哲宗看来，简直是不可思议的荒谬！

如果他是第一天当皇帝，从来没接触过政务、大臣，这样的要求不过分。可是整整9年了，他冷眼旁观看清了太多的事，看到了一个个大臣是怎样的嘴脸。请问，人还是这些人，不许换，继续看，三年后能看出来什么？他们会改变吗？如果改变了，就证明他们和从前不一样。一个前后不一致的人，适合当国家领导人吗？如果不变，这三年是不是纯粹的浪费呢？！

而三年的时间足以改变太多的事，尤其是处在青春适应期的少年，连续三年无所事事，他们会习惯懒散的日子，想重新振作起来相当于换个思维习惯。那不是每个人都能做到的。

或许一个没有棱角、没有斗志、失去追求的人，才是所谓成熟的人吧。

苏轼的奏章哲宗不予置评。这在历史上留下了非常不良的记录，绝大多数的史学家都根据这一点证明他急躁轻佻，是个不懂事的毛孩子，辜负了苏东坡的一片好心。

接下来是苏辙。

他这样说——“……至于其他，事有失当，何世无之。父作之于前，子救之于后，前后相济，此则圣人之孝也。”

这句话彻底颠覆了历史，之前司马光之所以敢废除新法，是在“以母改子”的理由下进行的。哪怕是牵强，毕竟抬出了长辈。可苏辙这时说，政治上有错误，哪朝哪代都出现过，父亲做错了，儿子来补救，这是圣人提倡的孝道，是崇高的品德。

哲宗气得要爆炸了，苏辙把这9年里高滔滔、元祐党人做过的事都扣到了他的头上，是他废除的新法，毁了神宗的业绩，居然是他！

这世界还有天理吗？堂堂的副宰相、大文豪居然当面撒谎，把满世界都知道的真相让受害者承担，这实在太匪夷所思了吧。

苏辙，这个在文艺世界里一直保持着高瘦、沉默、文雅、温和形象的世外高人，在官场上完全是另一副截然相反的形象。在元祐时代的9年里，他是旧党里对敌人最凶狠、最彻底、最无情、尽一切可能打压的人。

有两件事可以证明。

第一件，蔡确被旧党围攻贬过岭南。某一天高滔滔出宫，车驾行进中，突然从一辆驮轿里传出一个老妇人的喊声："太皇万岁，臣妾有表。"

这是蔡确的母亲明氏，她和高滔滔有过一面之识，为了救儿子，她冒险拦驾求情。这是宋朝前所未有的事，有宋一代善待士大夫，从不以文字之罪杀人，现在堂堂国家首相的母亲被逼到了这个份儿上，从情理上说，为了舆论上好看点，也得饶蔡確一命了。

不，高滔滔一定要蔡確死。

当时在场的是刘挚、吕大防、苏辙。朔党元首刘挚先表了态，他一脸的不屑，说："这都是蔡家人看到吕惠卿贬职两年就换了地方，也想捡便宜。白日做梦，不必理会。"

吕大防沉默。

蜀党领袖苏辙第二个发言，一句话就定性了——"惠卿量移时，未有刑部三年之法。"这句话说出去，高滔滔的脸皮微微发红。什么叫水平，既做了事，还不露痕迹，一切都推到法律上。蔡太夫人，不是我们不给你儿子活路，此一时彼一时，他和吕惠卿没法比，法律变了。

哪像高滔滔、刘挚那样穷凶极恶、剑拔弩张的。

第二件事，朔党独大时，是新党被打压得最狠的时候。得意之下，吕大防、刘挚有点心里没底，私下里商量了下，准备给新党一点甜头，稍微升点官，缓和下矛盾。上报之后，高滔滔也有点犹豫，也许之前真的太狠了，那就缓和点？

苏辙突然出现，停！都太不专业了，你们根本不懂什么是政治斗争。"君子与小人势同冰炭，两处必争。"矛盾是不可调和的，一定要把批判进行到底。

有可能出现的历史拐点，就这样被苏辙掐断了。

蔡確死了。

这位前首相没能等到哲宗亲政，他死在了元祐八年，仅仅相差几个月，没能看到新党的黎明。他的死讯从岭南传过长江，传进京城，一路上让每一个听到的官员都瑟瑟发抖，从心底最深处感到了寒冷。不管他们是新党还是旧党，都意识到了一件事。

宋朝终于有一位顶级大臣死在了党争之中，这不再是官场游戏，而是生死大仇。很多旧党人后悔了，比如朔党的党魁刘挚，多年以后当他走到生命的尽头时，回忆一生的经历，他长叹一声说：“这辈子没什么懊恼的事，只是蔡持正（蔡确字）的事做得不对啊。”

可惜晚了，蔡确的死点燃了新党集团的怒火，他们仅存的一点点平和心态也消失了。本就是一群锐意进取的人，怎能不快意恩仇！

拉开复仇序幕的人名叫张商英，他是第一批返回京城的新党要员，被安插进台谏部门当言官。

张商英，字天觉，蜀川新津（今属四川）人。本是一个地方小官，按步骤发展的话，很可能终生都迈不过长江，之所以能名扬天下，就是脾气性格的原因。

他很牛，首先长得帅，“长身伟然，姿采如峙玉”。在普遍矮小的四川人中鹤立鸡群，与众不同。第二他才高脾气大，负气傲傥，豪视一世，尽管官职很小，只是通州主簿，可整个四川官场都对他发怵，说不过更骂不过，谁想谁头痛。

不过也有用。

往回翻历史，到章惇平“荆蛮”的时候，章大人沿江直下，把荆湖各处山民搅得鸡犬不宁，捎带着把各级地方官也修理得七上八下。每到一地，他不仅考核业务，更要谈论学问，要知道章惇能和苏轼交朋友，边走边玩边聊天，这个过程需要丰富的知识、敏捷的文思才能让友谊之花盛开不败。这种水平和接近岭南地区的地方小官接触，能愉快才见鬼了。

不愉快，章大人就会让对方加倍地不愉快。章大人一路轰鸣着碾过蛮区官场，嬉笑怒骂肆意张扬，大伙儿终于受不了了，一致决定，叫张商英。

两个都很牛的人，就是在这种气氛下见面的。张商英那天穿着道士服，随随便便来见荆蛮战区总长官，见面没行官礼，只是作了个揖。之后，两人唇枪舌剑，口若悬河，互相喷了对方好几朵莲花，最后分出了输赢，章惇……竟然败了。

失败的章惇很兴奋：“好学识好胆魄，你在这是太屈才了，我来推荐你进京去见王安石。”张商英从此迈进了主流官场，成为新党中的一员。

张商英的第一枪打中了苏轼。

苏轼的才名当世无双，当上两制官之后，很多著名人士的官方著名文件都出自他手。比如前面提过的应司马光之命写给王安石之死的制文，里面明扬暗贬，写成了阴阳两面，让推崇王安石的人能看到尊重，让仇恨王安石的人也能看出鄙薄。

在他写的众多精妙委婉、晦明不定的制文中，有一篇是他怎样推脱、怎样解释都迈不过的坎儿，这成了他一生中最大悲剧的开场白。

《吕惠卿责授建宁军节度副使本州安置不得签书公事》，简称关于吕惠卿同志监外执行不得随意走动剥夺政治权利的说明。

这篇制文是苏轼主动甚至争着抢着写的，为的就是在吕惠卿倒台被贬出京城时出口恶气。只是很奇怪的是，吕惠卿一生得罪人很多，基本上仇敌满天下，可是和苏轼之间并没有发生什么不共戴天的事。而苏轼写的这篇贬制，可以说是太不留情面了，准确地讲，就是在骂人，并且是在骂吕惠卿的同时，骂了改革派里的所有人。

全文很长，挑点经典词：

——以“凶人在位，民不奠居”开始。凶人在位，指的是谁呢。宋神宗，还是王安石？之后转到吕惠卿本人，说他“以斗筲之才，谄事宰辅，同升庙堂”，行为上“乐祸而贪功，好兵而喜杀”，学问上“以聚敛为仁义，以法律为诗书”，罪行上“首建青苗，次行助役。均输之政，自同商贾”，“反覆教戒，恶心不悛”。

接下来苏轼越写越高兴，渐渐刹不住车了，忍不住把新党集团拖出来集体骂：

——“苛可蠹国以害民，率皆攘臂而称首。”“始与知己，共为欺君。喜则摩足以相欢，怒则反目以相噬。”

苏轼说：“只要能害国害民，吕惠卿之流踊跃出现频频点头心有灵犀一起犯罪。当成功来临他们喜悦时，互相摸摸手蹭蹭脚亲密无间；生气了有矛盾马上翻脸，反目成仇，互相残杀。”

最后一句总结：

——“稍正滔天之罪，永为垂世之规。”

大家看，苏轼写这些就过分了吧。吕惠卿犯错，只管说吕惠卿好了，哪怕上面那些骂得再凶狠，也没人找他麻烦。可为什么要借机打倒一片呢？毕竟有事说事，乱骂人是要负责任的。

苏轼不管，他当时写完这篇绝世好文之后仰天长笑，大感舒畅，走出门去还喜形于色。有人问："苏学士，您为什么这么开心呢？"

苏轼把刚写好的贬制背诵一遍，之后加上了自己的感叹——"三十年做刽子，今日方剐得一个有肉汉。"一个字，爽！

爽了就要付账，苏轼借职务之便公报私仇，还影射神宗皇帝，犯了大逆罪。证据确凿，不用像乌台诗案那样押回京城受审，直接从定州免职，到新州（今属广东）去反省。

他是继蔡確之后，第二个被贬过岭南的大臣。

在这个过程中，没有谁给他讲情，连范纯仁都闪得远远的，有多远躲多远。就算这样他仍然觉得不安全，几天之后，范纯仁和吕大防几乎不约而同地写了辞职信，主动申请外调。

京城没法待了，太凶险！

不过，这并不是被张商英吓的，张商英再狠，资历不深，没法撼动他们这个级别的大佬。他们之所以逃难一样地躲出去，是因为一个比他们资历深、影响大、从不妥协、从不手软的人从江南赶回来了，很快就要进入开封。

章惇。

在宋朝还活着的官员中，章惇是资格最老的一辈了。王安石、司马光等人死后，除了更老的文彦博之外，没有谁能超过他。范纯仁也好，吕大防也好，哪怕年龄相近，在职务上都是章惇的后辈。这还不算什么，一般老前辈都慈祥，对后辈们很温馨。

可章惇是特例。

章惇一生始终活在黑白世界里，他认为对的，会永远忠诚，比如对王安石和新法；他认为是错的，就始终敌对到底，比如对司马光和旧党。在这两者之间，绝不会有第三种情况发生。这种信念转化成做事风格，就成了敌人的噩梦。

以牙还牙，以眼还眼，以血还血……对不起，说错了，章惇讨账时绝不会按数收钱，他总会附带着巨额的利息，让敌人倾家荡产、死无全尸，这才是他的风格。

过往的事历历在目，9年里旧党倚仗高滔滔对新党人坏事做绝，都搞出人命了。这时章惇回京，一定只有一个目标——杀人。想到这一点，连范纯仁这样的和事佬都不敢往里掺和。章惇来了，有多远闪多远，最好和这人永不见面。

他们料得很准，每一点都发生了。章惇动身前已经知道了自己的任命，回朝就是首相。这不仅是因为他的才，更是因为他的忠，哲宗最认可这样的人。

另一点，满朝大臣都和范纯仁、吕大防想到了一起，为了保住身家性命，这些人自掉身价，做了一件宋朝史上极其罕见，堪称史无前例的事。

章惇抵达京城的那一天，全体朝臣到城门外迎接。一个个诚惶诚恐，小心翼翼。可惜呀，章惇无动于衷。开什么玩笑，事到如今，想立功赎罪都不可能，只凭些奴颜婢膝就想过关？

从这时起，章惇叫作扒皮章。

章惇上任，新党人快速返京，当年熙丰旧人如蔡卞、周秩、翟思、上官均、林希、黄履、来之邵、郭知章、刘拯等人都回来了，他们占领了御史台、知谏院等关键部门，与张商英紧密配合，做事的效率是空前迅猛的。

绍圣元年四月章惇回京；五月提拔黄履为御史中丞；五月十四日继贬谪苏轼之后，又一个新的清算目标出炉——殿中侍御史郭知章追究元祐时期割让西北四塞给西夏事。

大快人心，当年旧党在宋朝对西夏始终处于战略进攻态势的情况下，主动放弃四座边寨的行为人神共愤，无数边关将士用血肉换回来的城池，只为了和新党唱反调，就无偿地送给了敌人。不说实际上的物质损失，9年间两国士气、攻防的易位，就让宋朝苦不堪言。

西夏人变得无比嚣张，连他们的汉人皇太后梁氏都敢带人闯进边境杀人放火……这是奇耻大辱！章惇指示上任第一件事就办这个，谁的责任一定要查清，一定要处理。

很快责任人名单列出来了，以司马光、文彦博为首的11个人是主犯。其中司马光、文彦博、赵卨、范纯仁的责任最重，定为“挟奸、罔上”；孙觉、王存等其他几人是从犯，罪名是“暗不晓事、妄议”。

宋哲宗看着这份报表，问了自己很多遍，他是想温和的，可这件事能温和吗？！于国、于家、于先皇、于将士，无论哪一点，都没法宽恕！

他同意从严从重处理。

在研究怎样具体定罪期间，御史台已经发动了另一项弹劾。责问元祐年间，前首相蔡確贬谪岭南致死事：第一，蔡確到底有没有罪；第二，若有罪，罪是否遇赦不赦必死岭南。

这是由谁指使的？目的是什么？

这两问是极其致命的，直指当年最高权力核心的纷争。其中最敏感的，可以归为一句话——能把首相扳倒，只能职位比首相更高。高滔滔，除了她没有第二个人能办到。

言官直指要害，吕大防、刘挚、苏辙、王岩叟等人一个不落，通通落网。不管他们现在处于什么位置上，一律贬职。

贬制由林希执笔，文字风格向苏东坡看齐。

这样仍然不解恨，张商英从堆积如山的文件里走出来，召集大臣去见哲宗。他说——“愿陛下无忘元祐时；章惇无忘汝州时；安焘无忘许昌时；李清臣、曾布无忘河阳时。”

这句话像一团烈火烧进了加油站里，“轰”的一声，所有人的愤怒都被点燃了。

汝州、许昌、河阳分别是章惇等人最初时的贬官流放地，而元祐时代的9年是哲宗的受难日，更是他的耻辱日。不能好了伤疤忘了疼，毒瘤不铲除终有一天会再爆发。

没有什么可犹豫的了，把坏事做尽目无皇帝的旧党往死里整！这条最高指示出炉，被新党人迅速地执行了，只是在操作上稍微变了点形。他们做的是，连死了的也不放过。

七月，处理决定出台，先说活的。吕大防、刘挚、苏辙、梁焘、刘安世第二次贬谪，分别是郢州、蕲州、筠州、鄂州、南安军。虽然还没过岭南，但全都到了长江两岸。并且把这些人的差遣全都革了。差遣，是宋朝官员的实际工作位置，从这一刻起，这些曾经的顶级大佬无官一身轻，除了一点点仅存的荣誉头衔之外，实际上就是一群罪犯。

再说死的。

司马光、吕公著是旧党废新法时的两大领袖，两人虽然已经死了，可是追赠的爵位、谥号、给子孙的恩例赠官都还存在。这些都是他们的犯罪所得，必须都收回。

全收回了，司马光的“文正”谥号，那块“忠清粹德”碑等都收回，官方宣布作废。

还没完，关于各罪臣的子孙考核也在进行中。比如吕公著的儿子吕希纯就被抓了典型，张商英在浩如烟海的文件堆里翻出了他给高滔滔族人写的诰词。里边有“昔我祖妣，正位宸极”一句，把高滔滔推到了高无可高的巅峰位置。

哲宗大为恼火，高滔滔活着时你们借势猖狂，死了仍然大拍马屁，合着是什么时候都不把我放在眼里。贬职，滚得远远的。

到了这一步，相信大家的心里也有些发毛了。清算运动真痛快，可是这样搞下去，会不会让宋朝自残了？毕竟窝里斗搞运动，实在是太伤元气了。

不仅大家这样想，历代的史学大家们也这样下了结论。他们说以章惇为首的新党搞复辟搞清算，让宋朝在元祐更化事件之后雪上加霜，实在是太不应该了。到底怎么样呢？我们有自己的眼睛，可以很轻松地得出正确的结论。

讨论这一点，有件事是《宋史》里重要的论据。几乎每朝每代的宋史宗师们都要把它提出来议论一番，证明章惇等人是多么过分。

我们先看事情的经过。

章惇进京前是杭州的洞霄宫提举，从江南赶赴开封时路过湖州（今浙江吴兴）、越州（今浙江绍兴），在这两州之间，有一位名士在等着他。

江南陈瓘。

陈名士是一位德艺双馨的人，他走正统路线，考中了进士，当官之后主动放弃了待遇优厚的职田，到穷困地区工作。之后更上一层楼，觉得当官本身就是污秽的，为了心灵的纯洁，他干脆辞职回了家。

圣洁到这种地步，没法不让人佩服。这样的人在江边站着专程等候，章惇也只好请他上船。

陈瓘是有目的而来的，作为一个名士，他有着崇高的追求。个人的名利是可以放弃的，天下的公益是必须维护的。他来就是为了指点章惇这次当首相，要怎样办公。

章惇没有发火，请他畅所欲言。

陈瓘指着所坐的这条船，说："章相公，天下的形势就像这条船啊。船行水面，如果一边偏重，船体侧倾，这条船能开走吗？"

章惇静听。

陈瓘讲："很显然不能。而把左边的东西挪到了右边，就是造成侧倾的原因。"

章惇沉默。

陈瓘也沉默。他的话非常清楚，他是以船的左右侧来比喻朝廷里的新、旧两党，左重则左倾，右重则右倾，两者只有各安其位，互不干涉，宋朝这条船才能开得平稳。

以章惇之才，完全听得懂，可他沉默着，就是不表态。一般来说，高人交谈语不及三，多大的事儿都讲究点到即止。现在章惇不入戏，陈瓘就该告辞走人才对。可是事关重大，他想了想，决定继续往下说。

陈瓘主动问："现在章相进京主执天下大事，不知您先要做哪些事，后做哪些事呢？"

章惇又沉默了很久，才终于回答。他说："司马光是个巨大的奸邪，揭露他、批判他、扭转他造成的损失，是最重要的，必须最先做这件事。"

陈瓘一听，五内俱焚，他大叫了一声："章相公，您错了！"（相公误矣！）

章惇没有打断他，让他说完。

陈瓘说："章相您错了，你这正是把左边的东西往右边搬，哪怕出发点是好的，也造成了船体倾斜，早晚要翻。你真要这样做了，天下人都要失望。"

听到这里，章惇终于大怒，他声色俱厉地质问："司马光放着合法皇帝不辅佐，却去投靠后党。他独断专行背叛先皇，肆意废除前朝成法。误国欺君到了这个地步，他不是奸邪是什么？！"

这样的质问只要稍微清楚往事，都会无言以对，因为章惇说的每一句话都是事实。可是不要急，在某些高人的嘴里，什么事都有新解释。

陈瓘很平静，他说："关于司马光的事，如果你不懂他的内心世界，他的出发点，而去怀疑他的行为的话，那么他或许真的有罪（不察其心而疑其迹，则不为无罪）。可是你把他定为奸邪，把他做的事都颠覆过来，那么你祸害国家的程度，会比他还要严重。"

接下来是重点，陈瓘给出了他的解决办法。他认为，在当时阶段，只有取消朋党，不偏不倚，保持船体的中正平和，才是唯一的执政之道。

章惇听后大感惊奇，思考很久，表示有道理。他保证回京之后把元祐时期的政治也兼收并蓄一部分，当然更不会大面积地搞清算活动了。最后为了表示敬佩和感谢，他留陈瓘吃了顿饭。

陈瓘下船走了，事情还没结束，历代的史书总要提到章惇之后的表现。他回到京城之后把答应过陈瓘的事扔到一边，对旧党赶尽杀绝，实在是既无信又凶残，是个反复无常型的暴徒加小人！

好了，事情的经过都介绍过了，我们用自己的眼睛来审视一下。

那么陈瓘就是对的了？见鬼！

船是国家，利国利民整顿官场打击豪强，谁做了对国家有利的，谁就站在了国家的中央。新党过往的行为，足以证明了这一点。

所以，陈瓘这个所谓的平衡真理，根本大谬不然。

第二，他为司马光开脱的理由实在可笑。“不察其心而疑其迹，则不为无罪”，纵观人类这几千年的历史，有哪一个时代哪一个民族定下的法律里规定过，只要出发点是好的，没有主动犯罪，就不需要处罚的条文？

犯了罪，造成的是客观存在的物质损失，拿一句没有主观意愿就想彻底开脱？

第三点是最无厘头的。

陈瓘说不能颠覆司马光的作为，不然章惇犯的罪会比司马光更大，因为国家被再次折腾了。这个理论真让人抓狂。

和电影《英雄》里的理论多像啊，之所以不刺杀秦始皇，是因为“天下”。杀了始皇天下更加大乱，所以虽然嬴政残暴，也比大乱好，就让他去统一吧。

……抛开屈辱谈实际，秦国以残暴得国，得国之后会变仁慈？它只会变本加厉，逼着人民去推翻它。那时民众所受的苦，比当时与嬴政死战更大。

与此同理，依着陈瓘宋朝从此不折腾，哪怕司马光犯罪做错也忍着，像元祐时代9年间那样对外怯懦对内凶残，国库空虚、百姓被富豪剥削等缺陷都不去理会，好日子就降临了？

第四点是附议，一个与事实无关，与诚实有关的细节。在前面的事件记叙中，陈瓘忧国忧民大展爱心，章惇被折服了，他连佩服加请吃，表现得很像学生。

保证回京后会按陈瓘说的办。

这是真实的吗？陈瓘的这番说辞与熙宁年间新党人吕惠卿、章惇与司马光等人的论战相比，是多么浅薄。当年吕、章等人只是初入中枢的新进人才，都能与宗师级的司马光匹敌争论不休，这时已经过去了近20年，章惇的人生经历、心灵厚度变得更加沉淀，居然会被这种不伦不类的小比喻折服？

奇哉怪也。

其实这是《宋史》里常见的手段，目的无外乎糟蹋改革派的人格。例子很多，比如在《宋史·吕惠卿列传》里，记载着王安石晚年回首往事，痛恨吕惠卿窝里反，搞垮了改革集团。郁闷难当，他书写“福建仔”三字，流露自己的懊悔心情。

这就是假的。

吕惠卿立自己的山头，与王安石分大小是真的，可两人从始至终没有口出恶言。吕惠卿如此，王安石更是这样。他是大宗师身份，怎么可能背地里骂人泄愤？如果不信这种推断，可以让事实说话。

吕惠卿贬职后曾经给王安石写过信，信里承认了错误，祈求王安石的原谅。王安石风光霁月，早就从政治圈里抽身了，他不怨恨不责备，以一个退休老人的身份勉励吕惠卿，要他努力工作，把以前的事忘掉。

这是有据可查的，“福建仔”三字从何而出？谁是证人？有什么物证？居然被写进了《宋史》，把王、吕两人的格调同时贬低。

这种事太多了，算是《宋史》的一大特色吧。尽信书不如无书，想了解宋朝历史的真相，一定要注意这一点。

回到绍圣年间的朝局上，在著名的七月清算之后，开封城渐渐恢复平静，不要以为章惇心满意足了。在他想来，这只是以眼还眼如数讨账，想真正两清，旧党还得付 9 年的利息。

年底时重拳出击。

以蔡卞为首，新党组成的史学团队耗时一年，拿出了新编的《神宗实录》。这是针对由高滔滔主持，范祖禹、黄庭坚、秦观等人修撰的第一本《神宗实录》的反驳。新、旧两本书差别非常大，简单地讲，神宗即改革，两者密不可分，在不同的指导思想下，很多事截然相反。

把这本书重写，一来给神宗正名，二来给改革派正名，这是清算运动中的坐标，是最重要的理论依据。

有了这个东西，章惇才能做到真正地随心所欲。

之后的事是痛快淋漓的扒皮章的成名经过。

先是把当年的主编贬职流放，接下来哲宗在第二年的郊祀大典上宣布，所有元祐时期的罪人遇赦不赦，永不录用。再到年底，打击面扩大，从元祐各大臣波及中层干部，导致开封官场大换血，各个职能部门变成了新党的天下。

新党集团从这时起，重新掌握了国家权力。

第三年，打击再次升级，刘安世、范祖禹被再次降职，从长江边贬到了广东海南。这时章惇快意恩仇，看这些贬职的过程，扒皮章根本就没把旧党大臣当人看。比如刘安世从南安军（今江西大余）贬到英州（今广东英德）时，章惇想了想，不经意间想起了一些传说。

传说刘安世命硬，他妈妈在怀孕期间进四川，从马上摔进山谷，大家都以为她死定了，没想到一棵大树接住了她。这是没出娘胎的第一劫；长到十多岁时，刘安世得了眼病，远近名医束手无策，眼看着生活没法自理变成残疾，一位兽医出现了，居然把他治好了……之后否极泰来，中进士当高官，位极人臣。

大家都说刘安世命真好。

是吗……章惇看了看地图，你命好，那再往南点，去昭州好了。

以此为例，拿贬人当游戏：

苏轼字子瞻，好，去儋州；苏辙字子由，查地图没有由州，找个形近字吧，由与田相近，贬他到雷州；刘挚字莘老，莘、新同音，贬他到新州。

其他人以此类推，9 年间高高在上不可一世的元祐党人成了章惇的“玩物”，生死荣辱全在他一念之间。回望屈辱，这是大丈夫牙眼相还酬恩报怨，不亦快哉！可向更远处回首，当年满怀兴邦救国热情的青年到哪里去了？这时满心酷戾一意泄愤是他的本来面目吗？

所幸的是，章惇始终没有忘记新党人的核心思想是什么，他没像那些卑污的旧党人那样，除了党争之外什么都不做。

在他的领导下，宋朝迅速焕发生机，很快就取得了神宗朝都无法想象的辉煌。

第三十一章　西线百年第一人

生机与辉煌是同步出现的，分别体现在国家的内外两端。生机遍布全国的每一个角落，在元祐九年里荒废的农、商各项指标随着熙宁新法的恢复逐渐上扬，这是一个缓慢提升的过程，急不得。

辉煌从边疆传来，终北宋一朝，每一个君主都致力于开疆拓土，恢复汉家故有疆界。这方面宋太祖干得最漂亮、宋太宗做得最崩溃、真宗仁宗互有胜负、神宗最有突破，熙河地区的收复是空前的创举。

而最震撼人心、举世震惊的，是宋哲宗。

哲宗朝深深地打下了他年轻、奋锐、睚眦必报、偏执一样的上进心等精神烙印。当然，这里也饱含着北宋史上堪称最强硬、对内外一律铁腕的宰相章惇的行政风格。具体到辉煌的边疆，是另一位姓章的大臣的功劳。

章楶。

都姓章，和章惇有关系吗？没错，两个人都是福建人，是有血缘关系的亲戚。严格地说，以在官场上的发展来看，他比章惇这一支要快得多。章惇一支最早当官的是他父亲，章楶在爷爷章频的时候就登堂入室，做到了开封城里的御史。

只是姓章的人似乎天生和女士们犯冲，章频对当时的章献太后刘娥很不柔顺。结果可想而知，对宋真宗都不柔顺的刘娥哪受得了这个，直接把这个南方倔老头儿赶过长江，回老家反省去了。

等章楶长大时，他得从头做起，一步步考上去。这没什么，章家人最不怕的就是考试，比如章惇，本来考上了都不报到，因为他侄子比他的名次更高，他宁愿回去再忍一届，也绝不丢这个份儿。虽然这个侄子比他整整大了 10 岁。

轮到了章楶，科考变得更诡异。到了京城正温习功课，突然传来了消息，他父亲在魏州出事被关进了监狱，案子很急，马上开庭。考试重要，老爸更重要，章楶没有犹豫，请假就往魏州赶，替老爸打官司。考官们看着章楶，眼睛里充满了遗憾。

章孝子，魏州虽然离开封不远，可来往的时间加上官司流程，这一科你是不用想了，准假的同时，就是在跟你告别。但是很快他们就惊呆了，章楶几乎是闪电般赶了回来，不仅赶上了开考的时间，还带回了洗清罪名的老爹！

……牛！这是北宋史上最牛的一名考生了。更牛的在后面，也许是杀到魏州给老爸当讼师的过程太刺激，章楶的状态大火，他的成绩是当年礼部试的第一名。

以这种成绩进入官场，章楶的仕途一片光明。他从陈留知县做起，一路飙升，从县长升检察院长再升省长，成为封疆大吏，之后一步登天迈过最关键的一步，进入京城当上了部级官员。

顺畅得让人发疯的过程，止步在高滔滔的面前。没有什么能摆到台面上的过失，他被踢出了京城，到西北边疆站岗。显然，这是元祐年间官场重新洗牌的一个小缩影。之后历史证明了，这是章楶的一个人生小波折，却是整个宋朝国运走向的一个关键契机。

章楶到了庆州，面临的是宋朝边境和最黑暗的时代。之前哪怕是李元昊时期，宋朝节节败退，也始终保持着抵抗和反击。可这时高滔滔与旧党要求边境时刻保持微笑，对西夏人必须友好，哪怕他们拿刀子砍过来。

那么事情简单了，西夏人每年都拿刀子砍过来。当时西夏掌权的梁乙逋砍得兴高采烈，每次带着血淋淋的刀子回国，向李元昊的子孙族人们叫嚣——以前嵬名家族的人掌权，有没有我这样的战功？南朝有没有这样怕我们？

西夏人举国欢呼，新时代到来了，他们每年随时杀过边境去抢汉人的东西、汉族的美女，能遇到的抵抗只有少数几座大城的城墙，这之外随便杀、随便抢。要是在野外遇到了宋军的袭击，那简直是再幸福不过的事了，一个外交抗议就能让宋朝当局自己去惩罚这批不开眼的宋军，之后带着道歉慢悠悠地回国。

如果某时手懒，实在不想动，也有天上准时掉下来的大馅儿饼往他们的头上砸。宋朝不管被砍得多惨，每年的岁币都会准时满额地送到。

屈辱吗？难堪吗？旧党人半点都不觉得。在国境线以内安全地拿着丰厚的年薪，每天杀完新党杀旧党，杀完旧党杀派系，杀来杀去也是很威风的嘛！

章楶就是在这种局面下来到了边疆，他知道自己是旧党严厉打击、仔细看管的对象，可并没有选择小心做人装傻保命。从这一刻起，他做的每一件事都足以告慰神宗在天之灵，都是王安石、王韶等改革前辈梦寐以求的中兴盛迹。

章楶上任后悄悄地做了“手脚”，在环庆路内修了一些不太起眼的堡寨，把庆州城里的直属边防军派出去，远远近近形成了有层次的防御圈。

这是他为边防做的第一个努力，也是他第一次违反军规。

这时要体谅一下旧党人的幻想，他们在外交上一点都不古板，相反非常爱做梦。在他们的心里，西北完全可以复制东北的局面。辽国人之前也和宋朝打得你死我活，规模比西北大多了，后来通过忍让协商不也是成为兄弟友邦了吗？

可以感化契丹，同样也能感化党项。这是他们的核心观点。不过，契丹人虽然凶狠但重视合同，党项人软弱些可是从来不懂“信用”这两个字怎么写。

但这并不妨碍旧党人继续做梦。感化和教育是一个长期的过程，要有耐心，体现在边防上，就是各处边将必须保持忍让。至于安全嘛，各州的主官们都很安全，比如庆州的城墙足以保证章楶平静地躺在里面，等待西夏人的感化进度。

章楶没那耐心，他的小动作越做越多，渐渐地环庆路变样了，好几次西夏的邻邦友人们进来打劫都满头满脸血地往回跑。次数多了之后，西夏当局憋不住了，集体认为这是对西夏尊严的挑衅，是对党项人良好心情的践踏，是对梁家尊严的亵渎！

一长串的愤怒之后，被亵渎的梁家人派出了他们的大领导——西夏太后梁氏御驾亲征，率领 10 万大军杀出了国境。

梁家人很聪明，他们声东击西，先奔向了奇鲁浪，那是宋、西夏边境上面对泾原路的前哨，等着宋军做出反应向泾原集结后，突然转向杀奔环庆路。

完美的佯动，由全骑兵兵种的西夏人实施，10 万兵马疾风掠过平原，迟钝懦弱的宋军注定了失去先手。并且早就打听明白了，环庆路全军只有蕃、汉掺杂的 5 万人，只要第一击足够沉重，宋朝的大门立即就能被砸开……为所欲为！

梁氏和西夏大兵们都在这样想，一周之后他们却变得欲哭无泪，事先怎么能想到呢，他们面对的章楶是集宋朝自范仲淹、韩琦等近 60 年来所有名将特点于一身的怪物。

只有他们想不到的，没有章楶做不到的。

战争开始时一切正常，西夏人一路推锋直入，接战的宋军、修建的堡寨，坛坛罐罐被他们砸了个稀巴烂，到后来远远地看见他们杀过来了，宋军直接撤退了，那模样真是再纯粹没有的元祐牌。

这时他们当然不知道,章楶的第一条军令是命令负责抵抗的宋军“贼进一舍，我退一舍”，让他们尽情地打。

直到打到环庆路中心，庆州城下。到这里任是谁也有点累了，总得喘口气喝口水。

喝下第一口水，西夏就注定死定了。章楶是非常彻底的人，他在庆州城附近的水系里都下了毒，你们人多马多是吧，除非能回西夏运水过来，不然只有全体中毒一个下场。

这招像谁，很有高滔滔她伯父，当年第一衙内高遵裕的影子。之后章楶变身范仲淹，铜墙铁壁出现，庆州城下10万西夏兵玩命地攻城，打来打去只是用人命去换砖头。

这样的买卖没法做了，集体中毒加上又高又厚的城墙，一向作威作福无法无天的梁氏也觉得希望渺茫。好了，发挥老传统，收兵回国沿途抢劫，捞一票肥的当旅差费。

这次开始时仍然很正常，他们保持队形边走边抢，宋军很元祐风格地缩在各自的堡寨里，目送他们走远。这样的路一直走到了快到边境的肃远寨。这个寨很穷，是纯粹的军寨，没有钱只有刀，西夏人向来不理会这种地方的。他们很安静地路过，继续走远。

当他们接近下一个军寨洪德寨的时候，突然间后面火光冲天，在黑夜里一片光明。那是肃远寨，难道那群宋朝大兵要搞什么花样？

答案是错，花样就在他们身边，已经等他们很久了。肃远寨点起的大火是信号，告诉前边的伏兵可以出来砍人了！

砍人的是一位名人，西北府州折氏。凶狠美丽的折家，占传说中北宋武勋传奇杨家将一半血统的折家。这时折家的主将名叫折可适，他率领环庆军主力一万人从西夏兵入境之后，就一直埋伏在这里。

伏击是个技术活儿，1:10的兵力对比，哪怕是在深夜里，也要讲究方式方法。折可适先是放过了西夏大军的前头部队，在中部拦腰砍了进去。过程很刺激，血肉横飞，西夏人迅速倒下了一大片。可是最初的突袭阶段过去后，西夏人的整体优势显露了出来。

人太多了，全是骑兵，他们迅速调来了最精锐的兵种铁鹞子，以重甲骑兵列成方阵，既阻挡了宋军的攻击，又快速地反压了回来。

折可适立即就退兵了，他身后就是洪德寨，里边早准备好了，要什么有什么。等铁鹞子冲过来，先是一轮神臂弓，接着是更新式的武器虎蹲炮，砸得西夏骑兵满地找牙，同时发现战马很痛苦，很多都瘸了。这时才发现，洪德寨的周围撒满了铁蒺藜，是刚才那批偷袭的士兵边跑边扔下的！

这仗没法打了，黑夜里谁知道宋朝人还有什么怪招。撤，结果撤退时刚刚跑得比兔子还快的折可适突然间又冲了出来，没完没了地追击。西夏人一时心急，在黑夜里跑错了方向，向一条大山沟冲了过去……黑暗的大沟是一张巨大的茶几，上面全是党项牌杯具，事情到了这一步，连梁氏都吓瘫了，她把首饰珠宝皇袍玉带什么的都扔了，套上一件大兵外衣，才逃回了西夏老家。

空前大胜，五六年里从来没有这么爽过！可是折可适，还有庆州城里的章楶却在跳脚骂娘。狗日的，只差了一点点，本来可以把这批西夏人全逮住的。

折可适的伏击只是计划中的一部分，另一员大将李浩带着双倍的军力，足足 2 万人在战区外迂回赶路，本来他们应该在洪德寨附近出现，配合伏击，全歼来敌，可是深夜跑了整整 100 里，搞得人困马乏，临近战场时，李浩的元祐神经发作，不相信折可适已经大胜，驻兵观望，让西夏人顺利脱离伏击圈，越跑越远了。

洪德寨伏击战给西夏人带来了打击，给宋朝开封城里的旧党大佬们也带来了折磨。这个章楶太闹心了，多事！

有战报吗？压下；有军功吗？再议；章楶本人？先平静再冷却，别说升官发财，洪德寨之战过去没多久，他被调离西北，到南方当官去了。

旧党要的是安宁，是安宁不懂吗？！斗争永远只能在内部展开，对外，一定要温存婉转、和颜悦色，得让各处友邦都舒坦喽。

洪德寨之战后西夏很舒坦，从梁太后往下整个皇亲集团被打得皮开肉绽，很长一段时间内他们脑子里只有黑暗、火光、神臂弓、铁蒺藜、满天飞的大砖头（虎蹲炮）、大山沟等刻骨铭心的痛感，兴不起半点抢劫的欲望，等到缓过劲来时，已经到了宋朝的绍圣三年。

这一年的九月，西夏人倾巢而出，不管是为了胜利还是为了安全，他们这次动员的规格是宋夏战争有史以来最高的，梁氏、小皇帝李乾顺亲自带队，全军总数 50 万。

这个数字就算有水分，实际数量也绝对惊人了。看宋朝这边儿，新党刚刚掌权，全国百废待兴，尤其是军事方面，这不是说提速就能立即见效的。眼看着边防空虚，西北快被打漏，紧张中最后传来的消息让人心又稍微有了点底。

西夏人杀向了鄜延路，那里的主官是新党资历上最高的一位元老——吕惠卿。

吕惠卿自从背叛了王安石之后，成了北宋史上唯一一个集旧党死敌、新党公敌于一身的人。在他后半生里，只有一个人对他是友好的，想让他重新回到最高权力层，参与振兴新政的改革事业里。可惜阻力太大了，尽管这个人凶狠强硬没人敢惹，可在这件事上，新党仍然全体反对。

这个人也无能为力了，哪怕他是章惇。

吕惠卿的能力毋庸置疑，面对 50 万大军他无力对抗、无力偷袭、无力伏击，可防守起来简直让人抓狂。他比全骑兵兵种的西夏人动作还快，等他做完了战前准备之后，西夏人冲进鄜延路，发现面对的是一片白茫茫大地真干净。

啥也没有。

没百姓没牲畜没粮食没美女没布匹没草料，啥也没有！全都就近收进各处军寨堡垒，鄜延路彻底做到了坚壁清野。

西夏人在广阔的鄜延路大地上转来转去，情况用旧党人写成的、被列入《宋史》奸臣传的《吕惠卿列传》一文来说，是——“寇至，欲攻则城不可近，欲掠则野无所得，欲战则诸将按兵不动，欲南则惧腹背受敌，留二日即拔栅去。”

只是西夏人回军的路上，攻破了金明寨。这是鄜延路上仅次于州府的军事重镇。50 万大军合围，吕惠卿一点办法都没有，他只能站在延州城头向北方凝望，眼睁睁地看着金明寨覆灭。里面的 5 万石军粮、1 千万石草料被焚烧一空，2800 名守军只有 5 个人活了下来……这是必须付出的代价。

熬过了这一关，宋朝把重心转向了西北，把之前战绩最好的人调了回来。章楶终于回到了边境，没有这个人，哲宗朝的辉煌无从谈起。

章楶回来之后没有急着报仇，他还是悄悄地搞着自己的小动作，看上去都是一些轻飘飘的东西。比如花了很多的钱给些游手好闲行踪不定的人，这些人到处乱走，谁也不知道他们的确切位置；比如不定时地派出很多小股部队在边境两侧游荡，时不时地冲进西夏那边，杀几个人立即蹿回来；再有就是盖了很多的小堡垒，一串串地向西北延伸，悄悄地漫过了边界……

的确都是小动作，可西北四路一起来做，动静就太大了。单说越境杀人这一条，到绍圣四年的四月时，西夏人总共被砍 11650 个，和一场超级战役的死伤数字差不多了。

这些让西夏人很闹心，却不知道章楶真正想做的是什么。他是北宋集 60 年间名将招数于一身的人，精研西北战事，几次最惨痛的失败在他心里不断浮沉，他有个空前大胆的设想。

把宋军史上损失最大的那个坑反挖给西夏人！

这个计划是经过他个人深思熟虑，由宋朝上层批准的，为了配合他，开封把他从原来的环庆路调到了泾原路。

泾原路的地势更险要，有个得天独厚的条件。西夏人想入侵，最佳途径只有一条——没烟峡。在这个附近章楶要修一座超级军城，用来“东带兴灵西取天都，濒临葫芦河”。从地理位置上看，这是绍圣时期宋、西夏双方最重要的地理位置。

这个论调、这个行为看着是不是眼熟？瞬间就让人回想起了永乐城……宋军空前大败，死伤军民 20 多万，神宗皇帝彻底不眠，导致英年早逝。这是多么惨痛的回忆，章楶怎么还敢重蹈覆辙呢？

这是一个人水平的体现，敢为人所不敢为的首要条件是看到别人看不到的东西。章楶有一个能独立思考的脑子，他看到了永乐城之败里隐藏着巨大的潜在胜机，它不仅仅是宋军的噩梦，它本应是敌我双方共存的死穴，只是看谁能在那时做到什么。谁做得好，就能让对手在城里城外流干鲜血！

这个想法很冒险，得有足够的胆量才能想到它，得有更大的胆量才敢实施它。在这一点上章楶是幸运的，他的亲戚章惇是北宋史上胆子最大、性格最狠的一位首相，可以说这个想法简直是为章惇量身定做的，就是要在当初倒下的地方爬起来，用西夏人最骄傲的战法玩死西夏人！

以牙还牙，像对旧党那样清算旧账。

这座城的具体地点，在现在宁夏固原市原州区西北约 38 公里的黄铎堡村境内，为了能顺利地建起来，章楶做了两手准备：第一，他要求西北各路除泾原以外的鄜延路、环庆路、秦凤路、熙河路集体开工，大修堡垒，把西夏人的注意力转移走；第二，他秘密筹集大量建筑材料和民工，先掺杂进前面四路的建筑工地里，再悄悄地向筑城点移动。另外，他抽调了各路精兵，有熙河军 3 万、秦凤军 1 万、环庆军 1 万，加上泾原军本路兵马，共计 8 万人，归他统一指挥，确保这座超级军城的顺利建成。

8 万人马，对外宣称 30 万，接近元丰年间五路伐西夏时的一路主力军团了。章楶没有把它堆在建筑工地旁边单纯地防守，那简直太低能了。

军事行动最重要的一点是掌握主动，8 万大军要做出攻击态势，把西夏人压制在边境以外，让他们提防、发抖、始终戒备着，等回过味儿来时，城早就盖完了。

这才是高手做的事。

在出发前的军事会议上，章楶反复强调了行动的最高也是唯一的准则——突前不许超过 100 里。也就是说必须控制攻击的范围。这一点全军统帅王文振没有意见，领导怎么说怎么做。可是一位猛人觉得很不爽，他和他的军队是特殊的，100 里实在太少了，让他们散步都不尽兴。

这个人是熙河军团的苗授。

熙河军团是西北军里最擅长穿插奔袭的部队，从第一代主帅王韶开始，就以比西夏人更快的速度、更大的转移范围著称，打仗一定要有空间，要有速度，这是他们的准则。

苗授笑嘻嘻地说：“从元丰年间打西夏人开始，我军从来没有兵力集中到这种程度，光是恐吓掩护不大合适吧，章大人，不如我们先攻击后修城？”

章楶很严肃：“先修城，没商量。”

……嗯，服从。苗授重复了一下命令，“为了效果更好，是百里内外是吧？没问题。”

章楶更严肃，他玩的就是脑子，瞬间听出了苗授的真实意思。他说：“按你说的，灵州城是不是也算百里之外，天都山、兴庆府也是吧？”

少打马虎眼。

苗授没话说了，这个大人真倔。京城里的章大是扒皮章，这里的章二就是死心眼章！没办法，只好听从命令了。

8 万大军出边塞，行军途中每一位将军都在强大的军阵中热血沸腾，靠近边境，走出边境时，前哨探到了敌军来袭！

西夏紧急抽调了六州精锐共十余万兵马，由名将嵬名阿埋、妹勒都逋率领迎上来了。

苗授向主帅王文振靠近，低声问："大帅，我们怎么办？"

王文振向周围看去，将军们的神色告诉了他同一个心声："迎战！"（然诸君远讨之意犹在也）

翻开北宋西北军团高官们的履历，几乎每个人的账本上都血迹斑斑，谁都不是善茬儿，作为主帅的王文振尤其如此，看到手下这种状态，他根本就没有第二种选择。

打！

具体打法体现了他作为主帅的素质。

请战最强烈的苗授先留住，毕竟熙河军对这片地形不熟，他派出的最先头部队是章楶的直属嫡系折可适。折家军骁勇善战土生土长，打头阵最合适。

折可适带着环庆军冲了出去，一路疾行直奔没烟峡。这是敌我双方必争的地方，他没想着能抢先抵达，只想天险为双方共有，打一场公平的决战。毕竟对方是西夏名将阿埋、妹勒都逋，尤其是阿埋，他的全名是嵬名阿埋，是西夏的皇族战将。

如他所愿，宋、西夏先头部队在没烟峡遭遇，没有多话，直接开打。折家军从上午打到中午，竭尽全力把西夏人击退，追出去 40 多里，带着 100 多颗人头回来复命。

王文振很满意，作为一个老西北，他很清楚折可适刚才做到了什么。先锋对决，以西夏人的胶黏难缠，折可适战之能胜，把敌人赶出主战场，赢得干脆利落，非常漂亮。可惜不是每个人都这么想的，熙河军主将苗授始终在撇嘴。

忙活老半天，跑了一身臭汗，只带回来 100 多颗人脑袋，你很牛吗？嘿嘿，一会儿就让你臊得没脸见人……他没跟任何人商量，瞒着主帅王文振悄悄地派出了 2000 多名熙河军，已经冲向了前面的没烟峡，相信很快就有巨大战果传回来。

尤其是趁着西夏人刚刚战败，溃不成军的时候。

他抱着这样的打算，成心给所有人一个惊喜，所以一直压着这张超级底牌，没让任何人知道。时间一分一秒地过去，全军向前缓缓地移动，他想要的消息一直没有传来。

等他发觉不对的时候，已经太晚了。

熙河军的确是西北军团里的主战力量，他派出去的更是精中选优的精兵，2000人全是骑兵。单是这份家当，就不是环庆、泾原等军全都有的。

这股骑兵快速隐蔽地接近西夏人，只要能保持住突然性，打击力度必然是毁灭性的。而且打完了就跑，敌人想追都来不及。

可是他低估了嵬名阿埋，这个党项皇族战将很有李元昊的传统，打仗时诡谲百出，设下了一个接一个的陷阱。折可适刚才只追出去40多里立即就往回赶，就是怕突然间遇到伏兵。

折可适躲过去的，熙河军正好撞上了。

狂奔中的熙河军被拦腰截成两段，首尾不能相顾，形势突然危急，西北军中的精锐部队却一点没慌，立即选择了各自为战，尤其是被割裂开的前半段骑兵，他们顺势发力向西夏人突击，遇到伏击又怎样，所有敌人都劈开，他们有这个把握！

可惜的是，他们这时有个先天的劣势——地形不明。

没烟峡一带，顾名思义，既有悬崖又多烟尘。这时战场上几千匹战马纵横飞驰，卷起的烟尘遮天蔽日，眼睛里满是敌人的熙河军看不到别的，也根本不去管战斗之外的东西，一点都不知道西夏人把他们引向了一块绝地。

一片隐蔽的悬崖……1000多名骑兵的脚下突然空了，全都掉了下去。

精锐中的精锐这样窝囊地覆灭，消息传回来，全军懊恼得想杀人。后边负责的章楶尤其愤怒，他的命令被打了折扣，明明要他们控制范围，限制在100里之内的！

愤怒中章楶始终保持着清醒，他知道什么才是最重要的。筑城，这座城必须按计划筑出来，后面的一系列安排才能逐步实施。

前方的部队回缩，保护住施工现场，前后一共22天，两座新城出现在西北前线：一座是主城，原名石门，后改平夏；一座小些，原名好水寨，后改灵平寨。

平夏城，这座城建起之日，就是西夏国运走低，梁氏本人灭亡之时。

平夏城竣工后的第5天，西夏发动了攻势。由嵬名阿埋、妹勒都逋亲自领军，共十多万人全副武装外加实用型外挂，冲向了宋军阵地。

大宋百年西北军中有两大传奇姓氏，一是姓种，另一是姓姚。

姚氏，在平夏城之战中第一次崭露头角。

熙河军姚雄。

十多万西夏人冲上来，姚雄带着7000人反攻过去。当他出现时，一群群的西夏人已经冲向了城墙，正用铁锹拆城，局势已经没法再恶劣，眼看着城墙倒塌，全线崩溃。

区区7000人，不仅挡住了前进的西夏援军，更把身后边反扑的攻城部队隔断，使他们首尾不能相顾，能互相看见，就是会合不到一起。

其他的宋军如梦初醒，迅速加入了战斗。可怜的西夏人，这条人工挖成的壕沟成了他们的噩梦，成了一条不可逾越的天堑，让他们越来越绝望。随着时间的流逝，双方都达到了极限，结果出来了，沟外边的西夏人狼狈退走，沟里边的被迫投降，投降的人数是……3万！

7000人降3万，姚雄一战成名，从此在本土奠定了他传奇战将的声威。

平夏城顶在西夏的喉咙上，这根刺必须拔掉。他们认真准备了近一年，到第二年，宋朝元符元年（1098年）十月，西夏发动了第二次平夏城之战。这一战西夏人拿出了最后的家底，在几次失败后，再一次集结了30万大军，由皇太后梁氏率领，越过了两国边境。

西夏军团穿越没烟峡进入泾原路，所到之处全部派兵把守，到达平夏城后，布下连珠大寨，东抵葫芦河，西连石门峡，绵亘百余里，声势空前浩大。实事求是地说，数遍北宋发兵史，都没有这规模的。之前，宋太宗的幽燕之役、雍熙北伐，神宗时的五路伐西夏，哪怕人数超过30万，也从来没有凝结成一路军团的时候。

梁氏把重兵集结在平夏城下，攻城由嵬名阿埋负责，另分配出去一部分精骑由妹勒都逋率领，远远地兜到外围，时刻警惕宋朝的援军。

除此以外，在更远的大外围，派西夏驸马罔罗屯兵罗萨岭，牵制熙河兵团，大首领咘心屯兵梁柽台、嵬名济驻守白池，抵御鄜延、秦凤诸路。

这样远近搭配形成梯次，既围城又打援再牵制，可以说面面俱到了。按梁氏的思路，战争以这种形势进行，宋朝胆小的话，她可以稳稳地拿下平夏城，拔掉这根钉子，顺便砍死一大批宋朝官兵，重现永乐城的战绩；如果宋朝胆大，敢调动兵力四下增援的话，她能把平夏城周边变成屠宰场，让无数的宋军死在这一战里。

到那时，会产生一个新名词，叫“平夏城搅肉机”。

奈何她这次遇上的人不对，宋军从主将章楶开始，每一个参战的人都透出来一股股的邪气。援军的主将是泾原路副都总官王恩，其余的是环庆军种朴，秦凤军王道，熙河军苗授。四路联军人数并不多，应该没超过上次的 8 万人。

种朴是种世衡的孙子，姓种的人不必说了，没有一个是按常规打仗的，坑蒙拐骗、借刀杀人、设局出千，什么样的招儿管用他们用什么，往好里说是智将，要是换成西夏人的话，就是……狗日的杂种，缺德的东西！轮到第三代小种相公种朴时，这种风格得到了发扬。

他是当时西北军里最优秀的参谋。

苗授的特点是独断专行，自己想干什么就干什么，主将就在身边都敢搞小动作，不久前搞出个大乌龙，连累 1000 多名精锐骑兵掉悬崖，上级都不严惩他，下级继续信服他，是因为什么呢？

此人是战场上的英雄，就算犯规也是为了胜利！

秦凤路的王道不大出名，是实干派，没什么好说的。

重点聊一下援军主将王恩。能相信吗？这样重大任务的负责人，他的履历表上第一行字居然是——胆小，遇到敌人时转身就跑！

这几位大佬聚在一起，奇迹出现了。

梁氏连营百里分路设防，把几百里周围都变成了西夏军的防区，看着多周密啊，可惜半点用都没有。王恩、苗授、种朴他们不知道怎么搞的，居然带着几万人在 30 万敌军的集聚地里找到了空子，运动到了平夏城周边的一个山坳里。

近百年来的宋夏战争，既锻炼出宋朝最强的部队西北军，同样也给了西夏巨大的收获。党项有了文字、统一了衣冠、细化了政府职能，更丰富了战争兵种。

他们不仅会骑马，更会攻城了。这一次梁氏倾全国之兵力来攻打平夏城，库房里的家什全都带出来了。先是铁锹队上阵，一阵尘土飞扬，等他们收队之后平夏城外整条壕沟都不见了。

接着营房里一片“叮当”乱响，木屑横飞，折腾好半天，推出来几百辆木质的、高达十几米的、下边带轮子的战楼。这些战楼每个能装几百名士兵，外边蒙着牛皮厚毡，顶着雨点似的箭向平夏城推了过去。

眼熟吧，这东西本来是宋军的建制武器，名叫“对车”，外号“喜相逢”，从制造工艺到使用方法都是宋朝的专利，西夏人怎么学会的呢？

别忙，这还只是其中之一。上边有高大的战楼直接顶到城头上强攻，下边也没闲着，西夏人悄悄地溜到了城墙底下，开始挖洞。他们的手法非常诡谲，只是挖进去了一截，充其量只够到城墙的一半厚度就停下了，接下来架木板木杠支撑起墙体，继续挖、继续撑，到达一定量之后人都撤出来，放火烧木头。

还是眼熟吧，这明明是宋太宗远征幽燕时宋军的毁墙手法，里边包含着精确的土木丈量手段，不是随便找来几个挖矿的都能干得了。

类似的还有很多。追查一下到底是怎么搞的，会发现并不是党项人种基因突变变聪明了，而是宋朝在每次战争里付出的代价。汉人的工匠是当时世界上最值钱的财产，远到后来的蒙古人近到这时的党项人，他们抢工匠的劲头比抢美女还足，近百年玩命地抢下来，科技自然突飞猛进，宋朝人会什么他们就有什么。

元符元年（1098 年）冬天的平夏城头上，郭成一手端着酒碗，一手指着城下大骂，脑子里一片混乱。他是搞不懂也不想懂什么民族大融合、互相都受益的理论，比如通过战争，宋朝人有了党项人的勇猛，建立了强大的西军；党项人有了宋朝人的智慧，有了文字、衣冠和战争工具。

他只想号叫——“章大帅，你骗我，你没说过西夏有了源代码级的外挂，这仗该怎么打啊！”

号叫过后郭成变身了，他既是主帅又是发明家更是破坏家，做出来的事让敌我双方都看傻了眼。

按常识来计算，打幽州城时宋太宗的军力不到 20 万，攻城时没有器械，只有弓箭加地洞，半个月之后韩德让就快崩溃了。

现在，平夏城与幽州城相比只是一处小民居，城外西夏人达到了 30 万，近一倍的增幅，外加几百辆攻城战楼，无论怎么看，他都绝对撑不过当年韩德让的极限。

然而，半个月没到，先崩溃的居然是西夏一方。梁太后快疯了，她每天看着平夏城内外浓烟滚滚、火光冲天，她的战楼一座座地变成礼花炮台，她的地洞兵一群群地埋进地道里，每一个招数都失灵了。她怀疑是不是宋朝早想阴她，故意抛出了这些废物技术！

更可恨的是，每天晚上都是西夏人的噩梦。白天累得要死的西夏兵刚想睡着，小小的、烟熏火燎的平夏城居然敢派兵出来偷袭，一砍一个准，每晚的方向、地点都不同，除非撤销围城躲远点，否则根本防不住。

这还不是最恶劣的，10 天之后西夏人惊闻一个噩耗，身为游牧民族的他们，居然被农耕民族的宋朝人把粮道劫了。直到这时他们才理解之前宋军每次都跟不上给养的悲愤，真是防守容易攻击难啊。

就算这样，梁氏仍然想克服层层困难，把平夏城拔掉，这对她的政治生命、人生幸福无比重要。又过了 3 天，她一生中最衰的时刻到来了。那一晚狂风大作，整个西夏军团大难临头。

除了城墙存在，什么都不存在了，大风吹倒了战楼，吹飞了帐篷，吹得火光冲天，西夏 100 里连营变成了一条火龙，30 万人像洪水里的蚂蚁，只能随波逐流。梁氏原形毕露了，这女人号啕痛哭，像个死了满圈肥猪的农妇一样，没有半点的贵妇形象。

她知道完了，谁也救不了她的军队，更救不了她，她还得像上次一样，披头散发地扔掉首饰，化装成西夏大兵才能逃回去。

逃的过程很刺激，大火烧起来后，突然间一大群宋军不知从哪里冲了出来，标准的趁火打劫无所不为，一路砍他们追出几十里才停脚。梁氏以为没事了，再走不远就回到边境那边了，可谁知道刚想喘口气，又一支宋军冲了出来，比刚才那批还狠，往死里砍、往死里追，一直追到西夏那边才不依不饶地回来。

这是援军的另一处埋伏，从最开始就分出了最强的一万人，无论前边打到什么程度，一直潜伏在边境线上，等的就是这个机会。

终于安全了……漫山遍野的西夏大兵们欲哭无泪，奇迹啊，一夜之间啥都没了，这简直太魔幻了。看看身边，别说住的，连吃的都烧得精光，这时是农历十月中旬的西北荒原，没粮没草没帐篷，要走回兴庆府去，搞不好得人吃人啊！

苦难……哀叹中，他们等来了一个更加魔幻的命令。

梁太后命令，全军立即掉头重新杀回宋境，目标是边境线不远处的镇戎军军城。这个目标不大，驻军不多，历史悠久，最妙的是军用物资丰富。在全线溃败时突然杀个回马枪，宋朝人肯定料不到。把这座城洗白了，对政治意义、军事态势，当然最重要的是救命的物资，都有巨大的好处！

太后英明。

全体西夏大兵们泪流满面，集体膜拜梁氏超高的智商，没说的，为了生存、为了活命、为了回家，大家跑起来，抢啊——

实事求是地说，梁氏这条命令真的是集歹毒、突然于一身，在全盘崩溃时用出来，绝对地出人意料。而且目标明确、理智，以镇戎军的规模，哪怕是逃命中的 20 多万人，它也挡不住。

历史证明梁氏料准了，章楶手上所有的底牌都压在了平夏城一线，13 天的攻防对抗结束后，他已经手无寸铁，甚至西北四路都处于虚脱状态，无论梁氏返回身攻打哪里，基本上都会得逞。

可是打仗是对人综合素质的全面考验，不是说谁战力超强智谋高深就一定能赢，有时双方比的不止这些，更重要的是人品。

等西夏大兵们千辛万苦不顾一切地赶到镇戎军城下时，天气又变了，这次不是大风，而是下起了漫天大雪。没粮没草没帐篷……来回地跑还得继续跑，面对这些谁都发抖，很大一部分西夏兵决定不玩了，他们选择了直接冻死。

第二次平夏城之战以西夏的彻底失败告终，30 万大军能活着回去的不足一半。梁氏怕了，全党项族都怕了，损失只是一方面，更可怕的是宋朝接下来的报复。

平夏城之战结束后一个月，西北彻底进入了严冬气候。农历十一月中下旬，冰冷的荒原上是所有生命的墓场，连耗子都躲到地洞里，宋朝西北泾原路帅司里却是人头涌动。

章楶命令，四路选将，精中选精，集结一万人，全骑兵兵种，由折可适、郭成、李忠杰等人率领，出去干一票大买卖。

命令折可适等人轻装简从，各自率领数千骑兵，具体细节自己去想，目标是天都山上的嵬名阿埋、妹勒都逋、仁多保忠。

一万精骑分成 6 路，悄悄溜过边境线，向天都山掩了过去。

绕过一个个明桩暗桩，折可适、郭成顺利抵达了锡斡井。远远地望过去，嵬名阿埋、妹勒都逋的帐篷里篝火旺盛，人影晃动，很明显在进行冬天里男人最爱的社交活动——烤肉喝酒。嵬名阿埋、妹勒都逋被生擒活捉。然后重新长途行军，返回了宋朝边境。这还只是一部分，他们还带回来 3000 多名俘虏，十多万头牛羊、外加一个西夏公主！

这一战改变了一个王朝。

受了宋朝的欺负，梁氏居然向辽国发火。她要求辽国向宋朝施压，要求出兵要求粮草要求……没完没了，这样一直持续到第二年的初春，一队辽国骑兵穿越大漠走进了兴庆府，给梁氏带来了一杯酒。

酒里有毒。

梁氏谢幕。在她身后，李乾顺一边向辽国人示好，请求与辽国通婚；一边向宋朝示好，赌咒发誓他亲政了一定当个超级乖宝宝；一边把屠刀砍向了梁氏家族和他们的同党。

西夏改天换地了，主动权掌握在宋朝的手里。局势从来没有这么有利过，漠视辽国的威胁、处在崩溃边缘的西夏，宋军连战连捷，握着这样满把的好牌，应该谁都知道要怎样打吧？

把战争进行下去，就算不能毕其功于一役地毁灭西夏，也要乘胜追击进一步削弱它，让它再也没法给宋朝添乱。

第三十二章　杀死北宋的命运

理论与现实差得很远，宋朝居然答应了西夏的求和。两国的关系迅速回到从前的老路上，西夏卑躬屈膝当孙子，宋朝每年给孙子送出大笔压岁钱。

郁闷啊，连年血战，章楶等前线将士耗尽了心血，可以说把西夏国的喉咙卡得死死地送到开封城里，只要大佬们肯为国家、为安危、为仇恨举起刀来，随手挥下去，西夏就别想好。就算不能灭国，至少能逼着李乾顺修改合同，把岁赐去掉。

可是，现实居然是两国关系走上了老路！除了向前方缓慢推进了堡垒所占据的土地外，什么都没有得到。如此结果真让人费解，宋朝当初何必要开战，何必把战争打到这个规模？

史书里给出的官方理由是没钱了。

事实是皇帝倒了。

哲宗朝注定是一朵昙花，尽管绚烂璀璨，却只有短暂的时光绽放。造成这一点的仍然是高滔滔，她真是太高明了，一切都在她的掌握中。

宋哲宗的健康急剧恶化，从少年时起积累的老病复发了。他是一个早熟的孩子，9—18 岁这段长身体的最重要时间里一直压抑甚至仇恨着，这种负面情绪毁了他的身体。

据记载，哲宗少年时有宿疾，时常咯血。身为皇帝，经常性咯血，这是多大的事了，动用全国力量治疗都是正常程序吧？可是高滔滔不，她竟然阻止治疗。

她严令第一不许病情外传；第二不准请医生；第三咳嗽时不许用唾壶，要用手帕接住，之后内侍藏起来，不许让任何人知道。

这是亲奶奶对亲孙子吗？还有脸在临死前对宰执哀号，她对哲宗是多么地用心，多么地保护，保护成肺结核了还敢居功！

这就是被旧党宣传成女中尧舜的人，事实证明，她和她丈夫宋英宗真是绝配。丈夫是自私自利的不孝畜生，老婆是恬不知耻、坏事做尽的邪恶老太。

宋元符三年正月十二日，命运日到了，大臣们仍旧留在皇宫里。到五更时分，天将亮未亮时，御药院突然传来了消息，让大臣们快速赶往福宁宫。他们赶到时，发现宫门垂下了一道帘子，这是一道天堑，任何外臣都无法越过——宫里有皇后或者皇太后。

章惇、曾布等人的心都凉了，这意味着他们无论怎样都没法再见到宋哲宗。而皇储是谁还没有确定，这是最重要的事，他们没法插手，连宋哲宗最后的遗言是什么都没法亲耳听到！

在那片竹帘的另一面，福宁殿内部，一个老妇人终于现身了。向太后，之前她一直藏在皇宫的深处，不管宋哲宗得病也好、病重也好、见人也好、病危也好，她都忍住了，绝不露面。

直到这时宋哲宗奄奄一息眼看要死时，她才突然出现。

之后，哲宗的生母朱太妃一路痛哭着赶了过来。明显晚了，哲宗眼神涣散，还能认出这是母亲，他想说什么，可是身体不受控制，什么也说不出来。

朱太妃痛不欲生，号哭着扑向哲宗，抱住了病床上的儿子。

生离死别，人间惨剧，在他们的身后，向太后仍然冷冷地看着，仔细观察。到这时，她终于确定宋哲宗彻底失去了表达能力。

向太后突然拉住朱太妃，把她从哲宗的身上扯起来，拉到一边，说——“他已说与我了。”

“他……他说什么了？”

悲痛中的朱太妃很懵懂，她快哭傻了，儿子刚才说什么了？说给向太后听了？自己听漏了？很多疑问中，她条件反射一样地问，仍然没有意识到危险。

向太后很庄严，一字一顿——“让我立端王。”

这 5 个字像耳光一样把朱太妃劈醒了，端王，是赵佶，神宗的第 11 子，生母陈氏。平时很乖巧，对朱太妃很尊敬，可在这时突然立他当皇帝，这简直不可思议。

朱太妃不止宋哲宗这一个儿子，她还有另外一个！简王赵似，就算哲宗无子，兄终弟及，也轮不到别人，只能是赵似才对！

可是这时向老太婆以太后的身份说，刚才宋哲宗对她亲口说的，要立赵佶做皇帝。

哲宗眼睁睁地看着、听着向氏在他面前捣鬼，却说不出话，更没法阻止。朱太妃出身寒微，一直被高滔滔打压，这时根本没法反驳。她的反应是惊人的，没有想办法挽回，而是愣了一下，接着低下头转身就跑了。

就连奄奄一息马上就要死的儿子都扔下不管，跑了。

向太后目送着敌人跑远，再转回目光盯着宋哲宗咽下最后一口气，转身发布了一系列命令："令，殿外的宰执大臣们觐见；令，所有皇子进宫；令，为大行皇帝小殓。"

她宣布——"老身无子，诸王皆神宗庶子。"有一个人福、寿、仁、孝俱全，是皇帝的最佳人选。这四字评语不容置疑，不容反驳，不容抗拒，因为是大行皇帝宋哲宗亲口说的。

这人就是端王赵佶。

章惇在这件事上都敢唱反调。他说——"端王轻佻，不可以君天下！"轻佻，指不稳重、不沉着。看似没什么，可是每一个中国人都知道后来发生了什么。

他和赵佶没有私怨，赵佶也不是旧党，他没有半点必要和赵佶过不去，那么为什么会这么做？只能是出于对宋朝前途的考虑。

机会出现了，在中国的古代，一个皇帝的诞生，哪怕是开国皇帝，都有一个必要的程序，那就是全体通过，不当不行，哭着喊着说不干也不行。例子请参考赵匡胤、郭威被黄袍包起来的过程。

和平年代也一样，除了有明确的传位遗诏，不然更得全体通过。现在章惇舍得一身剐，也要把赵佶拉下马，向氏就算是皇太后也不好办，毕竟反对的人是首相。该首相手下还有整整齐齐的超庞大死党，这么多年了，改革派有多能折腾，谁都清楚。

就在这时，就在章惇最需要帮助时，他身后突然响起了一个声音。发出这声音的人在这之前所有的岁月里，都以一个平和、仁厚、体贴、不过分、让旧党都普遍喜欢的形象出现的。曾布，这个在宋神宗时期和王安石唱反调，在宋哲宗时期和章惇打对台的人，在决定新党命运、宋朝命运的最关键时刻说话了：

——“章惇，听太后处分！”

这句话一举定乾坤，向氏、章惇两人立即冰火两重天，知道了各自的输赢。章惇输了，没有皇帝的支持，没有新党集团的支持，他再强硬能做什么？

他退了下去，当天再没有说半个字。他知道自己的命运是什么了，这时只是安静地等待着一个时刻。距离皇子们进宫还有一段时间，这段时间里，大臣们会被允许进入福宁殿，见哲宗最后一面。

宫里的御榻上，躺着一套冠冕齐全的皇帝袍服，与平时不同的是，皇冠的下面，还遮着一块帛帕……那是遮脸布，下面盖着哲宗死后的脸。那套皇帝袍服，遮盖着他年仅25岁的遗体。

大臣环绕，太监揭起了帛帕，据说哲宗神色平静，面如敷粉，没有什么痛苦的样子。或许他真的解脱了，可是他知道他的帝国、他的事业，还有他个人的历史评价都变成了什么吗？

帝国与事业太遥远，未发生的事不可以预知，更不能评论。现在，看一下《宋史・哲宗本纪》里最后的“赞”。

赞，是记录皇帝平生事迹之后的最终评价。为了方便，我为大家译成现代白话。

——赞曰：宋哲宗以儿童年龄即位，由高滔滔辅佐，共同治理天下。初期，任用司马光、吕公著等贤人，废除青苗法等苛政，恢复常平法等善政，开科取士任用言官，天下人心都很喜欢，元祐年间简直可以和宋仁宗时期相比。可惜熙宁、元丰时期的奸臣搞复辟，把前面的成就都毁了，列党籍分派系，打击贤良君子，导致宋朝的政治越来越惨淡。

最后4个字是：“吁，可惜哉！”

知道什么是欺负死人了吧？一切的错都推在新党身上，推在哲宗的身上。元祐年间才是光明万丈的，完美无缺的，什么经济衰退、对外懦弱、压制皇帝、陷害大臣等一字不提。相应地，哲宗击败西夏，威服党项更是半点没有提。

在这个时刻，历史真的是个任人装扮的小姑娘。

哲宗死了，他的一页翻了过去。新的皇帝带领宋朝走向新的世界，这个世界是全新而未知的，辽、宋、西夏等老三强都会变成配角，新生的强者主宰一切。

而在宋朝一方，这位新皇帝本是极有希望的一个。他有宋朝之前除了赵匡胤以外几乎所有皇帝的优点，他取得的成绩更是自赵光义以下所有皇帝都没能达到的，甚至是开国皇帝赵匡胤也梦寐以求的！

可惜的是，他为什么生在了这个时代，这个时代充满了矛盾、屈辱、死亡、新生、荣耀和激情！大宋朝最屈辱的时段是这时，大宋朝最伟大的英雄也出生在这时。

它流光溢彩，传说纷呈，明暗交错，真假难辨……

它是我们民族永恒的一堂课。